U0663597

启真馆 出品

世界历史的设计师

探寻全球历史

[美]肯尼思·R.柯蒂斯 杰里·H.本特利 编

李俊姝 译

Architects of World History

Researching the Global Past

ZHEJIANG UNIVERSITY PRESS
浙江大学出版社

目录

作者简介

杰里·H. 本特利（Jerry H. Bentley）是夏威夷大学马诺阿分校的历史学教授，世界历史学会的创建成员之一，担任《世界历史杂志》主编长达 22 年。除了早期关于文艺复兴时期人文主义的著作和文章，他就世界历史理论、分期和前现代跨文化相遇的著述颇多，并编辑了大量书籍，且合著了广受欢迎的教科书《传统与相遇》（*Traditions and Encanters*，中文版译名为《新全球史》）。

劳伦·本顿（Lauren Benton）是纽约大学的历史学教授和法学兼职教授。她关于比较法律史的出版作品包括《寻找主权》（*A Search for Sovereignty*，2010）和《法律和殖民文化》（*Law and Colonial Culture*，2002）。本顿的博士学位是在约翰霍普金斯大学取得，研究方向是历史学和人类学，她的学士学位是在哈佛大学攻读。

大卫·克里斯蒂安（David Christian）是接受俄国和苏联史训练的历史学家。他学术生涯的大部分时间供职于位于悉尼的麦考瑞大学和圣地亚哥州立大学。1989 年他在麦考瑞大学开始讲授大历史的课程。2004 年，他出版了《时间地图：大历史导论》(*Maps of Time: An Introduction to Big History*)。2010 年，他与比尔·盖茨一起创立了"大历史项目"，这个项目要建设免费的在线高中大历史课程，计划于 2013 年底发布。大卫·克里斯蒂安是国际大历史学会的创始人兼主席。

肯尼思·R. 柯蒂斯（Kenneth R. Curtis）是加利福尼亚州立大学长滩分校的历史学教授，他承担现代非洲和当代世界历史的教学工作。他最近的出版作品是与瓦莱丽·汉森（Valerie Hansen）合著的《世界历史上的航行》(*Voyages in World History*, 2013 第二版)。他当前研究的项目涉及通过旅行者的叙述重新评价 20 世纪历史。

凯伦·路易丝·乔莉（Karen Louise Jolly）是夏威夷大学马诺阿分校的历史学教授，是研究中世纪欧洲的文化史学家。她著有《撒克逊英格兰晚期的流行宗教》(*Popular Religion in Late Saxon England*)，内容涉及中世纪的巫术概念，世界语境内的基督教历史（《传统和多样性》）。她最近的著作《10 世纪晚期的圣卡斯伯特社群》(*The Community of St. Cuthbert in the Late Tenth*)透过一件手抄本挖掘了一个诺森伯兰郡宗教社群。

J.R. 麦克尼尔（J.R. McNeill）是乔治城大学的校级教授，也供职于乔治城大学外交学院。他的著作包括《阳光下的新事物：20 世纪世界环境史》(*Something New Under the Sun: An Environmental History of the Twentieth Century World*)，获得了三种图书奖，被译为九种语言；《人类之网：鸟瞰世界历史》(*The Human Web: A Bird's-Eye View of World History*)，与威廉·麦克尼尔合著，被译为七

种语言;《蚊子帝国:大加勒比地区的生态与战争,1620—1914》(*Mosquito Empires: Ecology and War in the Greater Carribbean, 1620–1914*),获得了美国历史学会的贝弗里奇奖。

彭慕兰(Kenneth Pomeranz)是芝加哥大学的历史学教授;之前曾在加州大学尔湾分校任教。他的研究主要集中在中国,不过他也对比较历史和世界历史非常感兴趣。他的大部分研究属于社会史、经济史和环境史,不过他也关注国家形成、帝国主义、宗教、性别和其他话题。出版作品包括《大分流:中国、欧洲及现代世界经济的发展》(*The Great Divergence: China, Europe, and the Making of the Modern World Economy*, 2000),该书获得美国历史学会的费正清奖,并分享了世界历史学会的著作奖。他是《全球历史杂志》的创始编辑之一。他当前的研究项目包括从 17 世纪到现在的中国政治经济史和一本名为《为什么中国如此大?》(*Why Is China So Big?*)的专著,尝试从各种角度解释当代中国的庞大地区和人口如何且为什么最终形成了一个单一的政治单元。他于 2013 年担任美国历史学会的主席。

夏德明(Dominic Sachsenmaier)是德国不来梅雅各布斯大学现代亚洲历史系的教授。在此之前,他曾经在杜克大学和加州大学圣塔巴巴拉分校担任教职。他的主要研究方向是中国和西方的全球史/世界史研究方法、17 世纪中西文化关系以及现代中国历史上的全球趋向。

克里·沃德(Kerry Ward)是莱斯大学世界历史方向的助理教授。她著有《帝国网络:荷兰东印度公司的强制移民》(*Networks*

*of Empire: Forced Migration in the Duth East India Company,
Cambridge*, 2009）和关于南非、东南亚和印度洋史的若干文章和
章节。她于 2009—2013 期间担任世界历史学会的秘书。在 2013—
2014 年她是耶鲁大学吉尔德莱尔曼奴隶制、抵制和废除研究中
心（Gilder Lehrman Center for the Study of Slavery, Resistance, and
Abolition）的人口贩卖和现代奴隶制协会的会员。

　　梅里·威斯纳－汉克斯（Merry E. Wiesner-Hanks）是威斯
康星大学密尔沃基分校历史系的特聘教授和系主任。她是《16 世
纪杂志》（*Sixteenth Century Journal*）的资深编辑，《全球历史杂
志》的编辑之一，并且写作或编辑了 20 本著作和很多文章，以英
语、德国、意大利语、西班牙语、希腊语、中文、土耳其语和韩语
的形式出现在读者眼前。她的研究得到了来自富布莱特和古根海姆
基金会等的资助。她也写了很多用于大学课堂的资料集和教科书、
一本给青年人看的书和一本给普通读者看的书:《了不起的多毛女
孩：冈萨雷斯姐妹和她们的世界》（*The Marvelous Hairy Girls : The
Gonzales Sisters and Their Worlds,* Yale, 2009），讲述了生活在 16
世纪晚期欧洲的极其多毛的一家人的故事。目前她担任即将出版的
九卷本《剑桥世界史》的主编。

1 世界历史的设计师

肯尼思·R.柯蒂斯

世界历史是什么？像很多教授一样，比起在理论上，我开始更多地从实践角度思考这个问题。那是在威斯康星的一个阴冷的早晨，当时我正在为上午八点半的"现代世界历史"讲座做准备。仍然在完善我的关于殖民地坦桑尼亚咖啡产销的政治驱动力的博士论文，我如何才能说服一屋子年轻人，让他们相信我能帮助他们了解16世纪奥斯曼帝国？除了阅读的教科书与学生的不同，我确实有一些工具来帮助自己。一位有经验的同事曾经非常热心地给了我他的课堂讲义（使用的是1989年最新的电子存储技术：一套"软盘"），里面存有优秀的学术资料和一手资料引文。更重要的是，作为一名东非学家，我牢固地掌握了关于伊斯兰教的基础信仰和实践行为，如果没有这些知识背景，我的学生不可能理解奥斯曼历史。最后，我阅读过大量的比较历史资料，所以我了解如何把历史节点连接起来以揭示更大的图景。但是，接着我心里闪过一丝惊慌："苏莱曼（Süleyman）"的标准土耳其语发音是什么？求助于互联网是几年后的事情；当时我没有途径来求证。我只能下定决心尽我所能从经验中学习。

我觉得我的很多世界历史同事能够在这个故事中看到一点自己

的影子（如 Getz, 2012）。在攻读博士学位的日子里（至今情况没有太大变化），我们关注研究、关注梳理所有潜在的复杂线索，而对于其他人来说，这些可能看似是平直的故事（比如非洲人种植和售卖咖啡）。我们很少花费时间思考教学，教学需要的技巧几乎完全相反：能够以直截了当的方式为非专业人士呈现复杂性。所隐含的预设是最终就职于一家大型研究机构会容许我们关注自己的专业，把一些粗线条的入门课程留给别人。（更不用说实际上现有工作机会多在教学居于首要地位的地方：文科院校，很少有研究资助的州立大学、社区学院。）虽然从未接受过如何教学的训练，我们开始了教学工作。

当我的本科母校——劳伦斯大学——提供给我一份短期教学合约的时候，真是天赐良机，不仅帮助我偿还了在完成论文时所欠的账单，而且在后来的终身教职职位申请过程中给了我可以援引的教学经验。在劳伦斯大学，我得以有机会继续研究非洲历史；事实上，我自愿讲授了一部分世界历史，因为我认为在竞争激烈的就业市场上这会给我的简历增色。的确，如果第二年我不能说服加利福尼亚州立大学长滩分校我"能够讲授世界历史"，我怀疑自己是否会被他们考虑。

一旦得到了终身教职，我本可能会希望避免更多的世界历史教学任务。但是在 20 世纪 90 年代早期，全球范围内有重大关系的历史似乎太重要了，无法视而不见。柏林墙的倒塌、纳尔逊·曼德拉出狱、冷战终结、"全球化"的修辞和现实，这些都伴随着我从威斯康星过渡到加利福尼亚。那时，我开始更加尽责地考察世界历史，逐渐地（就像本书中其他学者一样）把世界历史看作是历史学的一个独立且有活力的分支（关于世界历史的制度发展，参见 Pomeranz and Segal, 2012；关于当代全球化语境下的世界历史，参见 Bright and Geyer, 2012)。

随着我开始更加深入地探究世界历史，我逐渐区分出该领域的学者们所具有的两种"思维习惯"特点（援引原世界历史预修课程 [APWH] 的描述）："跨越时空看待全球各种模式和进程，同时把地区发展与全球发展联系起来"，和"在社会内部和各社会之间进行比较，包括比较各社会对全球进程产生的反应"。就像很多其他世界历史学家，我对帮助连接起过去和现在的历史书写形式感兴趣，在甄别跨越民族的或者全球的模式并进行适当比较的过程中会在心智上得到满足。

例如，随着我在现代世界历史考察方面的经验增多，我开始把奥斯曼帝国晚期历史看作更宽泛模式的一部分：基于陆地的旧式社会和帝国（也包括中国清王朝、日本德川幕府、俄罗斯帝国）的领袖们面临着努力适应工业时代新的经济和军事现状。在所有地方，保守派和改革派互相斗争以扩大影响力，并使世界发生了改变。我发现，挖掘这些联系和可比之处既有挑战性也有启发性。

通过实践逐渐靠近了世界历史，理论上仍然存在一个问题：在关于什么构成了"世界历史"这个问题上，事实上存在着不同的、有时是分歧的意见。有些分歧反映出了国家多样性，如夏德明（2011）所示：例如，比起北美的同行，德国和中国的历史学家带来了对"世界历史"的不同概念性理解。尽管如此，在很大程度上仍然是基于美国的历史学家主导着定义性对话。

作为一个起始点，帕特里克·曼宁（Patrick Manning, 2003）提 4 供了一个适用范围广的世界历史定义，其特点是关注"人类社群内部互相联系的故事"，这些故事"描绘人类历史上如何跨越边界和链接体制"。杰里·本特利给出了更加精确的陈述（2002），他提到：

明确地跨越各社会的边界线比较各种经历，或者考察不同社
会人们之间的互动，或者分析超越个体社会的大范围历史模式和
进程的历史学。该类型的世界历史所处理的历史进程不受民族、
政治、地理或者文化边界线的限制，但在跨区域、大陆、半球和
全球范围内产生了影响（第 393 页）。

本特利继续列举世界历史所特有的历史进程，如"气候变化、
生物扩散、感染和接触传染病的传播、大规模迁移、技术的传输、
帝国扩张活动、跨文化贸易、想法和理念的传播、宗教信仰和文化
传统的扩展"。

如果一个历史学家在这张覆盖范围如此广的列表上发现不了一
些切题的事件，这几乎无法想象，但是，关键在于这些话题看起来
要求跨区域或者全球范围的考察。

1992 年，在费城参加世界历史学会（WHA）的一场会议时，
我有机会与志趣相投的历史学家继续这样的对话。现在我发现，我
对全球和比较历史的热情在来自全美和一些国外的历史教育者同行
身上也存在着。我马上意识到世界历史学会的文化包含了来自各类
机构的历史教育者，其中大量中学教师的参与是一大特色。

此外，世界历史学会的成员共同分享着使命感。20 世纪 90 年
代早期，世界历史还在为得到职业史学的认可而奋争。特别是在一
些非常精英的研究型大学，世界历史可能仍然被看作只适合高中学
生或者大一新生的素材，肯定不属于严肃学者的主题（Weinstein,
2012）。甚至在学院调查中，其角色仍然在遭受已有"西方文明"
研究方法的传统主义支持者的质疑（Levine, 2000）。在政治领域，
对人类历史进行全球思考被一些美国保守派指责为"识时务"，陷

于贬低"西方"独特成就的文化相对主义（参见 Nash, Crabtree, and Dunn, 2000）。与之形成鲜明对比的是，世界历史学会里的很多高中和大学教师是理想主义者，相信全球知识、全球理解与全球和平、公正的可能性之间存在联系（Allardyce, 2000）。

这就是世界历史学会具有的意气相投的氛围，在这里进入世界历史领域的新人（比如我）可以很容易地与该领域的重要人物（如杰里·本特利）交往并向他们学习。本特利博士，作为《世界历史杂志》的创办主编，曾在他的家乡夏威夷组织了 1993 年的世界历史学会会议。他不仅在理论和实践上是后来被一些人称为"新世界历史"领域的一位开拓者，在教学、学术性出版物以及教科书编纂方面的创新者；而对于非常多的历史学家来说，他也是一位导师，包括本书中的每一位学者，他们都曾从本特利的建议中获益。2012 年夏天，本特利与癌症抗争失败去世，留下了一个巨大空白。尽管如此，我们还是得以收录杰里的最后一篇文章，我们可以借此机会思考他作为现在全球化的世界历史领域的设计师之一所产生的影响。

世界历史的"设计师"

如何把建筑学的比喻与世界历史联系起来？我们的标题所蕴含的意思是建设之前的远见。让我们想想建造一座砖结构的大厦。供应充足结实的砖块是一个必要条件。如果原材料不足，修建不能完工；如果砖块的质量不好，大厦就会坍塌。在这个类比中，砖块相当于历史事实：除非事实证据在数量与质量上充足，否则无法做出有效的史学论证。然而成堆的坚实砖块无法自己聚集成大厦。与之类似，仅仅有关于过去的数据无法构成历史。

为了建造一座牢固的大厦，也需要泥瓦匠的技巧，这是把砖块连接成一面耐久的墙所必须的专业技术。在这个意义上历史学家也是"泥瓦匠"，他们接受的训练是把史学证据连接成因果关系的墙。正如本特利所指出的，"历史不是一箱子混杂的细节或者一盒子数据，历史学家简单地从中扯出信息片段，然后试图将之加工成某种故事。事实上，历史代表了历史学家为洞察历史发展的动力而做出的创造性努力"（第217页）。但是，一面墙仍然不是一座完工的大楼，最多算是因果关系解释构成了一次完整的史学论证。

这时，作为建筑师的历史学家所具备的远见最为关键。在选择砖块之前、在计划装配材料之前，建筑师眼里有大厦的最终模样。当然，为了保证她的蓝图愿景能够实现，她必须拥有扎实的材料科学与工程基本功；但是如果没有她最初的远见，任何漂亮的、牢固的或者耐久的建筑都无法建造出来。

这样，历史学家联合起了所有这些技巧。他们像烧砖的工人，搜寻出历史的原材料，为了寻求证据经常在档案室和图书馆里默默而勤奋地工作。历史学家也像泥瓦匠，娴熟地把原材料证据连接成可理解叙事的实心墙。真正产生影响力的历史学家也像建筑师，以原创性的方式展望史学构建的愿景，然后加工成创造性论证的叙事。在本书中，你会看到八位这样的历史学家。他们已经做出了显著贡献，被选出来以凸显世界历史研究的重要节点，他们都很快地指出相互协作是不可缺少的："我想在我们任何一个人建造的房子里，都不会发现这么多世界历史，"彭慕兰写道，"像在成排房子所形成的邻里社区里那样。"（第103页）

促使产生《世界历史的设计师》的对话是从特莎·哈维开始的，他是威利－布莱克韦尔（一家备受推崇的学术书籍出版商）

的编辑。特莎当时的首要任务是编辑一本《威利－布莱克韦尔世界历史研究指南》(*Wiley Blackwell Compation to World History*, Northrop, 2012，包括 Pomeranz、Sachsenmaiaer 和 Ward 的文章)，对于试图沿着本书中出现的问题线索继续探寻下去的读者来说，这是一本理想的补充读物。诺斯罗普的书与杰里·本特利编辑的《牛津世界历史手册》(*The Oxford Handbook of World History*, 2011)、罗斯·邓恩的《新世界史：教师用书》(*The New World History: A Teacher's Companion*, 2000)一起成为基础参考书目。就长期从事世界历史研究的单个作者而言，帕特里克·曼宁的《全球史导航：历史学家创造世界历史》(*Navigating World History: Historians Create a Global Past*, 2003)仍然未被超越。

诺斯罗普、本特利、邓恩、曼宁的著作和《世界历史的设计师》之间的差异在于目标读者。那些书是由历史学家为历史学家书写的；而我们的主要目标是为历史系的本科生和研究生提供初始方向(尽管我们也希望本书同样能为其他读者提供帮助，比如有助于没有太多训练或者背景的教师完成世界历史领域的任务)。

事实上，迄今为止本领域的可用资源多少有些失衡，要么目标读者是富有经验的学者，要么是为了指导基础概况课程。在历史连续统一体的一端，实在的研究已经开始，并产生了对类似《威利－布莱克韦尔世界历史手册》和《牛津世界历史手册》资源的需求。从另一方面看，概况课程现在成为美国大学课程的主要组成部分，推动产生了质量较好的资源支持世界历史的推介。我曾经为这类文献资料撰稿，比如合著教科书《世界历史上的航行》(*Voyage in World History*)2013 年版、文献选读《发现全球历史：审视证据》(*Discovery of Global Past*)2011 年版。但是，基础历史学里强烈的存在主义和新兴研究领域的力量，使得世界历史看似"缺失的

中间地带"，本科生阶段的高年级课程和研究生阶段的初期课程在
这里都能找到。《世界历史的设计师》的主要目的之一是帮助弥合
8　这个缺口，帮助本科高年级学生和研究生新生理解该领域的架构，
在通往他们也许愿意去追求的研究领域的道路上为他们提供一些
路标。

　　本书的理念已经酝酿了一些年头，然而我总是分心于行政事
务。那时我做了一件事，任何理解世界历史概念的人都会这么做：
我与杰里·本特利进行了商讨。杰里怀旧地想起了与本书相似的
《历史学家工作坊》（*The Historian's Workshop*），他在本科时曾经
阅读和欣赏过（Curtis, 1970），当时我们在伦敦会面，都是由欧洲
普世史和全球史网络（European Network in Global and Universal
History）主办的会议参会人员，他同意担任《世界历史的设计师》
一书的合作编辑。我们这些作者的"学术轨迹"将成为本书的主
题，关注他们在朝着世界历史研究方向发展时所曾经走过的各种
各样的道路。

通往世界历史的道路

　　我自己通往世界历史的道路源于最初接受的非洲学训练向外
扩展，以及与教学相关的训练。2003 年春天，这些经历使我得到
邀请去参加国家人文学科捐赠基金会（National Endowment for the
Humanities）资助的"佛罗里达大学的全球化历史：世界历史教学
与研究工作坊"（Globallizing History at the University of Florida: A
Workshop for the Teaching and Research of World History）。我演讲的
题目是"自下而上的改变：世界历史和美国公共教育（Change from

Below: World History and American Public Education)"。尽管广受好评，我认为我对全球历史视角从美国中学向上流动到大学的解释没有产生太大影响。这是一个传统的、以研究为导向的历史系，参会的研究生中只有一位表达了对教学的关注。学术历史和更广泛的历史教育潮流之间明显缺乏联系，这没有让我觉得很惊讶，即使这种情况与我自己在加州州立大学长滩分校的经历差异很大。

当我 1990 年进入加州州立大学长滩分校历史系时，该系已经有着深厚的致力于 K-12 教学的传统。这里是历史教育学会（Society for History Education）的所在地，其备受推崇的杂志《历史教师》（*The History Teacher*）上刊登由学校教师和专业学者写作的关于历史教学法的文章（Weber, 2012）。那种共同目标和缺乏等级制度的感觉吸引了我的民主教育本能（为当时学术界影响力渐长的法国后结构主义所存在的种种困惑提供了矫正方法）。从实用的角度出发，我了解我的很多学生想着得到在初中或高中讲授历史的资格证书。长滩分校的很多学生是他们家庭中第一个进入大学的孩子；很多学生是移民的孩子。考虑到我妻子本身是七年级世界历史教师，而且加州州立大学长滩分校与长滩联合学区（以及长滩城市学院，作为长滩教育合作伙伴关系的一部分）培育了紧密联系，我面前的道路很清晰：积极致力于公共历史教育（Houck, 2004）。

与讲授非洲历史的教师们一起工作是清晰的起始点。如同克里·沃德所说，非洲学家总是因为对非洲历史和地理根深蒂固地忽视而感到受挫。我发现很少有当地教师能够在非洲研究领域享有学术上优先知名的情况，随之而来的担忧是不正确的刻板印象会传给下一代人。幸运的是，20 世纪 90 年代晚期关于历史/社会科学的新州立标准实施了，规定了干预范围（和资金）：学生在世界历史的语境内学习关于非洲的历史，现在成为必修内容。但是，新的加

利福尼亚标准有利也有弊。在新标准的形成过程中没有咨询过世界
历史学家，新标准与丰富的对人类历史的联系和比较研究之间没有
任何关系，这在后来的大学世界历史预修课程项目中通过对比得以
发现。例如，在加利福尼亚新标准为十年级学生规定的现代世界历
史部分，美国和西欧例外主义依然被编织进了课程结构。

加利福尼亚州的历史学科标准是 20 世纪 90 年代全国范围内更
大趋势的一部分，当时提出了更加严谨的标准，以解决美国长期以
来教育成果不令人满意的问题。在国家人文学科捐赠基金会的赞助
下，来自中等教育和高等教育背景的一大群有名望的历史教育家协
调组织了一次全国性的对话，讨论制定美国的国家历史学科标准以
及世界历史。从教育和教学法的角度来看产生了极好的结果，但是
从政治角度来看是灾难性的。被提议的标准受到了保守派攻击，说
是对传统历史进行了"政治上正确"的歪曲，随后美国参议院以
99:1 的投票将之废除（Symcox, 2002）。

但是，将眼花缭乱的国家政治搁在一边，一群想法超前的世界
历史学家对大学理事会进行游说，希望在有着良好声誉且飞速发展
的大学预修课程（AP）项目中纳入他们的科目。通过大学预修课
程和考试，高中学生能够学习大学层次的课程，并有可能得到大学
录取和学分。游说成功了，2002 年大学理事会公开了其最新大学
世界历史预修课程设置，这个课程设置确实反映了"新世界历史"
的"架构"，强调联系、比较和全球语境的主题（披露一下：我参
与了课程的设计与实施，现在仍作为大学理事会历史学术咨询委员
会的成员担任监管的角色）。不仅从学术内容的角度来看，而且从
数字上看，该项目的发展势头良好。在 2013 年参加了大学预修课
程考试的 100 万高中学生里（大部分在美国，但是国际范围内的数
目在增加），超过 22 万人尝试了大学预修世界历史课程的测试，其

中大约一半人的成绩足够取得大学学分。正是通过大学预修课程项目，由世界历史学会培育出来的中学和大学历史教育者联盟产生了最广泛的公共影响。

这些在学校里建立世界历史学习标准的尝试——在国家层面上产生了混合性的结果，在全国范围内的结果令人极度失望，而在大学预修课程项目中取得了显著成绩，这指向了一个重要现象：美国教育中世界历史所占的空间实质上并非从上而下、从学术贵族向普通教室里的教师"向外延伸"的结果，而是得益于教室里的教师（在各个层次上）在他们尝试全球化历史教育的过程中寻求学术指导的"向上延伸"。大卫·克里斯蒂安如此有前瞻性地热衷于调整他的"大历史"项目，以在学校能够广泛运用，其直接原因是——我希望他会同意——世界历史现在已建立了教育层级之间可以自由跨越开展工作的传统；另一个显著例子是"我们所有人的世界历史"（World History For Us All）在线项目的开发，这是由圣地亚哥州立大学的罗斯·邓恩（Ross Dunn）所构思的。

正如教学，地区研究也如此：我在长滩分校体制内的职位帮助我在我原有训练之外扩展了专业知识。事实上，大学教职员工如果没有资源良好的地区研究项目，通常会发现自己在原先领域之外开展教学，尤其是那些专业知识属于曾经被称为"第三世界"地区的教员。对于很多人来说，世界历史成为从菲利普·柯廷（Philip Curtin, 2005）所谓的"边缘"过渡到历史学科"中心"的学术道路的主要方式。尽管倡导了几十年的地区研究给美国大部分历史系的课程设置带来了意义非凡的更加多样化的地理知识，但是传统欧洲中心主义的残留效应仍然存在，有时美国和欧洲之外各社会的历史仍然在残留的"其他"或者"非西方"范畴之下被堆积在一起。世界历史，更加平衡地纳入了全球各区域，为课程设置所面临的僵局提供了一条出路。

　　尽管致力于非洲，我记得在到达麦迪逊之前看过历史系的课程，并曾经想象所有我在学习巴西历史、土耳其历史或者南亚历史时有可能会遇到的有趣课程。事实上，我的研究稳固地定位于非洲：我有价值相当于一个大陆的知识去学习（超越一生的学习！），需要快速开始学习斯瓦希里语，浪费时间是说不通的，我的教授们也不会允许我这么做。同时，非洲研究项目有跨学科的极好优势，促进了来自社会学、政治科学、人类学以及非洲语言和文学等领域的教职员工和学生之间的互动。尽管我仍然对没能学习的其他很棒的历史课程感到遗憾，但是学生需要打好关于特定空间、时间和语言的基础（我的要求：东非、英国殖民时期和斯瓦希里语），这依然是研究生训练的标准，甚至在考虑向更广泛的比较研究扩展之前就得做到（Steets-Salter, 2012）。

　　美国的非洲研究和其他地区研究项目最初在冷战语境内表现为公共机构形式。1958 年国防教育法为不常讲授的语言（包括俄语和中文）提供培训资助，并给全国范围内的跨学科学习中心奠定了基础，每个中心关注不同的地区。随着新成立的主权国家浪潮般地敲开了联合国大门，新的大使馆和领事馆即将开设，美国需要自己的地区研究专家。半个世纪后，这些地区研究项目的产物及其仍在持续的生产力对世界历史来说至关重要，因为如果没有三代地区研究学者的学术工作，大部分全球和比较历史工作的原材料就不会存在，也无法得到合适的语言训练。我是一名接受联邦资助的斯瓦希里语研究者，并且获得富布莱特奖学金对坦桑尼亚研究和德国国际教育工作的赞助，我能很好地证明政府部门对地区研究的支持非常重要。

　　但是，地区研究的学者们会被困在区域泡沫里。我在威斯康星大学学习时很少意识到"世界历史"是一种学术选择，这让人觉得讽刺，因为十年前麦迪逊的历史系已经靠着比较历史这个强项而闻名（Lockard, 2000）。这主要归功于菲利普·柯廷博士，他从一名加勒比海的专家转向非洲研究，再转成世界历史学家，他在1956—1975年间是麦迪逊的教员（在去约翰·霍普金斯大学之前，影响了很多人的学术道路，包括劳伦·本顿和 J.R. 麦克尼尔）。在柯廷离开之后和我到来之前那段时期，比较历史和地区研究之间的鸿沟再一次扩大了。（不过，在由斯蒂文·斯特恩［Dr. Steven Stern］博士 成功主持的关于奴隶历史的比较研究研讨会上，参加者包括同等数量的非洲学家和拉丁美洲学家，我确实经历了该项目强有力的回应。）

所以像很多其他来自地区研究背景的学者一样，引领我认真对待世界历史的是教学责任而不是研究议程。我是"从下而上"靠近世界历史的——从课堂教学开始——"从边缘到中心"——从曾经被称为"第三世界"研究的背景开始，这种方向远非是独一无二的。我自己的故事，就像梅里·威斯纳－汉克斯在本书中的其他部分所说，"偶然性、机会和运气的作用像理性、计划和准备一样重要"（第61页）。

但是，尽管我自己和其他人是被运气推向了世界历史研究的轨道，我们似乎都分享着一些"思维习惯"，比如渴求像伞兵一样看待历史。这个类比由埃马纽埃尔·勒华拉迪里提出，他对从一定高度考察宽广过去的历史学家进行了对比，这些历史学家带着"嗅块菌的鼻子（truffle snufflers）"深入钻研到历史学非常具体的方面（以当地或者国家为界）。本书中所有的历史学家——无论他们的兴趣最初是由课程改革和创新引发，还是求知欲带来了学术研究议程，或者甚至是国际旅行经历——都从高于平地的高度看待跨越区域或者全球历史的宽泛模式。

地理位置在决定通往世界历史的道路上也非常重要。杰里·本特利来自檀香山，与我有着共同的经验，即每天向太平洋注视。正如凯伦·乔利所解释，本特利调整学术关注点以适应他位于岛屿上的新家，占了这位年轻教授从文艺复兴历史到世界历史研究转变过程的一大部分。就我的情况来看，在一所拉美文化和亚洲文化交汇的美国大学工作（长滩分校有大约 35% 的学生是拉美裔，25% 是亚裔），"我们"分享的历史故事有必要是"世界历史"。人口在全世界范围内的流动正在并将会使得全球和跨区域历史对于世界上更多的人来说比以往任何时候都更加有意义。

基础文本

14　　　　来到世界历史领域的新人现在可以得到对这个领域的很多指导，包括本书。然而，就像《设计师》的其他编著者一样，我自己是在偶然的情况下开始熟悉该领域的基础文本。一天，我在图书馆的开放书架徘徊时，一本书的标题一下子吸引住了我：埃里克·沃尔夫（Eric Wolf）的《欧洲和没有历史的人民》（*Europe and the People without History*, 1982）。沃尔夫是一位人类学家，专门研究中美洲的人民，我本科时曾经阅读过他的关于阿兹特克人历史的经典作品《颤动地球的儿子们》（*Sons of the Shaking Earth*, 1959）。沃尔夫解释道，现代西方帝国主义的受害者们已经被双重边缘化了：他们不仅被剥夺了政治主权和经济资源，在某种意义上也被剥夺了他们自己的历史。作为一名非洲学的新手，我看到沃尔夫的全球观点如何进一步支持了沃尔特·罗德尼（Walter Rodney）的观点，罗德尼的《欧洲如何阻碍了非洲的发展》（*How Europe*

Underdeveloped Africa, 1974）自从其 1972 年首次出版就是学习现代非洲的学生的必读书目。我清楚地记得罗德尼这本书的最初封面形象：一双巨大的白人的手把非洲大陆撕成了两半。论点是清晰的，正如埃里克·沃尔夫的书所指出的，历史和当代社会公正问题之间存在确凿无疑的联系。就像大部分历史学家，我随后逐渐看到这两部作品有着说教目的和缺少精确分析的局限性。但是，它们仍然在我的书架上，作为我通往非洲历史和世界历史的道路指示标。

本书中的其他作者有着自己的"正好在合适的时间被合适的书"所影响的故事。我们所有人都在 20 世纪 70 年代到 90 年代之间接受教育，发现我们共同分享着某种基准文本，某种历史分析的基准概念，这并不出乎意料。尽管提供一份全面的书目指南不在《世界历史的设计师》的范围之内，在这里列举一些曾经产生过宽泛影响的奠基性学术作品也许会有用。

"欠发达"、"依附理论"、"核心—边缘关系"这些术语是通往沃尔夫和罗德尼的书中所蕴含的全球历史分析类型的起始点。在一门"政治现代化"的本科课程上，保守的教员让我们阅读了一本激进的书：《拉丁美洲的依附和发展》（*Dependency and Development in Latin America*, Cardoso and Enzo, 1979）。拒绝了"现代化"理论家关于开放市场是通往广泛繁荣的最可靠道路的承诺，这些经济学家认为事实上资本主义是拉丁美洲长期以来欠发达的源头：资本主义是拉丁美洲贫穷的历史原因，而不是其解决方法。（具有讽刺意味的是，卡多索后来成为巴西总统，在变化的全球条件下实施新自由主义的市场改革。）该书提出的道路指向了被高度肯定的安德烈·冈德·弗兰克（Andre Gunder Frank）的经济分析及其经典构想《欠发达的发展》（*Development of Underdevelopment*, 1966）。这些作品是更多文献（如 Amin, 1977, 2010）的一部分，把全球无产阶级的角色给了"第三世界"被压迫的人民：正是他们（不是像马克思所预示的西方的产业工人）的革命行为将改变世界。

研究欠发达理论的专家们主要从社会学和经济学得到了深刻见解。他们对历史研究的影响是通过伊曼努尔·沃勒斯坦（Immanuel Walterstein）的作品产生的（在本书中被本顿、沃德和彭慕兰援引）。沃勒斯坦所接受的训练是社会学的，不是历史学的，他在其里程碑式的《现代世界体系：16 世纪的资本主义农业和欧洲世界经济的起源》（*The Modern World System: Capitalist Agriculture and the Origins of the European World Economy in the Sixteenth Century*, 1974）里对全球结构比起人类活动更感兴趣。在该书及随后的作品中，沃勒斯坦描述了早期现代西方建立的全球经济"核心"与其对亚洲、非洲和拉丁美洲"边缘地区"的掠夺性关系之间的关联，"边缘地区"为"核心"提供市场和原材料，并且是"核心"过剩资本和过剩人口的输出地。通过这些历史进程（复杂但是没有被否定为"半边缘"案例），世界大多数人的贫困被创造出来，这是"现代性"不可缺少的一部分（Chase-Dunn and Hall, 2012）。

作为一位历史社会学家，沃勒斯坦强调结构而不是人民，强调"资本主义"而不是"资本家"。他的"降落伞"视角有利于构建现代全球资本主义经济发展的历史语境，不太利于勾勒植根于历史资料的实际研究安排。也许有人会说，世界体系分析都是关于建筑架构的视角，很少从砖和灰浆的角度看问题。

20 世纪 70 年代和 80 年代的很多历史学家发现，在费尔南·布罗代尔（Fernand Braudel）的作品中可以得到更多合适的灵感；事实上，"布罗代尔式的（Braudelian）"这个词很久之前就进入了词汇表，所指代的作品特点是长时段历史（*the longue durée*），同时关注地理和历史、陆地场景和变化、持续的长期力量之间的相互交叉。作为法国年鉴学派的领头人（其代表杂志也是如此命名），布罗代尔对战后的史学书写有着显著影响：J.R. 麦克尼尔和劳伦·本顿在阅读他的三卷本《菲利普二世时期的地中海》（*The Mediterranean in the Age of Philip II,* Braudel, 1972）时都受到了极大影响。他后来的作品《文明和资本主义》（*Civilization and Capitalism,* 1977）把看待欧洲和世界经济中的长期结构变化与研读文本、详细考察文化充分联系起来。对于对宽广历史框架中人类代理和人类行为感兴趣的历史学家来说，布罗代尔是非常鼓舞人心的。

在这些影响的基础上，我发展了一种特殊兴趣，即现代资本主义的历史发展和现代官僚体制国家的兴起，特别是与农业社会的关系。在我所发现的有启发性的透彻思考这些进程的比较历史作品中（克里·沃德也这样援引）是巴林顿·摩尔（Barrington Moore）的《专制和民主的社会起源》（*Social Origins of Dictatorship and Democracy,* 1966）。在考察民主、法西斯主义等政治形态产生的各种结果时，摩尔关注在一系列欧洲和亚洲社会内农民、拥有土地的精英和城市商人阶层之间的阶级关系。而摩尔的作品（就像沃勒斯坦的作品）在很大程度上仍属于"历史社会学"模式，成为一个研究模版，有利于强化乡村人口在塑造现代历史过程中扮演着基础性角色这个基本事实。

另外一条前进道路是 20 世纪 60 年代和 70 年代新社会历史兴
起，关注"从下至上"的历史和普通人的故事。在我自己的经历中，两部作品非常重要。第一部是 E.P. 汤普森（E.P. Thompson）的《英国工人阶级的形成》（*The Making of the English Working Class,* 1966）。当我阅读这部厚重且论证严密的关于英国农民转型为产业工人的描述时，感到很震惊，发现与我最初研究非洲殖民历史时有很多相似点；例如，18世纪英格兰描述阶级差异的辞汇与20世纪时东非描写种族差异的语言区别不大。有着类似影响的是尤金·吉诺维斯（Eugene Genovese）的《奔腾吧，约旦河：奴隶创造的世界》（*Roll, Jordan, Roll: The World the Slaves Made*, 1976），该书仔细考察美国南北战争前奴隶的生活、思想和经历，就像汤普森研究英国工人阶级一样。吉诺维斯使用了"文化霸权"的概念，这个概念最初由意大利马克思主义者安东尼奥·葛兰西提出，以精确地描述对奴隶身份的抵制和认同这两种模式，另外一个引起历史学强烈共鸣的话题是从被殖民群体的视角出发，后来称为"底层"视角。

试图"从下而上"看待历史使得我的博士论文研究和直接来源于此的出版作品（Curtis, 1992, 1994, 2003）严密地从地理角度关注这段有着细微线索的历史，探讨全球商品市场和国家干预如何开始影响坦桑尼亚西北部村民的社会和政治生活方式。这就是"嗅块菌"的历史，使用的是保存较差的殖民记录；有一些记录几乎因时间、无知和潮湿毁坏了。此外，与"降落伞"视角相关的工作展现在，例如，詹姆斯·斯科特（James Scott）关于农民道德经济及其与官僚政权之间关系的研究中（1977，1987）。无可否认的是，如果我当时知道现在所具备的知识，我会更加明确地梳理这些全球—地方的联系。这样的研究确实存在完美的题目，不过已经被唐纳德·怀特（Donald Wright）为其关于一个冈比亚小社群的作品采用了：《世界和非洲的一个弹丸之地》（*The World and a Very Small Place in Africa*, 2010）。在怀特的书中，全球大变化的结构与植根于当地语言、文化、经历和感知的微小细节联系起来，这种方法能够被广泛地模仿（Gerritsen, 2012）。

在完成我的博士论文之后，加入了学术工作群体，发现了世界历史学会和《世界历史杂志》，然后我开始弥补已失去的时间，努力追赶着世界历史的"经典作品"，其中许多在本书内多篇文章中有提及。

实际上，我的书架上已经有一本威廉·麦克尼尔（William McNeill）的《西方的兴起》（*Rise of the West*, 1963；曾经的书店定价是 1.25 美元，足见其老旧的年代)，并且在他到访长滩的时候通读了他的其他作品，比如《瘟疫和人》（*Plagues and Peoples*, 1976)。在长期以来历史学家变得越来越狭窄和专业化之后，麦克尼尔多年间呼吁回归世界历史大框架的声音显得孤立无援。尽管书名《西方的兴起》听起来有胜利主义的色彩，实际上该书通过把西欧历史稳固地置于麦克尼尔所谓的亚欧共生圈（*oikumene*, 相互联系的世界）语境内从而把西欧历史融入了背景。然后，他展示了中世纪晚期和早期现代欧洲的知识和技术发展如何由跨区域迁移产生。《瘟疫和人》也是一部极其有影响力的作品，研究明显是跨区域的主题疾病史，再一次提供了必要框架以合适地考察如黑死病等形式的流行病，这明显是涵盖亚非欧大陆的现象，而不仅仅是欧洲现象。

长滩分校的另一位演讲者，我对他的作品已经非常熟悉，是阿尔弗雷德·克罗斯比（Alfred Crosby）。他于 1992 年到访，当时正值纪念哥伦布首次美洲航行五百周年。他是研究世界历史上生物交换的一位先锋人物，我清楚地记得克罗斯比告诉我们："是科尔特斯在天花的帮助下征服了阿兹特克人，还是天花在科尔特斯的帮助下征服了阿兹特克人，我不太确定哪一种说法更加真实！"当然，克罗斯比是在启发人思考，但他所强调的是人类事件经常受到环境和疾病因素的驱动。这在 20 世纪 70 年代是一个新鲜的角度，

19　之后引发了很多创新性的研究，包括 J. R. 麦克尼尔的《蚊子帝国》
（*Mosquito Empires*, 2010）。正是阿尔弗雷德·克罗斯比第一次创造
了"哥伦布交换"（1972）这个术语，描述在欧洲、非洲和美洲之
间疾病、饲养的动物和食用作物的迁移，这个进程显示出，想要探
求这些话题的历史学家必须让自己具备跨学科研究能力。他后来
的作品《生态帝国主义》（*Ecological Imperialism*, 1986）解释了世
界上的植物群如何被欧洲帝国主义者重造（有时带着人的主观意
愿，通常是偶然情况），对每个大陆上的人们产生了大范围的环
境影响（并可以解释在我加利福尼亚办公室之外生长的澳大利亚
树种）。

　　在接下来的文章中持续出现的另外一个名字是菲利普·柯廷。
就像杰里·本特利，柯廷在该领域的重要性既源自其对年轻学者的
导师作用，也来自自己的作品，尽管就他的情况而言，两者之间实
际上存在着牢固联系。柯廷的研究方法是把一群年轻聪明的学者
召集起来，设定一个讨论会话题，然后让他们去研究该话题的各
个具体方面。通过这种归纳和合作的方法（与历史社会学强调推
理正好相反），柯廷的作品深深地植根于砖和灰浆般的历史细节当
中。最终成果是被广泛引用的作品，如《世界历史上的跨文化贸
易》（*Cross-Cultural Trade in World History*, 1984）和《种植园复合
体的兴衰：大西洋历史论文集》（*The Rise and Fall of the Plantation
Complex: Essays in Atlantic History*, 1988）。

　　马歇尔·霍奇森（Marshall Hodgson）是在《设计师》的几篇
文章中屡被提及的另外一个名字。作为麦克尼尔在芝加哥大学的同
事，霍奇森的影响通过其逝世后出版的《伊斯兰世界的历程：一种
世界文明的良知和历史》（*Venture of Islam: Conscience and History
in a World Civilization*, 1974）传递出来。霍奇森保持了"文明"范

式，这随后被很多世界历史学家超越了，但是在这个框架内他强调历史推动力和创新（Burke, 2000）。他强调伊斯兰社会（如他所命名的 Islamicate societies）内以及这些社会和相邻文明之间理念在流动，这违反了早期的静态模式。与之相似，列夫顿·斯塔夫里阿诺斯反驳"东方学家"对奥斯曼帝国和社会的构想，他的方法是强调奥斯曼帝国和社会内部的变化动力及其与北非、欧洲中部和伊朗不断发展的邻里关系这两者之间的关联（另请参阅 Islamoğlu, 2012）。霍奇森和斯塔夫里阿诺斯都预示了爱德华·萨义德在他影20响力巨大的《东方学》（*Orientalism*, 1979）中提出文学批判，批判西方人对"东方他者"进行静止和异域的比喻。萨义德的作品成为后殖民研究、文化研究和底层研究的一个支柱，这些领域与世界历史有重合之处，但是各自发端的修辞和研究出发点却大相径庭。（关于这些学术事业之间的交叉和分离，参见 Bentley, 2005 和 Sachsenmaier, 2011。）

《设计师》和世界历史学术

无论我们如何定义"世界历史"，我告诉学生，我们当然不能把之想象为"在世界各地的任何人中曾经发生的一切事情"。那将会是一项过于大胆和野心勃勃的事业。难道不是吗？大卫·克里斯蒂安的《时间地图：大历史导论》（*Maps of Time: An Introduction to Big History*, 2011）事实上确实把所有的时间和空间作为其领域。对于胆小的人来说，对于那些认为星球历史太遥远的人来说，克里斯蒂安的《这个飞逝的世界》（*This Fleeting World*, 2007）仅限于不过 25 万年的智人（Homo sapiens）历史。克里斯蒂安的大胆主动推动产生了大历史协会和许多文章、书籍（Spier, 2012），尽管对于大多数历史学家来说，他的扩张性研究方法仍然处于主流之外。

　　对于世界历史学家来说，更常见的是通过时间、空间、主题或三者结合起来限制他们的探究领域。如同亚当·麦基翁（Adam Mckeown, 2012）所强调，世界历史学家必须特别注意地理和时间维度，选择最适合他们所框定问题的年代和空间参数："每个维度，"正如他写道，"照亮不同的进程。"这样，菲利普·柯廷在他关于"种植园复合体"的文章中，需要解决的问题包括地中海的起源和非洲、欧洲和美洲在三个多世纪期间的事件。费尔南·布罗代尔把地中海海岸描述为长时段内一片连贯的历史研究地区，而威廉·麦克尼尔关于瘟疫和流行病的历史把欧亚大陆作为出发点（正如其他历史学家把他的深刻见解延伸到了非洲、美洲和波利尼西亚）。一些学者如唐纳德·怀特关注长时期内一个小的区域（2010），其他学者会选择从小的时段考察整个世界，如约翰·威尔斯（John Wills）的《1688年的全球史》（*1688: A Global History*, 2002）。

　　我们援引了杰里·本特利的话题列表作为世界历史的最明显特征，但是他没有明确提出与我自己的研究联系最密切的主题区域：现代世界历史中的商品链研究（Levi, 2012）。一些经济和社会历史学家发现通过关注单一商品的生产、贸易和消费，他们能够梳理出有意义的历史学关联。这种研究方法的一个里程碑式的著作，尽管是由一位人类学家而不是历史学家书写的，是西敏司（Sidney Mintz）的《甜与权力：糖在近代历史上的地位》（*Sweetness and Power: The Place of Sugar in Modern History*, 1986）。除了对劳伦·本顿产生了影响，西敏司的书也对我构思《发现全球历史》的章节很有启发，使用一手材料讲述"甜蜜联结：糖和现代世界的起源"（2011）。另外一本我曾经撰稿的书以咖啡为出发点分析现代经济中生产商、商业中介和消费者之间的关系:《全球咖啡经济在非洲、亚洲和拉丁美洲，1500—1989》(*The Global Coffee Economy in Africa, Asia, and Latin America, 1500-1989*, Clarence Smith and Topik, 2003)。其他世界历史研究关注了橡胶（Tully, 2011）、盐（Kurlansky, 2003）和棉花（Roelly, 2013）。与之类似，环境世界历史学家有时关注单一疾病，如疟疾（Webb, 2008；Pernick, 2012 的著作更具有概括性）。

在接下来的八篇文章，你会看到过去十年期间世界历史学术上一些非常有意思的主题发展，作者们使用了多样化的时间和空间维度。当然，不是世界历史研究的每一个重要地区都被纳入进来:例如，重新思考帝国和帝国主义历史的学术（如 Sinha, 2012）不是任何一篇文章的直接关注点。即使与研究趋势并驾齐驱的目标变得令人不可企及，读者仍然能够通过接触《世界历史杂志》(*The Journal of World History*)、《全球史杂志》(*The Journal of Global History*)和《世界历史连线》(*World History Connected*, 一种免费在线杂志，主要强调教学法)上出版的目录和评论文章获得一个良好的开端。新上线的《世界历史信息杂志》(*Journal of World-Historical Information*)和由匹兹堡大学的帕特里克·曼宁世界历史中心归档的世界历史数据平台（World-Historical Dataverse）也很有吸引力。当然，世界历史学会成员之间的网络、全球和世界历史组织网络（Network of Global and World History Organizations）也形成一个区域性联合组织、通过订阅人文 - 世界（H-World）研讨网可以每天获得关于世界历史的对话，这些都是无可替代的。

《世界历史的设计师》意欲让读者能够全面欣赏世界历史领域及其一些主要研究点;也许也可以促进他们深入思考自己的"学术

轨迹"，以及联系和比较全球历史在其中的位置。强烈鼓励读者更加深入地研究其中一位学者的作品及其所代表的子领域，也许读者可以给这个混合体添加上他们自己的地理或者时段专长。也就是说：历史系的学生们借助于本书这个降落伞从一定的高度形成对世界历史学术的看法，最终必须向大地降落，并把自己放在一个具体的研究领域。一旦你彻底想清楚大的语境、联系和比较，你的视角或许将不再保持不变。

尽管我们这些作者研究世界历史的方法有很大差异，J.R. 麦克尼尔和梅里·威斯纳－汉克斯有着一些共同点。他们俩所在的历史研究领域在 40 年前几乎不存在——麦克尼尔的环境史、威斯纳－汉克斯的性别史。威斯纳－汉克斯试图回答为什么性别史和世界历史之间相互作用了几十年才开始结出成果；另一方面，从环境史的角度看，跨越这些学科区分形成的聚合不太存在问题。从而麦克尼尔和威斯纳－汉克斯提醒我们："世界历史"不是一个被
23　隔离的专业，而是一个与历史学科的其他发展共同成长和成熟的专业。

彭慕兰和夏德明分享着一些共同的经验，他们分析了孟德卫（D.E. Mungello）所谓的中国和西方之间"大相遇"的不同侧面（2005）。彭慕兰的《大分流：中国、欧洲和现代世界经济的形成》（*The Great Divergence: China, Europe, and the Making of the Modern World Economy*, 2001）引发了一场激烈和持续的论辩，给为什么英国在 19 世纪实现了工业化而中国清王朝落后了这个问题带来了新鲜的研究。同时，从社会和学术角度来看，夏德明的贡献是重新评价了早期现代基督教在中国的发展，他的研究用语言技能和新的档案资源改写了这个曾经以欧洲为中心视角的研究领域。此外，夏德明凭借独特的经历，从三个差异很大的国家出发

（德国、美国和中国）看待历史的发展，并出版了首次全面研究世界历史全球化的著作（2011，另请参阅 Zhang, 2012 和 Neumann, 2012）。

劳伦·本顿和克里·沃德之间的学术有着更加直接的联系，沃德明确认识到本顿的《法律和殖民文化》（*Law and Colonial Cultures*, 2001）对她自己的专著《帝国网络》（*Networks of Empire*, 2009）产生了影响。这是世界历史学家在法律史和帝国史领域发现新资料和对传统话题发展新阐释的两个例子。比较法律史是一个成熟的领域，但是在过去，法律历史学家倾向于对比较法律体系进行规范性描述，社会要求人们应该怎么做，而不是他们实际上做了什么。本顿表明，首先就法律史而言，然后扩展到"主权"方面，司法程序不能仅从立法章程上读出来，即便是被征服的人民或者臣民也有一些关于法律实践的话要说。在这些深刻见解的基础之上，沃德从事的研究跨越印度洋，与非洲和亚洲历史联系起来追踪罪犯的迁移，在此帝国史、法律史、宗教史、社会史和传记相互交叉。如果我们说世界历史作为一个领域，其特征之一是优先考察"运动"的故事（Ward, 2012），那么她的研究就是一个完美案例。

到此，本书读者的视角也许已经充分地延伸，为大卫·克里斯蒂安关于"大历史"起源和发展的想法做好了准备。不仅仅是伞兵，克里斯蒂安是历史学宇航员。如果研究世界历史经常会给传统历史学领域（法律或者帝国史）带来耳目一新的总体洞察力，或者全球史与其他浮现的话题（环境或者性别史）像燕尾榫一样接合起来，那么克里斯蒂安是一个例外。他朝着"大历史"富有想象力的飞跃使得他和志同道合的同事超越了历史学家通常工作的领域边界，进入与天体物理学家、地质学家和进化生物学家的对话。

　　最后，从浩瀚的宇宙回到相对亲密的人类文化和文化互动，我们以杰里·本特利最后的文章结束。我和杰里最后一次谈话时，他的语言间洋溢着他朝着全球文化历史方向发展的学术轨迹，但是听起来他非常虚弱。一个月之后，他过世了，我了解到他曾经在最后的日子里还在写作他的《设计师》文章，他的遗孀卡罗尔·蒙·李（Carol Mon Lee）认为这篇文章值得出版。在与我们共同的朋友阿兰·卡拉斯（Alan Karras）交流时，我也发现，夏威夷大学的一个同事凯伦·乔利（Karen Jolly）在杰里弥留之际与他见了面，并精心准备了学术讣告。这样，我们在此按照原样出版了杰里的文章段落，在结尾部分乔利以第三人称叙述了杰里成熟的作品和思想。为了纪念杰里·本特利对世界历史领域的持久影响，我们将此书献给他。

参考书目

Allardyce, Gilbert. 2000. "Toward World History: American Historians and the Coming of the World History Course," in Ross Dunn, ed. *The New World History: A Teacher's Companion.* New York: Bedford/ St. Martin's.

25　Amin, Samir. 1977. *Imperialism and Unequal Development.* New York: Monthly Review Press.

Amin, Samir. 2010. *Global History: A View from the South.* Oxford: Pambazuka Press.

Bentley, Jerry. 2002. "The New World History," in Lloyd Kramer and Sara Maza, eds. *A Companion to Western Historical Thought.* Oxford: Wiley-Blackwell.

Bentley, Jerry. 2005. "Myths, Wagers, and Some Moral Implications of World History," *Journal of World History* 16: 51–82.

Bentley, Jerry. 2011. *The Oxford Handbook of World History*. Oxford: Oxford University Press.

Benton, Lauren. 2001. *Law and Colonial Cultures: Legal Regimes in World History*. Cambridge: Cambridge University Press.

Braudel, Fernand. 1972. *The Mediterranean and the Mediterranean World in the Era of Philip II,* 2 vols. New York: Harper & Row.

Braudel, Fernand. 1977. *Civilization and Capitalism,* Berkeley, CA: University of California Press.

Bright, Charles and Michael Geyer. 2012. "Benchmarks of Globalization: The Global Condition, 1850–2010," in Douglas Northrop, ed. *Wiley-Blackwell Companion to World History*. Oxford: Wiley-Blackwell.

Burke, Edmund. 2000. "Marshall G.S. Hodgson and the Hemispheric Interregional Approach to World History," in Ross Dunn, ed. *The New World History: A Teacher's Companion*. New York: Bedford/St. Martin's.

Cardoso, Fernando Henrique and Faletto Enzo. 1979. *Dependency and Development in Latin America*. Berkeley, CA: University of California Press.

Chase-Dunn, Christopher and D. Thomas. 2012. "Global Scale Analysis in Human History," in Douglas Northrop, ed. *Wiley-Blackwell Companion to World History*. Oxford: Wiley-Blackwell.

Christian, David. 2007. *This Fleeting World: A Short History of Humanity*. Great Barrington, MA: Berkshire Publishing.

Christian, David. 2011. *Maps of Time: An Introduction to Big History*. Berkeley, CA: University of California Press.

Clarence-Smith, William Gervase and Steven Topik. 2003. *The Global Coffee Economy in Africa, Asia, and Latin America, 1500–1989*. Cambridge: Cambridge University Press.

Crosby, Alfred. 1972. *The Columbian Exchange: Biological and Cultural Consequences of 1492*. Westport, CT: Greenwood Publishing.

Crosby, Alfred. 1986. *Ecological Imperialism: The Biological Expansion of Europe*. 26

Cambridge: Cambridge University Press.

Curtin, Philip. 1984. *Cross-Cultural Trade in World History.* Cambridge: Cambridge University Press.

Curtin, Philip. 1998. *The Rise and Fall of the Plantation Complex: Essays in Atlantic History,* 2nd edition. Cambridge: Cambridge University Press.

Curtin, Philip. 2005. *On the Fringes of History: A Memoir.* Athens: Ohio University Press.

Curtis, Lewis Perry. 1970. *The Historians' Workshop: Original Essays by Sixteen Historians.* New York: Knopf.

Curtis, Kenneth R. 1992. "Cooperation and Co-optation: The Struggle for Market Control in the Bukoba District of Colonial Tanganyika," *The International Journal of African Historical Studies* 12/3: 505–538.

Curtis, Kenneth R. 1994. "Neo-traditionalism in Colonial Buhaya: A Public Debate," in Robert W. Harms, Joseph C. Miller, David S. Newbury and Michelle D. Wagner, eds. *Paths to the Past: African Historical Essays in Honor of Jan Vansina.* Atlanta, GA: African Studies Association Press.

Curtis, Kenneth R. 2003. "Coffee and Colonialism: Conflict or Consensus? Moral Economy and Bureaucratic Paternalism in Tanganyika, 1920–1960," in William Gervase Clarence-Smith and Steven Topik, eds. *The Global Coffee Economy in Africa, Asia, and Latin America, 1500–1989,* Cambridge: Cambridge University Press.

Curtis, Kenneth R. 2011. *Discovering the Global Past: A Look at the Evidence,* 4th edition, with Bruce Wheeler, Merry Wiesner-Hanks, and Frank Doeringer. Boston, MA: Wadsworth.

Curtis, Kenneth R. 2013. *Voyages in World History.* 2nd edition, with Valerie Hansen. Boston, MA: Wadsworth.

Dunn, Ross. 2000. *The New World History: A Teacher's Companion.* New York: Bedford/St. Martin's.

Frank, Andre Gunder. 1966. *The Development of Underdevelopment.* Boston, MA: New England Free Press.

Genovese, Eugene. 1976. *Roll, Jordan, Roll: The World the Slaves Made.* New York: Vintage.

Gerritsen, Anne. 2012. "Scales of a Local: The Place of Locality in a Globalizing World," in Douglas Northrop, ed. *Wiley-Blackwell Companion to World History.* Oxford: Wiley-Blackwell.

Getz, Trevor. 2012. "Teaching World History at the College Level," in Douglas Northrop, ed. *Wiley-Blackwell Companion to World History.* Oxford: Wiley-Blackwell.

Hodgson, Marshall. 1974. *Venture of Islam: Conscience and History in a World* 27 *Civilization.* Chicago, IL: University of Chicago Press.

Houck, Jean. 2004. *Partnering to Lead Educational Renewal.* New York: Teachers College Press.

Islamoğlu, Huri. 2012. "Islamicate World Histories?" in Douglas Northrop, ed. *Wiley-Blackwell Companion to World History.* Oxford: Wiley-Blackwell.

Kurlansky, Mark. 2003. *Salt: A World History.* New York: Penguin.

Levi, Scott C. 2012. "Objects in Motion," in Douglas Northrop, ed. *Wiley-Blackwell Companion to World History.* Oxford: Wiley-Blackwell.

Levine, Lawrence W. 2000. "Looking Eastward: The Career of Western Civ," in Ross Dunn, ed. *The New World History: A Teacher's Companion.* New York: Bedford/St. Martin's.

Lockard, Craig A. 2000. "The Contributions of Philip Curtin and the "Wisconsin School" to the Study and Promotion of Comparative World History," in Ross Dunn, ed. *The New World History: A Teacher's Companion.* New York: Bedford/St. Martin's.

Manning, Patrick. 2003. *Navigating World History: Historians Create a Global Past.* New York: Palgrave Macmillan.

McKeown, Adam. 2012. "What Are the Units of World History?" in Douglas Northrop, ed. *Wiley-Blackwell Companion to World History.* Oxford: Wiley-Blackwell.

McNeill, William. 1963. *The Rise of the West: A History of the Human Community.* Chicago, IL: University of Chicago Press.

McNeill, William. 1976. *Plagues and Peoples.* Norwell, MA: Anchor Press.

McNeill, J.R. 2010. *Mosquito Empires: Ecology and War in the Greater Caribbean.* Cambridge: Cambridge University Press.

Mintz, Sidney. 1986. *Sweetness and Power: The Place of Sugar in Modern History.* New York: Penguin.

Moore, Barrington. 1966. *The Social Origins of Dictatorship and Democracy.* Boston, MA: Beacon Press.

Mungello, David E. 2005. *The Great Encounter of China and the West, 1500–1800.* Lanham, MD: Rowman & Littlefield.

Nash, Gary, Charlotte Crabtree, and Ross Dunn. 2000. *History on Trial: Culture Wars and the Teaching of the Past.* New York: Vintage.

Neumann, Katja. 2012. "(Re) Writing World Histories in Europe," in Douglas Northrop, ed. *Wiley-Blackwell Companion to World History.* Oxford: Wiley-Blackwell.

Northrop, Douglas. 2012. *Wiley-Blackwell Companion to World History.* Oxford: Wiley-Blackwell.

Pernick, Martin S. 2012. "Diseases in Motion," in Douglas Northrop, ed. *Wiley-Blackwell Companion to World History.* Oxford: Wiley-Blackwell.

Pomeranz, Kenneth. 2001. *The Great Divergence: China, Europe, and the Making of the Modern World Economy.* Princeton, NJ: Princeton University Press.

Pomeranz, Kenneth and Daniel A. Segal. 2012. "World History: Departures and Variations," in Douglas Northrop, ed. *Wiley-Blackwell Companion to World History.* Oxford: Wiley-Blackwell.

Riello, Giorgio. 2013. Cotton: *The Fabric that Made the Modern World.* Cambridge: Cambridge University Press.

Rodney, Walter. 1974. *How Europe Underdeveloped Africa.* Washington, DC: Howard University Press.

Sachsenmaier, Dominic. 2011. *Global Perspectives on Global History: Theories and Approaches in a Connected World.* Cambridge: Cambridge University Press.

Said, Edward. 1979. *Orientalism.* New York: Vintage.

Scott, James. 1977. *The Moral Economy of the Peasant: Rebellion and Subsistence in Southeast Asia.* New Haven, CT: Yale University Press.

Scott, James. 1987. *Weapons of the Weak: Everyday Forms of Peasant Resistance.* New Haven, CT: Yale University Press.

Sinha, Mrinalini. 2012. *"Projecting Power: Empires, Colonies, and World History,"*

28

in Douglas Northrop, ed. *Wiley-Blackwell Companion to World History.* Oxford: Wiley-Blackwell.

Spier, Fred. 2012. "Big History," in Douglas Northrop, ed. *Wiley-Blackwell Companion to World History.* Oxford: Wiley-Blackwell.

Streets-Salter, Heather. 2012. "Becoming a World Historian: The State of Graduate Training in World History and Placement in the Academic World," in Douglas Northrop, ed. *Wiley-Blackwell Companion to World History.* Oxford: Wiley-Blackwell.

Symox, Linda. 2002. *Whose History? The Struggle for National Standards in American Classrooms.* New York: Teachers College Press.

Thompson, E.P. 1966. *The Making of the English Working Class.* New York: Vintage.

Tully, John. 2011. *The Devil's Milk: A Social History of Rubber.* New York: Monthly Review Press.

Wallerstein, Immanuel. 1974. *The Modern World-System, Vol. I: Capitalist Agriculture and the Origins of the European World-Economy in the Sixteenth Century.* New York: Academic Press.

Ward, Kerry. 2009. *Networks of Empire: Forced Migration in the Dutch East India Company.* Cambridge: Cambridge University Press.

Ward, Kerry. 2012. "People in Motion," in Douglas Northrop, ed. *Wiley-Blackwell Companion to World History.* Oxford: Wiley-Blackwell.

Webb, James. 2008. *Humanity's Burden: A Global History of Malaria.* Cambridge: Cambridge University Press.

Weber, William. 2012. "The Evolution of *The History Teacher* and the Reform of History Education," *The History Teacher* 45/3: 329–357.

Weinstein, Barbara. 2012. "The World Is Your Archive? The Challenges of World History as a Field of Research," in Douglas Northrop, ed. *Wiley-Blackwell Companion to World History.* Oxford: Wiley-Blackwell.

Wills, John. 2002. *1688: A Global History.* New York: W.W. Norton.

Wolf, Eric. 1982. *Europe and the People Without History.* Berkeley, CA: University of California Press.

Wright, Donald. 2010.*The World and a Very Small Place in Africa: The History of Globalization in Niumi, the Gambia,* 3rd edition. Armonk, NY: M.E. Sharpe.

Zhang, Weiwei. 2012. "The World from China," in Douglas Northrop, ed. *Wiley-Blackwell Companion to World History.* Oxford: Wiley-Blackwell.

2 通往世界环境史的道路

J.R. 麦克尼尔

　　我通往世界历史的道路一定是所有摸索当中最容易的那一类。我从不需要反抗养育过程和社会化过程，才得以拥抱世界历史的福音。我生在一个传教士的家庭。

　　我的祖父约翰·T. 麦克尼尔（John T. McNeill, 1885—1975），生在加拿大滨海爱德华王子岛的一个农场上。他后来迁移到了蒙特利尔、温哥华、多伦多、芝加哥和纽约，把一个世纪前狭隘的长老会主义（Presbyterianism）的盲目确定性抛在了身后。他更喜欢大学生活的不确定因素，并成就了一生的学术生涯，书写着似乎所有基督徒都生而平等的教堂历史。我的外祖父，他游手好闲，名字叫罗伯特·S. 达比肖（Robert S. Darbishire, 1886—1949），生于佛罗里达州坦帕市附近，他的父母相信所有英语世界的东西都是高人一等的。他本有可能喜欢上学术事业，但最终最接近学术的事情是给希腊学童教授英语。在 20 世纪 20 年代和 30 年代期间，他尝试着自学关于伊斯兰教的知识，并一度学习过阿拉伯语和土耳其语，那个年代这样的雄心异常少见。他没有发展得特别好，但是他的倾向是普世的。或者从他的来信上看似是这样的；我从来没有与他见过面。

我的父亲威廉·麦克尼尔（William H. McNeill）1917 年生于温哥华，成为他的时代最耀眼的世界历史学家之一。正如他所描述的（McNeill, 2005），他发现他的老师们在芝加哥大学和康奈尔大学所提供的历史教育有着较大的制约性，而阿诺德·J. 汤因比（Arnold J. Toynbee）的作品《历史研究》（*A Study of History*）中所展示的全球视野令人炫目向往。他非常年轻的时候就计划书写自己的世界历史，希望比汤因比更高一筹。当我还在学习识字的阶段，我的父亲正在完成《西方的兴起》（1963），这是美国世界历史兴起过程中的一部里程碑式著作。该书在大众间相当成功，迄今仍在得到学者们的赞美，部分原因是该书强调社会之间的互动。我希望在成长的过程中在餐桌上经常听说关于世界历史的好处，然而事实上我很少留意这些。

据我所知，我的祖母和我的母亲，既对世界历史不感兴趣也不具备普世性的观点。她们履行了当时对女性的期望，把自己奉献给了各自的家庭。她们的奉献包括培养孩子们有可能表现出来的任何阅读和学习的倾向。

环境史

我自己参与世界历史的主要形式是环境史，我也是偶然进入了环境史。我会在叙述一些史学编纂导向之后叙述这个故事。

环境史作为一个子领域现在有超过一代人的研究历史，推动该领域的学者们刻意从似乎自然存在的角度书写历史。他们（和我）相信自然环境不仅仅是人类历史的背景，而且本身在独立地演进，既有其自身的意愿，也是人类行为的结果。环境史，简言之，是人类社会和他们所依赖的自然之间关系的历史。

与历史学的大部分分支相比，环境史是跨学科的。除了历史学家一贯所钟爱的出版物和档案文本，环境历史学家通常也会使用从生物档案（比如花粉沉淀物能够告诉我们之前的植被模式）和地理档案（比如土壤剖面能够告诉我们历史上土地使用的实践行为）中选出来的材料。尽管原始资料的选择与普遍情况相比存在不同，但环境史的主题通常与历史地理学或者历史生物学的大致一样。

就像学术生活中的一切，环境史有着错综交错的根源。一些人类最古老的文本，比如吉尔伽美什史诗——最早的版本有 4000 年历史了——提到人类行为引起的环境变化（比如，砍伐黎凡特的雪松林）。很多历史上的学者，特别是伊本·赫勒敦（Ibn Khaldun, 1332—1406）和孟德斯鸠男爵（the Baron de Montesquieu, 1689—1755），在自然世界的地区性差异中，尤其是在气候中，发现了开启人类行为的钥匙。按照今天的标准，他们会被看作是幼稚的环境决定论者。他们没有看到环境是变化的，也许除了在地区的层面上。他们倾向于把自然看作是持久的，就像神造物，不会轻易被人类的行为改变。但是到了 19 世纪，科学家们逐渐认识到地球本身以及地球上的生命，会随着时间变化，影响了人类遇到的各种机会。几位学者甚至看到人类在不断变化的生物圈内发挥了重要作用（Agassiz and Gould, 1848；Marsh, 1864；Stoppani, 1871—1873）。

现代环境史只能回溯至 1970 年左右。最初，环境史的能量来自社会整体内的趋势。20 世纪 60 年代和 70 年代在世界范围内，在人类事实上能够对生物圈产生深远影响的说法的刺激下，大众的环境保护主义与文化和政治运动结合起来。在美国，新环境保护主义促使了几位历史学家在学术上和体制上走到了一起，最初这几位几乎都是研究美国史的学者。1976 年，他们成立了美国环境史协会（American Society for Environmental History），是数个同类联合会当中的第一家。在其他地方，特别是在欧洲，但最终在越来越广阔的地区，历史学家也开始实践逐渐被称为环境史（environmental history）的研究（或者根据具体情况使用德语 umweltgeschichte 或者意大利语 storiaambientale）。

33　　　在 20 世纪 70 年代和 80 年代早期，大部分有影响力的作品与美国的环境史有关。一小部分书籍得到了基础文本的地位。第一本是罗德里克·纳什（Roderick Nash）的《荒野与美国精神》（*Wilderness and the American Mind*, 1967），该书描述了在美国书写自然的思想史。阿尔弗雷德·克罗斯比的《哥伦布大交换》（*Columbian Exchange*, 1972）随后很快出版，这本书的题目成为几乎每一位以英语为母语的历史学家的词汇表的一部分，很少有书能做到这样。唐纳德·沃斯特（Donald Worster）的《尘暴》（*Dost Bowl*, 1978）采用了美国历史上的一个形象主题，并将之进行新的转换，把新的细节带入了历史学家关于气候、土壤和草以及 20 世纪 30 年代在南部平原发生的人类悲剧的讨论中。威廉·克罗农（William Cronon）的《土地的变化》（*Changes in the Land*, 1984），挖掘了新英格兰南部人类生态环境在公元 1600—1800 年间的转变，大获成功。所有这些作者，以及更多类似他们这样的，怀着现代环保主义的关怀书写历史，通常对他们笔下的变化表示悲叹。

这个领域的年轻学者经常，但不总是，倾向于分享这样的悲叹。其中几位学者的研究方法跨越了国家边界，但尚没有人力图在世界范围的层面上研究环境史。到了 20 世纪 80 年代早期的美国，环境史是一个朝气蓬勃的子领域，专业会议每两年举行一次，还有一本学术期刊。但是，除了克罗斯比，没有人坚持在大层面上开展研究。在美国之外的地方，在整个 20 世纪 80 年代早期，该领域完全处于边缘地位，除非算上与杂志《经济·社会·文明年鉴》（*Annales: E.S.C.*）相关的历史学家的带有地理知识的乡村历史（有一些人会这样算，但是我不）。无论如何，20 世纪 70 年代环境史和世界历史都在争议声中传播，但还没有交汇。

选择历史学

一直到 1980 年之后，所有这些令人兴奋的事件才开始进入我的意识。作为斯沃斯莫尔学院（1971—1975 年）的一名本科生，在注定无法搞定数学之后，我学习了历史学，但既不是世界历史也不是环境史。我所能接触到的都是比较传统的国别史，或者，以非洲和拉丁美洲为例，是大陆层面的历史。尽管如此，通过偶然而不是计划，我了解了一些中国、俄国、非洲、欧洲、拉丁美洲的历史，以及美国的外交政策。我有很多机会独立地进行比较世界历史研究，但是我不记得曾经花费精力去比较，比如俄国和中国的革命，这两者我在不同的课程里学习过。我接受了我的教授们、我的课程以及为了准备上课而阅读的书目中所给予的国家或者区域框架。

当斯沃斯莫尔批准我书写双倍学分的毕业论文时（大约 160 页，两倍行距），我选择了一个所能想象到的最乏味的主题，英国在大约公元 1830—1860 年期间的铁路融资。我的花样年华消磨在了宾夕法尼亚大学图书馆里笨重苍白的缩微胶卷阅读器旁边，阅读英国议会文件中保留的铁路投资者名单手工抄写资料。一个星期五的晚上，我没有注意到图书馆的闭馆铃声，整个晚上被锁在了缩微

34

胶卷阅览室。尽管我所有的一手资料来自英国，我在论文里确实使用已公布的账目写了关于印度、俄国、欧洲和加拿大的部分。这极有可能代表着我第一次不太确定地朝着世界历史方向倾斜。尽管铁路修建会成为环境史的一个好的主题，我却从来没有想过要纳入这些考虑。在我的本科教育中任何地方都没有和环境相关的内容出现。我几乎没有注意到 20 世纪 70 年代早期流行的环境保护论，尽管我周围到处都存在。[1]

　　毕业之后，我像祖父那样去了雅典。在那里的一年期间，我去了土耳其、埃及旅行，夏天大部分时间待在坦桑尼亚。在 21 岁的时候，这些旅行是我第一次真正接触到一个迥异于我的生长环境的世界。在斯沃斯莫尔的教育中，我尽管读过相当一部分关于农民、生存危机和饥荒的内容，埃及乡村的贫穷和疾病仍然让我觉得不安。东非的状况触动了我的内心并让我感到困惑。我不止一次在坦桑尼亚的农村对这样的情景感到无法理解，士兵们驱赶着手无寸铁的农民去往他们明显不愿意去的方向。当时（1976 年）我完全不清楚我看到了什么，但这正是政府想要达到自给自足的努力，为了建设合理规划的农村即所谓的乌贾马（ujamaa）项目，在一部分乡村地区运作不良。

　　我本想在德黑兰谋得一份英语教师的工作，但未能实现，所以在 1976 年秋天回到了美国，开始在杜克大学作为研究生学习历史。我在这里的指定课程也十分传统，主要关注非洲、拉丁美洲、加拿大和现代欧洲。我修了两个学期的非洲史，因为在坦桑尼亚度过的夏天引起了我的好奇心。我的其他选择背后的逻辑性很少。我研究的地理宽度是我的研究生同学无法相比的。我记得大二时与我的一位朋友发生争执，我指责他完全不知道现代法国之外的历史，而他指责我所知道的任何内容都没有深度（我们仍然是朋友）。就我的研究中所存在的连贯性而言，主线是现代帝国主义。我在不知不觉中慢慢走向世界历史。

艰难转向世界历史

1980 年夏天，我开始转向世界历史。当时我正在完成毕业论文，对 18 世纪大西洋世界部分地区存在的法国和西班牙的帝国政权和经济进行比较，一位研究英国和大英帝国的历史学家约翰·塞尔（John Cell），让我参加后来成为杜克大学历史上第一次世界历史课的团队教学。这个倡议完全是塞尔提出的。我从未听过他的课，只是在网球场认识了他，当时他凶猛地进攻，我几乎没见过这样的架势（20 年前他曾经是杜克大学校队的篮球运动员）。但是我觉得很荣幸能得到邀请，我们 9 月开始了工作。我们没有使用教科书，只有一系列塞尔收集到的一手资料，期望我们的课堂能够把这些资料编织成为一个整体，我们在轮流的课上提供课程大纲。塞尔 36 的观点属于马克思主义温和派，他的讲座强调社会关系和阶级形成。我的课通常主要关注地理和农业，对于我来说这是匆忙备课时难度最小的主题。

完成了学位之后，1981 年夏天我在求职市场上一败涂地。一位研究美国南部妇女的历史学家安妮·斯科特（Anne Scott），当时是杜克大学历史系的主任，让我在 1982 年春天独立讲授现代世界历史，我当时和现在对此都非常感激。我想系里没有其他人想要完成这个任务，所以落到了新近毕业的待业研究生身上。她把彼得·伍德（Peter Wood）的大而昏暗的办公室分配给了我，伍德是研究早期美国的学者，当时正在休假。伍德有着惊人的藏书，顺着办公室

的墙摆着，而我除了讲授一门课以外，有充裕的时间。我发现了埃
马纽埃尔·勒华拉杜里（Emmanuel Le Roy Ladurie）的《朗格多克
的农民》（*Peasants of Languedoc*, 1974）以及几十本其他关于乡村
历史的书，就像勒华拉杜里对南部法国的土地、气候和农业的研究
一样，其中几本书含有环境史的因素。一个飘雨的下午我偶遇了阿
尔弗雷德·克罗斯比的《哥伦布大交换》。我一口气读完了这本书，
自那以后从未有过同样的感觉。

艰难转向环境史

　　克罗斯比带我进入了环境史。当时（1982 年）我觉察到一些史
学研究强调疾病，部分因为我对围绕着前哥伦布时代美洲人口的规
模和命运展开的争论越来越感兴趣，部分是因为我的父亲在 1977
年出版了《瘟疫与人》（1977），我在 1979 年夏天阅读了这本书。
该书是第一本由历史学家书写的对历史上的疾病的总体研究。有时
该书被看作是环境史的范例，不过（我可以肯定地说）作者从未这
样想过。

　　克罗斯比的《哥伦布大交换》让我脑海中出现的是一个完全可
信的案例，展现了随着哥伦布航行到来农作物、牲畜和病原体在旧
37　世界和新世界之间迁移的重要性。我开始看到在教学中可能出现的
新事物，在教学中我可以按照自己认为合适的方式自由实验，不受
约翰·塞尔的持续影响。教学任务只有一门课，我有足够的时间阅
读，同时年收入 3000 美元，我能够负担得起一点其他的事情。所
以，在克罗斯比的感召下，我在所有能接触到的语境中学习关于农
作物、牲畜、病原体和相关主题的知识。我学生得到的世界历史是

一个极大依赖地理学、农业、人口统计学和疾病的版本。

同时，我也在尽力修改我的论文，希望将之改成一本书出版。在进行这项工程时，克罗斯比的视角从不同的角度推动我，帮助我从更加生态的视角思考北大西洋鳕鱼渔业和古巴种植园农业（McNeill，1985a）。我学会了使用自然科学家的作品，在这种情况下主要是渔业生态学家，来呈现我对过去的推测。

这些都无助于我在学术市场上的求职，就像在前一年，我在1982—1983年度同样不成功。到此时，我已经申请了超过100个终身或者短期教学职位，方向涉及拉丁美洲、早期美国、欧洲和其他种类的历史，有一些职位远至新加坡。没有人想要雇佣我。我在1982年的春天之后依靠打零工勉强维持生活，开始怀疑是否应该寻求一些非学术职业的工作，但是在我按照这个合理的怀疑行动之前，约翰·理查兹（John Richards，1938—2007）进入了我的生活。

理查兹是杜克大学研究莫卧儿时期印度历史的专家。他曾经在一次必修的方法论讨论课上教过我，这次课没有给我留下对他的很好的印象，极有可能留给他的是很多对我的质疑。到1982年时，他已经作为一个历史学家以莫卧儿时期为基础向外扩展，开始研究早期现代世界范围内的黄金流动，以及印度的森林砍伐，后者对于我来说至关重要。一个星期五晚上，我在杜克大学图书馆的书库里碰见了他，在这样一个时间段看到一位正教授是多么令人激动。我注意到他的胳膊下面夹了一本关于古巴的书，我毕业论文的一半篇幅都在讨论这个岛屿。我们就古巴和古巴的森林畅聊起来，因为理查兹开始准备讲授一门全球环境史课程。他的课程最终带来了他的杰作《无尽的边疆》（*Unending Frontier*，2003），一部研究早期现代的全球环境史。我们那天晚上的对话提升了我对他的印象，也许消除了他对我的不信任。

　　理查兹关于森林砍伐的作品使得他与生态系统中心（Ecosystems Center）的自然科学家产生了联系，这个中心是马萨诸塞州伍兹洞的海洋生物实验室的一部分。这个群体由生态学家乔治·伍德维尔（George Woodwell）和理查德·霍顿（Richard Houghton）领头，当时正在进行地球碳循环的原始建模，意在理解大气中二氧化碳的形成。具体来说，他们想要弄清楚上升的二氧化碳浓度里有多少能够被归因为化石燃料的燃烧，有多少是源于燃烧植被，有多少其他变化可以由土地的植被覆盖来解释。为了回答他们的问题，他们把世界划分为九个区域，需要每一个区域的关于植被变化的历史数据。理查兹与他们一起协作研究南亚和东南亚。

　　他们的下一个目标是拉丁美洲。最初，他们把研究外包给了一位有暑假的高中教师，但是结果明显遗漏了一些必要的内容。理查兹建议他们试用一个能够阅读西班牙语和葡萄牙语的训练有素的历史学家，并推荐了我（尽管事实上我几乎无法阅读葡萄牙语）。所以，在理查兹的影响下，生态系统中心雇用我针对拉丁美洲覆盖了森林、草地、一年生作物、多年生作物、木本作物（也许还有一些其他植被，我现在忘记了）的表面面积进行历史学的估量，从1500年开始，间隔是50年。我在工作时查阅了能获得的关于某个时段和地点的数据，包括联合国粮食与农业组织（UNFAO）的统计资料、国家的统计摘要和农业普查资料，特别是早期的资料，在关于人口，有时是农作物出口的粗略数据的基础上进行不太精确的推理。大部分工作是定量的，所以我在研究巴西时所学的一点葡萄牙语足够用了。霍顿和他的同事会把我的数据放入他们的全球碳循环模型，并计算拉丁美洲在过去五个世纪里植被变化对大气中二氧化碳造成的影响。我可以自由选择工作时间和地点，并且拿到工资，我称之为"科学劳务费（science wages）"，比起我在杜克大学做世界历史的"访问讲师"所得的酬劳要多很多。

为生态系统中心工作的经历促使我在 1982—1983 年期间进一步朝着环境史方向发展。我所做的研究与在克罗斯比的书中读到的内容，以及我了解的 16 和 17 世纪美洲灾难性的人口损失相一致。在生态系统中心的研究教给了我亚马逊流域和中美洲在 20 世纪后半叶森林砍伐激增。理查兹就南亚的土地使用的历史组织了一两次研讨会，这使得我能够把我对拉丁美洲的了解与他和他的同事在南亚的发现进行比较。我的科学劳务费甚至负担得起 1982 年秋天我在尼泊尔和印度北部徒步旅行了一个月，这稍微打开了我的眼界，看到了一个我从未研究过的区域。不像我在斯沃斯莫尔逝去的青少年时光，当时我完全没有想到即使是明显的比较，现在我发现思考印度的莫卧儿帝国和美洲的西班牙帝国的人口和经济对森林造成的影响很有意思。我开始更加仔细地思考人口增长、出口农业、畜牧业和其他环境史的重要议题所产生的生态结果。

用事业狂的话来说，我仍在艰难地挣扎，不能得到一份高校科研人员所谓的"真正的工作"。但当时我赚了足够的钱可以维持生活，事实上考虑到我的吝啬鬼习惯，这些收入有些结余并负担得起旅行。除了深深怀疑我所选择的职业的可行性外，我感到非常开心。多亏了约翰·理查兹和生态系统中心，我没有在 28 岁的时候离开历史学行业，而是决定再尝试一次学术工作市场。

我的运气在 1983 年改变了。马里兰州陶森市的古彻学院（Goucher College in Towson, MD）聘用我去讲授欧洲历史。我从前任那里继承下来的职责包括德国史和俄国史概况，现代欧洲概览，1914—1945 年期间欧洲战争和法西斯主义概况。这些课程我教了两年。古彻当时是一所小的女子学院，历史系只有四位专职教授，除了我之外接受的是美国研究的训练。在课程设置上没有世界历史的空间，尽管我受到鼓励去开设一门新的关于中东历史的课程，如果我仍待在古彻的话应该会讲授这门课。

在一所总共只有 60 名教职员工的学院里教学，好处之一是我开始向生物学家和化学家很好地学习，就像学习我的同行历史学家一样。在整个学院里我们只有一个教员研究讨论会，所以我们必须在呈现我们的学术成果时避免使用术语，并且假定没有任何先前的知识储备。例如，我参加了一些关于人口生物学和劳动经济学的研讨会，反过来也努力以会计学教授和有机化学家都会觉得有意思的方式去呈现我的历史研究。这是很好的训练，并且充满了乐趣，也影响了此后我尝试写书的风格（不是杂志文章），预期观众是一般读者，而不仅仅是同行专家。

在古彻的时候，生活在巴尔的摩的城中心，我经常参加一个约翰·霍普金斯大学的研讨会，在菲利普·柯廷和人类学家理查德·普赖斯（Richard Price）的主导下讨论大西洋历史和文化，普莱斯是研究苏里南的专家。与古彻的教员研讨会相比，这是一种不同的学术经历：房间里全是研究非洲、非洲-美洲的著名专家。我闲坐在房间的边边上，不敢说话。

尽管如此，我逐渐开始了解柯廷。他也许是美国当时最著名的研究非洲的历史学家，但是几十年前就已经着手研究牙买加的历史。他在威斯康星将近 20 年的任教生涯中，帮助建立了博士层次的比较世界历史项目，约翰·理查兹在去杜克大学之前曾经是这个项目的成员。柯廷当时正在完成《世界历史上的跨文化贸易》（*Cross-Cultural Trade in World History*, 1984），同时开始了研究疾病史的工作，并最终带来了《移民导致的死亡》（*Death by Migration*, 1989）。我发现他的世界历史范围令人炫目，他关于疟疾和黄热病在非洲和热带美洲历史上的重要性的想法尤其令人兴

41

奋。在我博士期间研究古巴时，碰到了很多提及黄热病和疟疾的参考文献，我在1983年就这个主题写了一篇文章。与柯廷之间的交流帮助我精炼了对这两种疾病所起作用的思考，尽管20年之后，我才抽出时间顺着这条脉络继续进一步的研究。

除了与柯廷之间的讨论，我在古彻时（1983—1985年）几乎没有任何东西推动我朝着世界历史或者环境史的方向发展。我的教学工作促使我远离这两种历史。但是我与理查兹的接触产生了足够强大的影响，我开始把曾经为生态系统中心所做的关于巴西的工作写成文章并出版（McNeill, 1985b）。柯廷作为榜样，毫无疑问在某种程度上与我父亲的示范联合起来，使得我对在世界范围内研究历史的兴趣坚定下来并日益增长。

教学和学术紧密结合

1985年，我周遭的环境、激励、限制和机会变化了，当时30岁，我离开古彻，去往乔治城大学。在一次难以置信的失败的裁决中，一位乔治城的系主任否决了阿尔弗雷德·克罗斯比升迁至高级职位（该职位的大体方向为"社会间历史"）的可能，为和我一样的年轻学者打开了大门。

在乔治城我有三个教学任务。第一个是在一个高度重视的国际事务项目中给硕士生讲授社会间历史，这个项目此后我一直在做。这门课在范围上是全球的，要求所有学生参加，本意是让这些即将以国际商贸或者政治为职业生涯的有雄心壮志的人们熟悉在过去的时代社会互动交往的各种方式，以及国际体系运作的方式。我找到了把一部分环境史放在教学大纲上的方法（例如，Gronon, 1984；

Crosby, 1986）。

　　我的第二个职责是给大一新生讲授一个学期的 1500 年以来亚
洲、非洲和拉丁美洲历史概况。我有时称之为"西方文明的解药"，
正常情况下学生们在秋天学习西方文明史课程，之后在春天上我的
课。在外交学院（School of Foreign Service, 乔治城大学一个取名
不当的部门，致力于国际风格的博雅教育）要求全体本科生必修这
两门课，两门课一起相当于世界历史的内容。但是两个学期的课程
结构留给很多学生的印象是西方文明本身是独特的，比起世界任何
其他地方的历史值得更加深入考察。而且我认为很多负责课程设置
的系主任和资深教授完全相信这个说法。

　　我的第三个职责是给本科生开设两学期的非洲史概况。在我求
职面试时，我曾经被问道是否能够讲授非洲历史，此时我已经足够
了解求职，于是回应"是的"。我还是研究生的时候，一年级参加
了一个关于非洲史的研讨班，并在霍普金斯大学旁听大西洋研讨班
时学习到了一些零碎知识。但是依靠这样薄弱的背景讲授一门两学
期的概况课程是一项繁重的任务。我承担这份工作的前两年，每周
大部分日子早上五点之前起床，努力保持领先于我的学生。

　　这样的教学任务组合在很多方面塑造了我作为一名历史学家的
观点。首先，其中两门课是必修，第三门课非洲史的规则是依照分
配必修。这意味着在我课堂里的几乎所有学生之所以出席只是因为
他们必须这样做。我奋力让自己的课显得重要和有意义，连贯古
今，与细节相比更多选择大的主题。第二，我的三门课中有两门在
范围上要么是全球的要么近似全球。在打磨教学大纲时，我每年参
考几十本宏观尺度的历史著作，除了大家熟悉的柯廷和克罗斯比的
大部头作品之外，阅读并讲授斯塔夫里阿诺斯（Stavrianos, 1981）、
沃勒斯坦（1974）、E.L. 琼斯（E.L. Jones, 1981）、埃里克·沃尔

夫（1982）、阿布－卢格霍德（Abu-Lughod, 1989）、哈勒（Hall, 1990），最后是本特利（1993）、戴蒙德（Diamond, 1995）、弗兰克（1998）、彭慕兰（2000）、贝利（Bayly, 2004）以及很多其他人。第三门课非洲史可以为比较视野和思考非洲与世界其他地方的关系提供足够的范围。非洲学专家（并非我那样的）在世界历史学家中很有代表性，他们所关注的主题本质就是解释为什么的部分原因。我甚至考虑过尝试写一本关于世界历史中的非洲的书，但还是决定先处理其他事情。

　　20世纪80年代晚期，我迈出的一步坚定了我投身于环境史，好运再一次眷顾了我。直到此时，我所有（很少的）出版物的来源要么是我写毕业论文时对古巴和布雷顿角的研究，要么是我在生态系统中心对拉丁美洲的研究（例如，McNeill, 1985a, b）。但是在我去往乔治城大学之前的那个暑假，我参加了一个国家人文学科捐赠基金会（NEH）的研讨会，讨论南部欧洲历史，由哥伦比亚大学的爱德华·马莱法基斯（Edward Malefakis）负责，他是研究20世纪西班牙的历史学家。马莱法基斯是希腊血统，会说现代希腊语，正设法把他自己的史学范围从西班牙向外拓展。

　　因为有一些现代希腊语、法语和西班牙语的功底，我想可以尝试书写一部地中海世界高地的环境史。我把马莱法基斯的研讨会作为准备这项工作的机会，并写了一个项目概述。就像数以千计的其他人，我发现布罗代尔（1972）的地中海著作很有启发性，特别是其中第一部分描述了环境对南欧乡村生活的限制。布罗代尔大体上把这些限制呈现为永久性的，这在我看来会让人误解，特别是对于我10年前在希腊漫游时看到的山区来说。所以我逐渐构思了一个关于山区的环地中海项目，挖掘的主题是环境变化及其对于农民和牧人的意义。我开始学习意大利语，并计划开始学习土耳其语。我在乔治城大学的前两年在这个方向没有更多的进展，因为教学任务是新的主题，并面对着大的班级。

　　但是一个早晨，极有可能是在 1986 年春天，我当时较早去了我的办公室，当时一个陌生人进来打听我的一位同事。那个陌生人名叫弗兰克·史密斯（Frank Smith），是剑桥大学出版社的编辑。他很快发现他寻找的那位同事还没有来，所以，就像任何一位编辑都会这样做，他回到了我的门口并询问我的工作。原来他刚刚新出版了一系列关于环境史的书，所以对我关于地中海高地的想法显示出强烈的兴趣。他离开时带走了我在国家人文学科捐赠基金会研讨会上的论文。几个月之后，在走完正常程序之后，他提供了一份合同书。我猜想这份合同帮我在一个现已不存在的西欧地区研究项目中（Western European Regional Research Program）获得了 1987—1988 年度富布莱特奖，这让我在地中海地区的档案、图书馆、村庄、牧场和森林里度过了 15 个月。又花了几个暑假进行田野调查和档案研究，牺牲了很多睡眠时间学习土耳其语（效果一般），最终我完成了一本完全符合环境史领域的著作，题目是《地中海世界的山》（*Mountains of the Mediterranean World*, McNeill, 1992）。有时候早点进办公室是值得的。

　　在写这本书的时候，我开始第一次讲授世界环境史。乔治城大学明智地做出结论，值得投资一位真正的非洲学学者，所以 1990 年之后我再没讲过非洲历史概况，并放弃了写一本关于世界历史中非洲的书的计划。在我的生命中第一次可以自由设计了一门自己选择的课程。环境史是我的兴趣，在全球范围内研究环境史似乎是可以预想出的最好方法来吸引学生。我的教学开始与我的主要学术兴趣一致起来，而到此时作为对我教学任务的回应，我的学术兴趣已经取得了实质性的发展。大约在这个时期，我开始定期参加美国环境史协会（American Society for Environmental History）的会议，不定期地参加世界历史学会的集会。在一次世界历史学会的会议上，大概是1992年，在德雷赛尔大学我第一次遇到了杰里·本特利。

本特利（1949—2012）是世界历史教义的倡导者，他的热情不亚于任何人。他带头创建了《世界历史杂志》，鼓励每一个人包括我给杂志投稿，并且在必要的时候说服课程委员会、系主任、院长和教务长相信世界历史作为一门课程具有合理性，可适用于本科生概况课和研究生讨论课的教学。部分源于本特利的示范和鼓励，我开始为真正的世界历史课程游说，我和其他同事最终在乔治城大学讲授这门课。我偶尔也给博士生层次的学生上世界历史课（对于我来说是一种新的经历），最初的教学大纲是以本特利在夏威夷大学发展成熟的大纲为模板，他非常慷慨地拿出来分享。

像在其他地方一样，世界历史在乔治城大学遇到了一些阻力。一些讲授从古代到冷战的欧洲史概况的同事有时坚持认为，他们的课程代表了在两学期课程限度内可以尽职尽责教学的内容的界限。世界历史的内容太多了，太浅薄了，太不连贯了。但是持质疑态度的同事没有限制我们，这允许我和其他同事一起尝试世界历史。最近20年，我所在的历史系提供了世界历史和西方文明史课程，满足了基本要求。多年以来，越来越多的学生选择世界历史。就像在其他地方，事实证明在常规教职员工中找到自愿的讲师有时是个挑战。实际上没有人接受过世界历史教学的训练，雄心勃勃的教授们由于出书或者很重的教学任务普遍感到他们没有时间去训练自己。世界历史不一定是非常肤浅和不连贯的，但对于没有足够时间准备的讲师来说确非易事。

环境史走向全球

　　我在全球环境史方向的发展始于 1990 年的教学工作，1993 年得到了强有力的推动。一次偶然的干预再一次起到了很大的作用。耶鲁大学的保罗·肯尼迪（Paul Kennedy）那时正在招募作者，编写一部 13 卷的按主题组织的关于 20 世纪世界的历史，将由诺顿出版社（W.W. Norton）出版。肯尼迪纳入了传统的历史主题，如经济史、思想史等等，但他准备也包括环境史。我相信这是第一次类似这样的多卷系列把环境史作为其中一部分，不幸的是其中大部分书从未写出来。不知怎么地，也许在其他人拒绝了邀请之后，他邀请我书写关于环境的这册，我急切地答应了，在接下来的七年把其他想法都放在了一边。

46

　　一本全球层面的书适合我那时的情况。这样的书的典型特征是不包括档案研究，以二手文献为基础。作为一个新爸爸，我有充分的理由待在家里，放弃那些为了得到遥远的档案和我在研究《地中海的山》时所喜欢的那种风景所必需的旅行。在完成这项研究之后，接下来的 19 年我没敢进入过一家档案馆，除了在 2003 年，当时一个朋友邀请我在他的房子里住了一个暑假，这样我家搬到了一个城镇，这里距离公共档案馆（Public Record Office，现为英国国家档案馆 National Archives of the United Kingdom）在通勤范围之内。除了那个愉快的暑假，一直到 2007 年我在做研究时最远不超过美国国会图书馆，距离我的校园只有 4 英里，这对我来说很幸运。（也许当大部分馆藏档案可以在线获取的那天到来时，一手历史研究和家庭生活的需求将会比起往昔更加易于兼顾。）

　　当我为肯尼迪主编的书做准备时，全球范围的环境史研究在

20世纪90年代开始兴起。最初，仅有的全球综合体不是来自职业历史学家，而是来自地理学者比如伊恩·西蒙斯（Ian Simmons, 1989）和英国外交部的前要员克莱夫·庞廷（Clive Ponting, 1992）。在B.L.特纳（B.L. Turner, 1990）等人收集整理的一部多学科代表作中，约翰·理查兹在其中起了作用，激励历史学家行动起来。

　　职业历史学家开始研究能够处理的部分，成果如一些书籍，斯蒂芬·派恩（Stephen Pyne, 1995）的关于火的全球历史或者拉马钱德拉·古哈（Ramachandra Guha, 1999）的环境保护论。派恩的作品源于他早期对美国历史上火的研究，力图讨论人类与火之间的关系的所有方面，从烹饪和消化生理学到野火的文化感知。古哈关于现代环境保护论的论述显示了以环保为名进行的社会运动之间的对比，尤其是在印度和美国。约阿希姆·拉德考（Joachim Radkau, 2000）的背景是德国思想史，也许他是第一位把历史学家的敏感性带入了一般性的全球层面环境史。他那杂乱无序的书不是概述，而是关于从动物驯化到早期现代木料短缺再到当代喜马拉雅的旅游业等方面的一系列试探和反映。 47

　　我自己的努力带来了我第一次在全球层面历史的尝试，在这个过程中没有注意到古哈和拉德考的作品，题目是《太阳下的新事物：20世纪世界的环境史》（McNeill, 2000）。但是，这部作品与世界历史的常见主题不太贴切，因为只是深入探究了20世纪，就观点而言是一贯的唯物主义。我的书更加适合与拉德考（2000），休斯（2001）、理查兹（2003）一起共同作为全球层面环境史著作小幅激增的一部分。理查兹的书，就像我的，在全球范围内关注有限的时段，他的书中，这个时段是早期现代。他强调了欧洲海外扩张的生态结果。休斯作品的意图更多是成为课堂用书，其他人很快跟随这条脉络（如Simmons, 2008；Penna, 2009）。

所有这些作品都有着世界历史的一些缺陷。没有人能够掌握所有相关的数据和学术成果，就像一个人希望处理足够小的主题那样。环境史的跨学科要求加剧了这个问题，就像作者们通常需要大致了解一些从人类学到动物学的知识。尽管这些尝试的实际问题将总是存在，但是比起劳工史、妇女史或者思想史，环境史极有可能更容易适用全球层面的研究。主要原因是如此多的难题和进程——森林砍伐、气候变化、现代环境保护主义——在本质上是全球都无法逃脱的。当然，存在着地方的特殊性，就像所有形式的历史学都是如此。但在环境史中他们不总是占据主导地位，如同这些特殊性在其他场合的典型做法那样。

好奇的合作

48　　　当我完成《太阳下的新事物》草稿时，正好读了史蒂芬·霍金的关于宇宙历史的畅销书（Hawking, 1988）。我错误地得出结论，如果霍金能够在 200 页之内书写一部 135 亿年的历史，那么我应该能够以相似的长度书写一部也许最长 25 万年的人类历史。我仍然处在家庭生活的一个阶段，此时需要的项目是可以不出环城高速就能够做的。我开始勾勒我的想法，很快同时也是错误地决定，把工作做完的最好和最快的方式就是请我的父亲合著。

也许这是最好的方式，但不是最快的。在接下来的几年，我们书写章节，通过邮局交换草稿，偶尔当面交换，针对很多大小问题进行争论。这个过程更好地塑造了这本《人类之网》（The Human Web, McNeill and McNeill, 2003），几乎每个句子都经过讨论，但也让过程变得缓慢。正如所有的合著作品，书中到处是妥协，书中有一些段落我希望是不同的。毋庸置疑，我的父亲也是这样感觉的。我知道他认为在一本甚至没有提过奥托·冯·俾斯麦（Otto von Bismarck）的书中却书写了塔斯马尼亚人在文化和生物学意义上的灭亡，这个种族的最后幸存者是一位名叫图卡尼尼（Trucanini）的女人，死于 1876 年，这很难有合理的解释。我认为，与之对比，图卡尼尼代表了一个重要的世界历史进程——小规模文化、语言和民族的消失。尽管有不舒服的折中，但是我们对这本书整体上都很满意。我们没有设法把自己的写作控制在 200 页，最终以 324 页结束，也许太长了，不适合作为一篇文章（这是我最初的想法），也太短了，不能充当教科书（不过几个勇敢的讲师这样使用了）。

《人类之网》是带着环境色彩的世界历史，但本身不是环境史。事实上，该书属于强调文化间互动的世界史传统，并尝试使用互动的"网络"这种富有启发性的方式具体描述。在非常松散的程度上，几乎所有人类在所有时段都被牵涉在一个网络中，我的父亲坚持这一点。但该书真正是关于更加紧密联系的互动网络，这些网络随着过渡到定居、耕种、城市及国家生活而不断成长。该书追踪着逐渐增加的人类互动，差不多像本特利（1993）的研究，但增加了更多地理特性，在一些特定的地方发现网络。该书也包括美洲和最近的时段，而本特利（1993）没有这样做。该书比起伊曼纽尔·沃勒斯坦或者安德烈·贡德·弗兰克的世界体系作品更加综合，并有着较少的经济主义色彩。

在《人类之网》之后，我有一段时间退出了真正的世界历史（和合著活动）。我花了几年时间发展在加勒比海帝国历史上的黄热病和疟疾的想法（McNeill, 2010）。《蚊子帝国》带我回到了 25 年前我与菲利普·柯廷之间的对话，事实上一直回到了我的研究生阶段。该书完全是环境史，就像所展现出来的那样，关注森林砍伐、

49

蚊子栖息地、人口增长和移民，因为这些因素影响了疾病模式，以及从委内瑞拉到弗吉尼亚的殖民计划、战争和革命的结果。

该书至少部分地也是以档案为基础的历史，反映了在主要是英国和西班牙的档案中有很多短期围攻。大部分历史学家，包括我自己，非常尊重档案研究，如果长时间放弃档案会感觉有些不安。当我的孩子们年纪足够大的时候，我可以短暂地回到档案馆，并感到更加舒适（作为一名历史学家，不是作为父亲）。（赶紧加上一句，一些历史学家，特别是世界历史学家，不受档案焦虑症的影响。）

我原本计划把《蚊子帝国》写成一篇关于大西洋历史的文章，这个题材我之前曾经涉猎过（McNeill, 1985b ; Karras and McNeill, 1992）。但是该书也点缀着世界历史的视角。我已经讲授过唐纳德·怀特的书（Wright, 2000），正如他所说的那样，他的书关于非洲的一个非常小的地方，我羡慕他把全球趋势融合进了冈比亚一个小社群故事中的方式。我尝试着做类似的事情，不时地提出全球模式或者与世界其他地方进行比较。怀特的书展示了世界历史思想如何能够丰富地方和区域研究，我希望我的书也是如此。

结论

我通往世界历史的道路源于一个特殊的起点。从孩童时期开始我就从一个热情的信徒和成功的实践者那里听到（即使我没有太多留意）这些信仰。我从来不属于那些认为世界历史是不可能的、不连贯的或者不合理的人群。我的发展路线进入了环境史领域，这成为并依然是我作为一名历史学家的首要身份。但是环境史和世界历史之间天然的亲和力使得很容易在教学和学术上同时栖居在这两个营地。

在我发展道路上的一些关键阶段，许多人帮助并引导着我走向世界历史和环境史的方向。约翰·塞尔邀请我加入世界历史的团队教学，安妮·斯科特在我刚获得博士学位几个月时邀请我独立地进行世界历史教学。约翰·理查兹给了我一份工作，这让我待在历史学的职业内并给了我第一次做环境史研究的经历。菲利普·柯廷在整体上启发并鼓励我继续研究黄热病和疟疾的历史。弗兰克·史密斯在办公室同我不期而遇，很快给我提供了一份写书的合约。保罗·肯尼迪在他的全球 21 世纪系列中选择包括环境史，然后邀请我编写。当然，自始至终我父亲成功的榜样告诉我，如果一个人长时间工作并战胜对世界历史领域的书写及教学的未知的焦虑后，能够做到更多。

正如我所看到的，在塑造人生的过程中需要很多运气，无论是一名学者或者其他人。就我的情况而言，这始于我所生长的家庭，但没有止于此。我的数学不够好，以致无法在本科时继续深入学习，这（极有可能）是好运气。偶然中约翰·赛尔决定杜克大学的本科生需要学习世界历史，而我正好在那里，主要是通过网球认识他的，非常幸运的是他邀请我加入世界历史的首次教学。也正是因为运气（伪装得很好），我在 20 世纪 80 年代早期在学术求职市场上失败得一塌糊涂，在杜克大学闲荡，此时约翰·理查兹转向了环境史。乔治城大学的系主任否决了任命阿尔弗雷德·克罗斯比的机会，这（对于我来说）是超乎寻常的好运。我在乔治城大学的办公室里，那个早晨弗兰克·史密斯从旁边经过（尽管我几乎每天都很早在办公室），这就是运气。保罗·肯尼迪没有选择其他人为他的系列书写环境史，对于我来说这也是非常好的运气。

我从未打算在世界历史和环境史的交汇处开展研究。我只是回应了其他人放在我面前的机会。据说音乐家约翰·列侬曾经说，"生活是在你忙着做其他计划时发生了什么。"就我而言，我没有做很多的计划，但是我的学术生活发生得就像我按计划追求的一样。当然，我不推荐在生活中不做计划，但会建议在机会突然出现时保持开放的心态改变航向。

环境史和世界史的交汇将是个令人兴奋的领域，到处是机会。大部分环境史的工作仍然停留在地方、国家或者区域的层次，尽管生态问题在全球层面不断发生。从另一方面看，世界历史学家通常认识到环境是个有价值的话题，特别是最近的教科书作者团队。一些世界历史学家把环境放在他们分析的中心地位（如 Pomeranz，2000）。但尽管如此，世界历史领域一些最强有力的新的阐释作品几乎完全忽视了环境。例如，贝利（2004）在他有深刻见解的 19 世纪研究中——这个时段有相当大的环境变化——几乎没有谈论环境。

世界历史和环境史的汇合还需要走一段路。贝利对环境主题的忽视提示我对工业革命的生态意义进行全球层面研究还存在空间，我希望这会成为我的下一本书。其他人在研究这些创新性的话题如氮气、森林和林业、17 世纪的世界危机、气候政治、现代生态运动——以及很多其他（Mercalli，2010；Radkau，2012；Gorman，2013；Parker，2013）。独创性似乎在全球环境史学家中到处存在。人们不会以任何其他方式想得到它。

注释

1 顺便提一句，我在斯沃斯莫尔学院与两位校友在时间上略有重叠，这两位将走上杰出的学术生涯并趋向世界历史发展：达特茅斯学院的柯娇燕（Pamela Kyle Crossley），一位研究中国和亚洲腹地的历史学家并书写了全球范围的历史；宾州州立大学的夏伯嘉（Ronnie Po-Chia Hsia），一位研究早期现代欧洲，近期转向欧洲－中国互动的历史学家。两位学者都比我低两个年级，我跟他们都不熟悉。

参考书目

Abu-Lughod, Janet. 1989. *Before European Hegemony.* New York: Oxford University Press.

Agassiz, Louis and Augustus A. Gould. 1848. *Principles of Zoology.* Boston, MA: Gould, Kendall and Lincoln.

Bayly, C.A. 2004. *The Birth of the Modern World, 1780aa561914.* Oxford: Blackwell.

Bentley, Jerry. 1993. *Old World Encounters.* New York: Oxford University Press.

Braudel Fernand. 1972. *The Mediterranean and the Mediterranean World in the Era of Philip II,* 2 vols. New York: Harper & Row.

Cronon, William. 1984. *Changes in the Land: Indians, Colonists and the Ecology of New England.* New York: Hill & Wang.

Crosby, Alfred. 1972. *The Columbian Exchange: The Biological and Cultural Consequences of 1492.* Westport, CT: Greenwood Press.

Crosby, Alfred. 1986. *Ecological Imperialism: The Biological Expansion of Europe, 900–1900.* New York: Cambridge University Press.

Curtin, Philip. 1984. *Cross-Cultural Trade in World History.* New York: Cambridge University Press.

Curtin, Philip. 1989. *Death by Migration.* New York: Cambridge University Press.

Diamond, Jared. 1995. *Guns, Germs, and Steel: The Fates of Human Societies.* New York: Norton.

Frank, A.G. 1998. *Re-Orient: The Global Economy in the Asian Age.* Berkeley, CA: University of California Press.

Gorman, Hugh. 2013. *The Story of N: A Social History of the Nitrogen Cycle and the Challenge of Sustainability.* New Brunswick, NJ: Rutgers University Press.

Guha, Ramachandra. 1999. *Environmentalism: A Global History.* New York: Longman.

Hall, John. 1990. *Powers and Liberties: The Causes and Consequences of the Rise of the West.* Berkeley, CA: University of California Press.

Hawking, Stephen. 1988. *A Brief History of Time.* New York: Bantam Books.

Hughes, J. Donald. 2001. *An Environmental History of the World: Humankind's Changing Role in the Community of Life.* London: Routledge.

Jones, E.L. 1981. *The European Miracle.* New York: Cambridge University Press.

Karras, Alan and J.R. McNeill, eds. 1992. *Atlantic American Societies.* London: Routledge.

Le Roy Ladurie Emmanuel. 1974. *The Peasants of Languedoc.* Urbana, IL: University of Illinois Press.

McNeill, William H. 1963. *The Rise of the West.* Chicago, IL: University of Chicago Press.

McNeill, William H. 1977. *Plagues and Peoples.* New York: Doubleday.

McNeill, J.R. 1985a. *The Atlantic Empires of France and Spain: Louisbourg and Havana, 1700–1763.* Chapel Hill, NC: UNC Press.

McNeill, J.R.1985b. "Agriculture, Forests, and Ecological History: Brazil, 1500–1983," *Environmental Review* 10/1986: 122–133.

McNeill, J.R. 1992. *The Mountains of the Mediterranean World: An Environmental History.* New York: Cambridge University Press.

McNeill, J.R. 2000. *Something New Under the Sun: An Environmental History of the Twentieth-Century World.* New York: Norton.

McNeill, William H. 2005. *The Pursuit of Truth: A Historian's Memoir.* Lexington, KY: University of Kentucky Press.

McNeill, J.R. 2010. *Mosquito Empires: Ecology and War in the Greater Caribbean, 1620–1914.* New York: Cambridge University Press.

McNeill, J.R. and William H. McNeill 2003. *The Human Web.* New York: Norton.

Marsh, George Perkins. 1864. *Man and Nature*. New York: Scribner.

Mercalli, Luca. 2010. Che tempo che fará. Milan: Rizzoli.

Nash, Roderick. 1967. *Wilderness and the American Mind*. New Haven, CT: Yale University Press.

Parker, Geoffrey. 2013. *Global Crisis: War, Climate Change, and Catastrophe in the*　54 *Seventeenth Century*. New Haven, CT: Yale University Press.

Penna, Anthony. 2009. *The Human Footprint: A Global Environmental History*. Malden, MA: Blackwell.

Pomeranz, Kenneth. 2000. *The Great Divergence*. Princeton, NJ: Princeton University Press.

Ponting, Clive. 1992. *A Green History of the World*. Harmondsworth: Penguin.

Pyne, Stephen. 1995. *World Fire: The Culture of Fire on Earth*. Seattle, WA: University of Washington Press.

Radkau, Joachim. 2000. *Natur und Macht: Eine Weltgeschichte der Umwelt*. Munich: Beck.

Radkau, Joachim. 2012. *Wood: A History*. Malden, MA: Polity Press.

Richards, John. 2003. *The Unending Frontier: An Environmental History of the Early Modern World*. Berkeley, CA: University of California Press.

Simmons, Ian. 1989. *Changing the Face of the Earth*. Oxford: Blackwell.

Simmons, Ian. 2008. *Global Environmental History*. Chicago, IL: University of Chicago Press.

Stavrianos, Leften. 1981. *Global Rift: The Third World Comes of Age*. New York: Morrow.

Stoppani, Antonio. 1871–1873. *Corso di geologia*. Milan: Bernadoni & Brigola.

Turner, Billie Lee, William C. Clark, Robert W. Kates, John F. Richards, Jessica T. Mathews, and William B. Meyer, eds. 1990. *The Earth as Transformed by Human Action*. New York: Cambridge University Press.

Wallerstein, Immanuel. 1974. *The Modern World-System*. New York: Academic Press.

Wolf, Eric. 1982. *Europe and the People Without History*. Berkeley, CA: University of California Press.

Worster, Donald. 1978. *Dust Bowl*. New York: Oxford University Press.

Wright, Donald. *The World and a Very Small Place in Africa: The History of Globalization in Niumi, the Gambia,* 3rd edition. Armonk: M.E. Sharpe.

延伸阅读

Aberth, John. 2012. *An Environmental History of the Middle Ages: The Crucible of Nature.* London: Routledge.

Beinart, William and Lotte Hughes. 2009. *Environment and Empire.* Oxford: Oxford University Press.

Bsumek, Erika, David Kinkela, and Mark Atwood Lawrence, eds. 2013. *Nation-States and the Global Environment: New Approaches to International Environmental History.* New York: Oxford University Press.

Burke, Edmund III and Kenneth Pomeranz, eds. 2009. *The Environment and World History.* Berkeley, CA: University of California Press.

Glacken, Clarence. 1967. *Traces on the Rhodian Shore: Nature and Culture in Western Thought from Ancient Times to the End of the Eighteenth Century.* Berkeley, CA: University of California Press.

Hughes, J. Donald. 2009. *An Environmental History of the World.* London: Routledge.

Le Roy Ladurie, Emmanuel. 2004–2009. *Histoire humaine et comparée du climat,* 3 vols. Paris: Fayard.

McNeill, J.R. 2003. "Observations on the Nature and Culture of Environmental History," *History and Theory* 42/4: 5–43.

McNeill, J.R. 2010. "The State of the Field of Environmental History," *Annual Review of Environment and Resources* 35: 345–374.

McNeill, J.R. and Erin S. Mauldin, eds. 2012. *A Companion to Global Environmental History.* Malden, MA: Blackwell.

Marks, Robert V. 2006. *The Origins of the Modern World: A Global and Ecological Narrative from the Fifteenth to the Twenty-First Century.* Lanham, MD: Rowman & Littlefield.

Radkau, Joachim. 2011. *Die Äa der Öologie: Eine Weltgeschichte.* Munich: Beck.

Tucker, Richard P. 2000. *Insatiable Appetite.* Berkeley, CA: University of California

Press.

Tucker, Richard P. and Edmund Russell, eds. 2004. *Natural Enemy, Natural Ally: Towards an Environmental History of War.* Corvallis, OR: Oregon State University Press.

Uekotter, Frank, ed. 2010. *The Turning Points of Environmental History.* Pittsburgh, PA: University of Pittsburgh Press.

3　性别交汇

梅里·E.威斯纳－汉克斯

过去15年我一直在从事的教学和研究内容，远远不同于将近35年前我刚完成研究生学业时的期盼，当时毕业论文的主题是16世纪纽伦堡的职业女性。那时，我在从13世纪一直到18世纪的欧洲史课程教学方面接受过良好训练，并且认为我也许能够讲一两门关于非洲的课程，因为在研究生阶段非洲历史是我的辅修学科。但是，我第一份工作是成为奥古斯塔那学院（Augustana College）历史系四位成员之一，奥古斯塔那是一所小的文科学院，我负责讲授所有的欧洲史，当时我们将之描述为"从尼安德特人到纳粹党人（Neanderthal to Nazis）"。因为我是女性，也是该系历史上雇佣的第一个女教员，所以我也负责美国女性史这门课，尽管我从未修过美国史的研究生课程。

惊惶中，我不知如何给西方文明史课程选择教科书，这门课我自己从来没有修过，涵盖了我没有研究过的时段。我与朋友帕特·唐纳利（Pat Donnelly, 本名为 J. Patrick Donnelly, S.J.）交流了一下，他在马凯特大学教了几十年课。他给了我一条非常有用的建议：看了所有的教科书之后，为自己的学生选择第二好的，因为你将需要一些来源以准备自己的讲演，不妨从最好的教科书里选取。此后，这条建议很多次都派上了用场，并且应用范围超出了选择教科书。

1985 年我搬到了威斯康星大学密尔沃基分校（University of Wisconsin Milwauke），成为该系 24 位成员中的一位，不再是原先的四分之一，当时我猜想涉猎其他领域的日子结束了，我将能够讲授自己非常了解的内容。我很沮丧地发现错了。我在奥古斯塔那的经历仅仅是个开头，因为在威斯康星大学密尔沃基分校，我经历了从讲授没有接受过正式训练的欧洲史课程到在同样没有任何知识储备的情况下讲授很多领域的课程。20 世纪 90 年代，我成为女性研究中心（Center for Women's Studies）的主任，讲授一门跨学科女性理论的课程，当时的我在生命中从未修过一门名称当中既有"女性主义"、又有"理论"字眼的课程。90 年代末在历史系的同事大卫·巴克（David Buck）和我决定，我们不满于按照西方文明和东方文明讲授我们的课程，因为这些东方/西方的划分无法代表我们和我们的学生所生活的世界。我们编排了世界历史的顺序，参考了当时在其他地方有很多非常好的教学模式和一些优秀的教科书。我们邀请来了杰里·本特利当顾问，他曾经编写了一套优秀教科书，而且我从大卫那里学习了如何读出中国人的名字。我负责第一个学期，第一堂课开头花了很长的篇幅解释为什么密尔沃基分校现在开设世界历史课程。那次课是在 2001 年 9 月 4 日。就在一周之后我的解释似乎不再有必要了。

通过讲授女性主义理论，我逐渐熟悉了很多领域内研究女性和性别的学者的作品。他们越来越强调不同的范畴如种族、阶级、性别、宗教和性倾向彼此之间交汇的方式，复杂化了所有分析。本文考察一种具体的交汇，妇女史和性别史与世界史和全球史之 58 间的交汇，首先以我自己的学术轨迹为例，然后从整个历史学领域来考察这种交汇。

我的旅程

教学中，我在地理和学科上的扩展也发生在自己的研究和出版物中。第一本专著是关于 16 世纪德国南部城市的职业女性，以另外五个城市（法兰克福、梅明根、慕尼黑、斯特拉斯堡和斯图加特）的档案研究为基础，我在地理范围上扩展了毕业论文的关注点。1983 年是路德诞辰 500 周年，于是出现了各种会议。在美国举行的一些会议的组织者认为，至少应该提及妇女史这个新兴领域，所以他们让我写关于"路德和女性"的文章。我抗议说我不是研究宗教的历史学家，而作为经济历史学家，比起对圣餐（Eucharist）的不同理解，我在处理多变量回归时会觉得更加适应，结果招来了此类评论：如果你不这样做的话，就不会有关于女性的任何东西。所以我学习了更多关于圣餐和其他宗教问题的知识，按照帕特神父（Father Pat）关于教科书的建议：到处打听，然后阅读最好的书。关于宗教改革的很多方面都可以找到很好的学术研究，我从中学到了很多，恰好阅读了一本书和约 10 篇关于女性的文章，所以我能够读到关于这个具体话题的一切。（此后这种情况从未发生过。）我先是演说、最终书写关于宗教改革对女性的影响，同时因为我习惯谈论女性实际上做了什么，我也写了女性对宗教改革的影响。

因为我追踪了宗教改革产生的积极和消极结果，我原以为会受到研究宗教改革的历史学家的批判，他们经常强调积极或者消极的一面。实际上他们几乎很容易地接受了我对一系列结果的讨论，不过一些学者确实在接受以下观点时抱有疑问，即 16 世纪的女性实际上拥有宗教理念并基于这些理念行动。正如有人说："你不是在谈论女性，你是在谈论女性思考了什么！"我对助产士和市场妇女的研究从未引起类似反映，一些历史学家难以把女性看作学术史和宗教史的一部分，相较之下他们更容易接受女性是社会史和经济史的一部分。

1990 年，剑桥大学出版社开始策划一系列新的入门书籍，其富有想象力的标题是"现代欧洲史的新研究取径"，目标读者是高年级的学生。罗伯特·斯克里布纳（Robert Scribner）是剑桥的教员，也是我在一次路德主题的会议上遇见的该系列丛书的编辑之一。他问我是否可以写一本关于早期现代欧洲女性和家庭的书，或者与这些线索相关的内容。我表示同意，但是没有把女性与家庭联系起来，这种联系似乎过于局限，我决定把女性与性别联系起来，当时这在历史学领域是一个相对新的概念。这后来成为我的第二本书《早期现代欧洲的女性和性别》（*Women and Gender in Early Modern Europe*, Wiesner-Hanks, 1993）。

在 20 世纪 80 年代，历史学家和其他领域的学者开始使用"性别"指代一种文化上建构和历史上持续变化的差异体系，该体系在某种程度上以身体、形态和解剖学的性别差异为基础，同时也以很多其他的内容为基础。这样，在我撰写该书的提案时性别非常新颖。事实上，这个新颖的词汇让剑桥大学出版社编审委员会（Board of Syndics），虽然批准了所有的合同，但是他们对是否应该支持这样一个时髦的项目感到半信半疑。该书是系列当中第一本出版的，现在该系列已经达到了 50 多本，但我的这本书仍然是系列中最畅销的书，我对此非常高兴。该书尝试着勾勒从葡萄牙到波兰占据欧洲一半的人口在 300 年间的生活经历，在某些问题上会涉及所有的欧洲人（包括男性和女性）。撰写该书这项工作，与我延伸进入宗教史相比，需要更多到处打听阅读哪些作品和作者。90 年代早期，出版了相当数量的关于西欧妇女的作品，但是关于东欧的很

60 少，关于某些话题在欧洲任何地方几乎都没有什么出版物，但是人们非常愿意让我阅读他们尚未出版的作品，并且慷慨分享他们的专业知识。

该书直接引导我的研究走向全球。东南亚历史学家芭芭拉·安达亚（Barbara Andaya）阅读了这部作品之后，邀请我参加世界上第一次以早期现代东南亚的女性为主题的会议，1995 年在夏威夷大学举办。我接到邀请时感到困惑不解，因为我一点都不了解东南亚，但是芭芭拉解释道她想让我在那里发出比较的声音，代表着世界上一部分地区存在充分的研究，足以书写一本概况教科书。我当时正在开始着手写一本关于早期现代基督教精神和性的书，这是鲍勃·斯克里布纳编辑的另外一个系列。芭芭拉问我是否把内容限定在欧洲，如果是这样的话，原因是什么。我当时已经决定应该包括北美殖民地，并发现我没有充分的理由解释停在后来逐渐被称为"大西洋世界"的地方。基督教理念和制度在这个时代塑造了世界上大部分地区与性相关的态度和行为，与此相关的，最有趣的挑战、以及对这些挑战的回应都来自殖民地区。所以我把该书的范围扩展到全球，向更广范围的同事、朋友和熟人圈寻求建议，哪些材料是最好的、我需要阅读谁的作品（Wiesner-Hanks, 2000）。

同时，霍顿－米夫林出版社（Houghton-Mifflin）的历史类编辑琼·沃伊（Jean Woy）建议我，一个世界历史视野下的创新性的西方文明读本（我后来与人合著）会是个很好的想法，因为世界历史课程在逐渐增多。我同意了，当时还不知道大学课堂里的成功书籍会迫使人不断推出新版本（Wiesneri-Hanks 等，1997）。这意味着，尽管我当时不清楚，但我后来亲自开始讲授世界历史时，有一本与自己喜欢的教学方式相适合的课本，该书有很多一手资料，强调史学思维技能。

随着撰写这些书的工作接近尾声，芝加哥大学的康斯坦丁·法佐尔特（Constantin Fasolt）问我是否有兴趣写一本关于性别的书，这本书属于威利－布莱克威尔（Wiley-Blackwell）策划的系列之一，目标群体也是学生。我无法拒绝，于是这本书成为所有世界历史书籍中关于性别的一本，题目很简单《历史上的性别》（*Gender in History*, Wiesneri-Hanks, 2001）。不再是简单地从尼安德特人到纳粹党人，因为世界历史要求更加宽广的时间框架，我们可以称之为从宇宙大爆炸到奥巴马（Big Bang to Obama），时段不仅仅是1万年。所以我不仅阅读历史学家的作品，而且读了灵长类动物学家和政治科学家的著作，仍然寻找更多人的建议以了解什么是最好的。在写完这部书之后，我感觉最终有了资格讲授跨学科的女性主义理论，尽管到那时我已经讲授这门课十多年了。

我从德国历史学家到全球历史学家的旅程是个人特殊的例子，但也在某种程度上代表了更普遍的模式。就像我们在世界历史里讲述的大部分故事，这是个当地故事，但有着更广泛的联系和全球语境。在这个故事里，偶然性、机会和运气所起到的作用像理性、计划和准备一样大。我讲述的这个故事涉及了多个人，并且包括了他们的名字，部分原因是为了感谢他们，部分原因是妇女史教给我们记录名字很重要。在历史记录中太多女性只是简单的"……和妻子"或者"……和他的女儿"，只给出了男人的名字。

就像所有的历史，这个故事涉及了变化，也涉及了连续性，就我的情况而言是特别关注妇女和性别。我教学和出版的大部分内容不只是关注性别，但性别是一个透镜，我通过它看到了所有的历史发展。

61

妇女史和性别史的发展

2014 年，性别在历史上（和生活中）的重要作用看似不证自明，但四十多年前我选择成为历史专业学生时情况不是这样的。那时，"性别"这个词在特定语言中主要用来区分名词和代词，然而额外的复杂性又使得学习这些语言非常困难。女权运动改变了这种
62　情况，就像改变了很多其他事物一样。当前女权运动的倡导者们，包括我自己，回顾我们曾经接受的历史教育，以及我们曾经接受的文学、心理学、宗教、生物学和很多其他学科的教育，意识到我们仅仅倾听了一半故事。我们所读到的或者听到的大部分研究描述的是男性经验："（男）艺术家"、"（男）猎人"、"（男）人及他的环境"，尽管他们经常将之描绘成普遍的现象。

我们开始考查历史上妇女的生活，起初把她们嵌入了我们早已适应的范畴：国家、历史时期、社会阶级、宗教忠诚，然后意识到这种研究方法被讽刺地贴上了"加上女人并搅拌"的标签无法令人满意。关注女性通常打乱了熟悉的范畴，迫使我们重新思考历史被组织和建构的方式（Lerner, 1979）。一旦把女性视角包括进来，欧洲文艺复兴和启蒙运动就失去了一些光彩，就像古代雅典或者杰克逊时期美国的民主一样。即使最新的历史学研究方法，比如 20 世纪 60 年代期间发展起来的新社会史使用社会科学技术强调阶级分析，在考察妇女和男人的经历之间的差异时也有待完善。

对妇女史的研究与教学相伴而行。到 20 世纪 70 年代末，美国和加拿大上百所学院和大学设置了妇女史课程，很多学校有独立的妇女史或女性研究项目。英国、以色列和澳大利亚的大学开设关于女性的讲座和研讨会的速度稍慢一些，西欧和东欧的大学更慢一些。在日本和其他地方，大部分关于妇女的研究最初由大学之外的

人开展，他们与当地历史协会有联系或者是女性群体中的积极分子，所以不被看作是学术性的工作。任何国家进行的历史研究都受到了区域和世界政治的影响，对于政治和经济斗争一直很紧张的拉丁美洲、东欧和世界其他地方的历史学家来说，研究性别之外的问题似乎更加紧迫。发展中国家的大学和研究人员拥有少得多的资源，这阻碍了所有的历史学研究，并限制了向新方向发展的机会。这样，大量妇女史的早期工作是由说英语的历史学家针对说英语的地区进行的，特别是美国，尽管世界很多其他地方也做出了有重大意义的工作（Offen, Pierson, and Rendell, 1990）。

随着妇女史作为研究和教学领域逐步扩展，它也在发生变化。打破了已有的范畴如阶级，最终纳入了长久以来被认为是所有历史合适关注点的话题——男人。把男性经历看作普遍现象，这不仅掩盖了妇女的历史，也阻碍了把男性经历当作男人的事情来分析。我们用来描述个体的词语，如，"艺术家"和"女性艺术家"，或者"科学家"和"女性科学家"等，使得我们无法思考米开朗琪罗或者毕加索或者牛顿的经历如何被他们的男性身份事实所塑造，反而迫使我们思考女性身份如何影响了乔治娅·奥基夫（Georgia O'keefe）或者居里夫人。熟悉女性研究的历史学家越来越多地开始讨论性别差异系统如何影响了男人和女人，到1980年代早期时，使用"性别（gender）"这个词来描述这些系统。当时，我们从根本上区分了"性（sex）"和"性别"，"性（sex）"对于我们来说意味着身体、形态和解剖学上的差异（通常被称作"生物差异"），我们认为"性别"这个词意指文化上构建的、历史上变化的和通常不稳定的差异体系。这样"性别"是建立在生物性基础上的文化上层建构。

大部分题目里有"性别"的研究仍然关注女性，与此同时妇女

63

史依然作为一个领域继续发展。但有几位学者平等看待两性或者关注男性经历，称他们的研究为"男性史"或者"新男性研究"。有一些大学出版社开始推出题目中含有"性别"的书籍系列，很多领域的学者越来越多地接受了从"性"到"性别"的术语转换："性角色"成为"性别角色"、"性差异"成为"性别差异"，等等。

　　发展了这种新视角的历史学家逐渐认为性别比性的作用更大。政治、学术、宗教、经济、社会甚至军事方面的每一个变化对男人和女人的行为和角色都产生了影响，反过来文化的性别结构影响了其他一切。人们的性别观念不仅塑造了他们看待男人和女人的方式，也影响了他们看待社会的宏观视野。作为历史学家的琼·斯科特（John Scott）在刊登在《美国历史评论》上的一篇极有影响力的文章中说道："性别是以两性之间感官差异为基础的社会关系的一个基本要素，性别是指征权力关系的基本方式之一。"（Scott, 1986，第 1056 页）这样，生活其他领域的等级结构通常根据性别来表达，占统治地位的个体或群体用阳性（masculine）术语来描述，依附的个体或群体适用阴性术语（feminine）。这些理念反过来影响了人们的行为方式，不过性别的外在和象征意义也会与世界上的男人和妇女们选择或不得已行为的方式相矛盾。

越来越复杂的范畴

　　但是，就在历史学家和他们的学生逐渐开始看到性和性别之间的差异时（同时，越来越多的人接受了性别是一个重要的分析范畴），这种区分遭到了质疑。这些争论，一方面讨论性和性别的具体差异在何处，妇女在"生物学上"更加温和，男人在"生物学上"更加擅长数学，或者这些倾向完全是他们教养过程的结果？另一方面，一些学者提出社会性别和生物性别是否如此联系紧密以致任何两者之间的区分是没有意义的（Butler, 1990）。大部分人的内部和外部生殖器使得他们被归类为"男性"或者"女性"，但对于一些人来说，这些特征是模糊不清的，这种条件现在被称为"雌雄间性"。染色体和性激素同样如此。尽管存在这些变体，在历史上大部分雌雄间性的人一直被简单地划分在其最接近类似的性别，有时用外科手术或者激素治疗来强化这种划分。这样，在这些案例中，关于性别的文化概念——每个人都应该是一个男人或者女人——决定了人的性别，而不是反方向的关系。

65

性和性别之间的差异也受到了来自变性者和跨性别人群的挑战，也就是说，个体的性器官和生殖器，甚至染色体和激素模式把他（她）们标记为男性或者女性，但在心理上他们认为自己是另一种性别，这种情况在医学上被称为"性别焦虑症（gender dysphoria）"或者"性别认同障碍（gender identity disorder）"。20世纪50年代，对于性别焦虑症的人来说，如果能够负担得起，就可以进行重置性别的手术，然后他（她）们成为变性人。性别重置的外科手术能够让身体更加接近心理，但是也带来了挑战性的问题：在这个过程中的哪个点"男人"成为"女人"，或者反之亦然？失去或者获得了阴茎？乳房？从一开始？这个问题的答案对于性别差异观念来说意味着什么？在80年代，这些问题开始变得更加复杂，一些个体把自己理解为"跨性别的（transgendered）"，就是说不是从男性变成女性或者反过来，而是既不是男性也不是女性或者既是男性也是女性。（前缀 trans- 在英语中有双重含义，"跨越［across］"和"超越［beyond］"。）就像雌雄间性和变性人，跨性别的个体引发了哲学和实践层面的问题：什么是性别差异的来源？

应该允许这些个体进入"女人专区"或者"男人专区"的空间吗？他（她）们应该必须在两者之间选择，或者应该有多于两个的选项吗？（Fansto-Sterling, 2000）

在世界上的一些文化里，有多于两种性别的情况，关于这些第三种性别的更多了解使得人们对"生物学"的性别和"文化上"的性别两者之间关系产生了更多质疑。这里，世界历史学家和人类学家的研究一直都特别重要（Herdt, 1994）。在世界上的很多地区，包括阿拉斯加、亚马逊地区、北美、澳大利亚、西伯利亚、中亚、南亚、大洋洲和苏丹，起初被看作是男性或者女性的个体本身持有对另一性的性别认同（或者曾经认为，因为在很多地区这些实践已经停止了）或者把男人和妇女的任务、行为和衣着结合起来（Ramet, 1996）。这些个体当中的有一些是雌雄间性，偶尔有的人是阉人（阉割的男性），但从形态上属于男性或者女性的情况更常见。其中最广为人知的例子是在一些美洲原住民中发现的，最先遇到他们的欧洲人把他们看成了同性恋，称之为"男同性恋（berdaches）"，这个词来自阿拉伯语，意指男性娼妓。现在大部分学者选择使用术语"双性人（two-spirit people）"，并注意到他们与其他男人的不同之处，与性活动相比，更多是通过他们的工作或者宗教角色显现出来；他们通常被认为是第三种性别，而不是女子气的或者同性恋的男士（Roscoe, 1998）。

同时，研究妇女和性别的历史学家也在对性和性别之间的关系感到困惑，就像其他之前没有关注性别问题的历史学家那样，很多人也逐渐对性征（sexuality）的问题感兴趣。就像妇女运动创造了学者对妇女史研究的巨大兴趣，同样也在20世纪70年代开始的男同性恋解放运动促使历史学家和积极分子研究不同时期的同性关系。他们最初主要关注男性，然后也关注了女性。一些历史学家强调一段时期内个体和群体经历的连续性和相似性，其他学者强调差异（Greenbury, 1988）。很多历史学家看到 19 世纪晚期是一个重要转折点，因为那时内科医生、精神病学家和其他领域的学者最早把那些被同性吸引的人定义为"同性恋"，最早定义了"性认同（sexual identity）"或者"性取向（sexual orientation）"的概念。在此之前，很多历史学家宣称存在性行为，不存在性认同。但是其他历史学家戏剧性地打破了这个理念，发现生活在 19 世纪之前很久的人们明白自己身上存在着后来被称为性取向的现象。其他学者依然坚持两个性别分类的理念，即同性恋和异性恋，不过是来自具体时空的文化建构，不代表很多社会对性吸引概念化的方式。他们认为，就像性别，性征不是纯粹的二分，而是复杂的系统，性征与性别既相互区别又紧密交织（Murray, 2002）。

这样，比起最初，性别这个概念现在复杂得多，再加上一些看法认为，在塑造人的经历时性别因素不会独自运作，性别变得更加复杂。最早的妇女史倾向于关注在历史资源中留下了最多记录的女性，通常是精英成员，这并不出乎意料。在其他时空中妇女的角色和经历被概括为"古代希腊女性的地位是……"或者"殖民地印度的女性角色是……"。这些定位没有对女性进行细致地区分。研究非精英成员妇女的历史学家对这些一般化结论提出了挑战，就像他（她）们挑战那些研究非精英的学者以认识到性别创造的差异一样。正如 1993 年一本有影响力的论文集题目所写：《所有的妇女是白色的，所有的黑人是男性的，但是我们当中一些人是勇敢的》（*All the Women Are White, All the Blackes Are Men, But Some Of Us Are Brave*, Hull, Scott and Smith, 1993）。在这部作品以及很多其他作品中，学者们认为有色人种妇女的经历一定会被认为与众不同，没有一个差异轴（男人／妇女、黑色／白色、富有／贫穷、同性恋／异性

67

恋）可以充分涵盖所有差异。

这样，研究妇女和性别的历史学家越来越多地注意到很多人们想象或者创造出来的差异范畴包括人种、阶级、性别、种族划分、宗教、性倾向、国籍、婚姻状况、年龄、身体强健等等。更重要的是，他们强调所有的差异范畴以复杂的方式彼此互相交叉，并随着时间发生变化。在 20 世纪 90 年代，该见解带来的理论视角甄别出了多条差异线索。例如，后殖民女权主义理论家考察了那些由于人种、种族、文化以及性别而处于从属地位的人，这是殖民主义和帝国主义过程的一部分，指出这些等级制度既强化也削弱彼此的方式（McChintock, Mufti, and Shoalt, 1997）。稍微有些相反的是，其他理论家认为由于范畴是被社会建构出来的，通常具有压制性的意义，简单地研究它们如何相互交汇是不够的。研究男同性恋和女同性恋的学者更多使用"搞糟（queering）"，即把用来描述和分析事物的范畴进行问题化和复杂化，这个思想流派被称作"酷儿理论（queer theory）"（Jagose, 1996）。他们会为模糊或歪曲范畴的行为而感到欢喜，经常从表现角度而不是从认同角度论及性别和性范畴。每三年举办一次的伯克郡妇女史大会是世界上最大型的妇女史会议，在它的主题中可以发现既强调交汇也看重质疑：例如，1996年的主题是"复杂化范畴"，1999 年的主题是"打破边界"。

性别史和全球史

这种边界的跨越和打破有时包括国家和区域的边界，因为研究妇女和性别的历史学家担忧课程设置的狭窄性、国家本位主义和欧洲中心主义。我自己从讲授西方文明史转移到世界历史教学，这种转换可以在很多地方发生，既可以在通识课中也可以在关注妇女和性别的课程上。关注国际女性主义、非洲和南美妇女、性别和发展的课程出现了。1996 年伯克郡妇女史会议上，讨论世界和比较历史教学的会场人满为患，会议吸引了超过一百人参加，很多观众提到她们或是自己决定、或是被分配讲授世界历史。一些人甚至说把这个教学任务给他们，不仅因为他们年轻、没有终身教职，因此他们很少有权力选择教学内容；同样因为她们是女性，所以（在她们系主任的眼里）这些教员会不自觉地对各种"他者"的问题持更加同情的态度。

69

对于很多研究妇女和性别的历史学家来说，20 世纪 90 年代呼吁课程设置国际化或者全球化的声音来自内部，也来自外部，因为大学、院系、学校或者学区决定把所能提供的课程扩展到欧洲和北美的范围之外。在美国，这些变化源于国家授权，因为国家曾经，并且继续在尝试弄清楚如何让学生做最好的准备迎接全球经济。在美国之外，类似的决定由国家教育部门做出。

性别史和世界史一起进入课堂之后，才作为研究领域结合起来。一直到大约 15 年前，从研究的角度看两者之间的联系相对很少，我认为主要有三个原因。第一，两者在某种程度上都是作为修正主义阐释发展起来，认为一个标准的故事需要做得更加宏大和更加复杂。研究妇女和性别的历史学家呼吁包括妇女的历史，并意识到人类（men）有性别，世界史和全球史的历史学家呼吁历史不能以西方为中心。这样，两者的呼吁都被那些持敌视态度或者无利害关系的人看成是"有计划"。两方学者都关注他们自己的修正道路，所以没有太多关注对方在研究什么。

第二个缺少联系的原因是妇女／性别史和世界／全球史的基本修正主义路线（revisionary paths）一直截然相反。世界史强调联系、跨越边界和会聚。与之相反，在最初的"姐妹之情遍布全球（siserhoodis global）"的激情过去之后，性别史在过去几十年把更多时间放在了分歧上，把差异范畴发展得更加复杂。性别历史学家强调性别关系的每一个重要方面，包括家庭和国家的关系、性别和性征的关系等等，这些方面具有历史文化和阶级等层面的特定性。70 今天研究男性的历史学家只以复数形式提及他们的主题，比如"多样化的男性"看似出现在所有地方，就像多重性征出现在研究性征的历史学家的作品中（Dudnik, Hagemann, and Tosh, 2004）。

第三个原因是世界史和全球史有着强有力的物质主义传统，这种传统与过去几十年性别史的发展主要关注文化形成了鲜明对比。大部分世界史关注由政府和商业精英推动的政治和经济进程。妇女史最初也有着浓厚的物质主义色彩，很多研究是关于劳工体系和政治运动，但是自从20世纪80年代以来，更多关注代表、意义和话语。

在过去的几十年中，妇女史和性别史与世界史和全球史开始交汇。一些接受了妇女史和性别史训练的历史学家已经在兴趣和方法上开始变得更加全球和跨越国界，我曾经走过的路就是这样。一些全球和世界历史学家已经对性别和性征的问题产生了更多的兴趣。从一开始就在这两个领域都接受了训练的年轻历史学家，在发展一些研究话题时没有被止，而这些话题在几十年前是看似不可能或者不明智的。

性别 / 全球交汇

这样，利用世界史和性别史所产生的令人兴奋的学术成果已经开始在很多研究领域出现。为了使用性别史产生的术语，他们已经开始发生交汇。我主要讨论其中三个例子：妇女和同性恋权利的运动、殖民主义和帝国主义以及移民。

首先，一些研究关注女权运动，和最近的男同性恋、女同性恋和跨性别者的权利。女权运动的历史开始于 19 世纪，到了 20 世纪仍在继续，"第一波"女权运动在初期阶段集中在美国和英国，但最近的学术成果已经清晰地显示出这股潮流是全球性的，不是简单地发端于英美世界（Rupp, 1997）。"妇女问题"讨论女性在教育、财产权、更加公平的婚姻和离婚法律、戒酒和女工保护等方面有更大的权利会带来什么好处，这些问题与选举权一道是国际性问题，尽管在世界的不同地方强调的重点不一样。妇女的权利与其他社会和政治问题相联系，也与呼吁全体人（不仅仅是妇女）拥有更宽泛的民主代表有关。但是，在反殖民斗争的民族主义历史编纂中，取得妇女权利的努力和妇女的真实行为一直以来经常被忘记，或者被有意忽略。相关研究正在开始修正这幅图景，并考察女权运动和国家建设之间的相互作用，有时将之放在比较或全球语境中（Joannou and Purvis, 1998）。

妇女选举权并不总是一股推动更加普遍的权力观念的力量，也与国家和帝国的种族化建构有关。在很多地方，女权的倡导者使用与种族和阶级优越性相关的理念支持自己的论点，指出与工人阶级、移民或者非白人女性相比，白人中产阶级妇女是多么更加可靠、更值得尊敬。"可敬的"妇女理所当然被理解为已婚，通常是母亲，所以这些推理思路也是异性恋主义者的，尽管相对于公然敌视的种族和阶级比较，他们从未公开提出性征。这些论点是澳大利亚、新西兰和南非的白人女性相对较早获得投票权的原因之一，也因此美国的第一批准许女性选举权的州里有保守的犹他州，在犹他州的摩门女教徒认为她们的选票会超过那些非摩门教徒的男人。白色也成为对一个真正男人的理解的一部分，就像玛丽莲·莱克（Marily Lake）和亨利·雷诺兹（Henry Reynolds）最近在他们的研究"白人男性的国家"中所强调的（Lake and Reynolds, 2008）。

第二波女权运动开始于 20 世纪 60 年代和 70 年代，也同样是国际性的，比较研究正在评估西方和东方、北部和南部的女权主义之间的相似性和差异之处。其中一些作品是全球性的，而其他作品则是地区性的，但仍然考察了当理念、体制和个体在跨越国界时发生了什么。研究跨国界的女权主义积极分子和组织的网络时，不仅注意到了阶级、人种、种族和帝国的紧张关系，而且关注她们的共通的计划和相似的项目（Moghadam, 2005）。

性别史和世界史之间有着越来越富有成效的交集的第二个领域，是关于殖民主义和帝国主义的研究。男人和妇女都是帝国工程的代理者，殖民权力塑造了对男性气质和女性气质的文化建构。很多最近的作品表明帝国权力明确地和隐含地与性征相联系，殖民地居民的形象被依照性别分类和赋予性别（Levine, 2007）。关于帝国主义语境中性别和性征的研究一直强调殖民地和殖民国之间的联系，这种关系经常被称作"宗主（metropole）"，这类研究认为殖民化过程塑造了所有地方的性别意识形态和实践，不仅仅是在殖民地本身（Wilson, 2003）。欧洲男人和妇女对他们国家身份的认知受到了殖民扩张的塑造，他们的政治理念也被殖民经历改变了。

殖民者和被殖民者的相遇涉及依照性别划分男性群体和女性群体，这充当了国家的象征和殖民权力实施的场所。来自不同群体的个体之间的通婚和其他形式的性关系尤其发生在殖民地或边界地区，这些地区能够被看作是"性别前沿"，与发展中的种族差异和国家认同概念相互交织。例如，在法属北美殖民地，随着如何最好地增加殖民地和法国的力量的想法不断变化，通婚政策也在改变。大部分移民是来自城市环境的失业年轻男人，17世纪60年代法国王庭曾经在短期内直接招收年轻女性送往新法兰西去成为他们的妻子，大部分是来自慈善医院的贫穷妇女。王庭支付他们的过境费，大约有800人确实移民了，但是她们的人数远远不足以对人口产生显著效果。但是，法国财政部长让－巴蒂斯特·科尔贝（Jean-Baptiste Colbert）决定不再扩展这个项目，因为他担心这会使法国人口减少。反而他建议法国男人与已经信奉了基督教的美洲原住民妇女结婚，在衣着、语言、工作模式和生活方式的方面"让她们变成法国人"。法国人希望这些婚姻会有助于毛皮贸易，并加强法国人与美洲原住民社群和家庭之间的联系。在很少几个案例中，这项政策有着政府希望产生的效果，但在更多情况下发生了相反的效果，男人们采用了法国人认为"野蛮"的习俗。官方意见改变了，通婚被正式禁止，不过通婚仍旧成为习惯做法，特别是在边疆地区。在殖民世界到处能够发现类似的通婚政策摇摆的例子，以及在实施层面上程度各异（Belmessous, 2013）。

　　殖民主义和帝国主义涉及大量人口从世界的一个地方迁徙到另一个地方，人口迁徙方面的研究本身就是第三个领域，在此领域内越来越多的研究综合了性别史和世界史。今天大约一半的长途移民是女性，妇女的迁徙模式有时与男人的模式类似，但有时则非常不同（Sharpe, 2001）。最近的研究考察了很多移民生活的跨国特征，其中妇女和男人随着来回迁移在文化上和社会上创建并保持了跨越边界的联系。依照性别分类并被赋予性别的移民影响了（继续在影响）所通过和穿过的经济体、社会和政体。距离和移动塑造了亲密的行为，而亲密行为或者对亲密行为的预期，或者对亲密行为的欲望，影响了帝国权力的形成。

今天，国家决定谁是或者不是公民，也在法律上控制允许谁
74　迁出或者迁入。移民相关的法律很少在性别上是中立的，很多国
家拒绝允许那些被判断为同性恋的人进入，更不必说那些确认是
或看似改变性别的人（Cansday, 2009）。但是尽管有这些限制，那
些性、性别认同和表现在某种程度上不规范的人一直在大量地迁
徙（Patton 和 Sánchez-Eppler, 2000）。就像生活的其他方面如宗教，
移民挑战、适用、占用和改写了性别和性的结构和观念。个体把来
自很多文化的因素混合起来并在此基础上构建，创造了杂交的或者
不固定的性和性别认同。

关于女权运动、殖民主义和移民这三个话题，在过去 15 年有
大量综合了性别史和世界史的研究，更多的研究正在进行。这也适
用于很多其他话题，包括宗教理念的传播、第三性别、婚姻模式、
奴隶制度和比较民族主义。这两个领域之间逐渐增多的交汇不仅
在书籍和文章中能够看到，也体现在会议的主题里。2010 年世界
历史学会的年会组织者选择了"性别"作为他们的两个主题之一，
2011 年伯克郡妇女史会议的组织者，用他们的话来说，"调整了会
议议程，以利用在全球史、跨国和跨区域的历史方面新涌现的学术
能量。"因此，这些领域有很多值得期待的研究，不过也有很多需
要去阅读。

这种对学术趋势的讨论似乎让妇女研究或者使用性别作为分析
范畴已经在世界历史学家中被一致接受了，好像现在采用全球视角
在研究性别和妇女的历史学家中成为了标准。但这远远不是实际情
况。尽管考察性别对于学生和年轻学者来说也许看似不证自明，也
有很多历史学家仍将之看成一时狂热，但事实上几十年过去，这些
判断逐渐更加难以维持。（这不仅对于世界历史学家来说是现实，
对于研究一个地区或者一个国家的人来说同样如此。）《世界历史杂

志》和《全球历史杂志》里很少有几篇文章关注妇女或者性别，在
最近的世界史和全球史欧洲大会（European Congresses of World
and Global History）上没有讨论性别的小组会议，两次会议分别
于 2008 年在德累斯顿，2011 年在伦敦举办。一些国家的女性仍认
为考察妇女的历史看起来不太严肃，不利于她们未来作为历史学家
的职业生涯，2012 年的一期《人：欧洲女性史杂志》（L'HOMME:
European Journal of Feminist History）提出了一个问题：全球会取
代性别吗？从另一方面看，对妇女、性别和性征的研究依旧在地理
范围上分布非常不均衡，关于美国的研究仍然以极大比例超过了关
于其他地方的研究。这类研究中有一些考虑的是世界历史上一直占
重要地位的问题，比如移民、美国新帝国主义、离散社群，但仍旧
是关于美国的。

　　我不想以悲观的语气结尾，所以，我用自己的故事回到我开始
的地方。成为一名全球历史学家不仅仅意味着把我的研究和教学扩
展到包括全世界，也改变了我思考欧洲的方式。第三版《早期现代
欧洲的妇女和性别》（Women and Gender in Early Modern Europe）
出版于 2008 年，我新增加了一章讨论殖民世界的性别，反映了我
自己和很多其他人的感觉，即欧洲历史必须与世界其他地方的历史
相联系。在现代早期，欧洲妇女的生活比起之前更多地被欧洲之外
的发展所塑造，欧洲人的性别观念和模式传播到了世界上的大部分
地区。在这个时期，全球互动戏剧般地增长，各民族之间的新联系
主要但不仅仅由欧洲人的航行活动带来。在殖民地有程度各异的移
民活动；有一些殖民地有很多欧洲人口，有一些只有很少的商人、
士兵和传教士。但是，即使欧洲移民的数量少，欧洲人的家庭形
式、法律体系、宗教信仰和实践、政治体制和经济制度与殖民地区
存在的理念和结构相遇并混合，创造了新的融合形式。就像之前的

法属北美殖民地的例子，欧洲男人（有时妇女）也与当地人、来自其他地区的移民结婚，或产生其他形式的两性关系，生育后代，也产生了新的理念和体制，这些行为都具有混合的特点，或者用西班牙语的词"混血（mestizo）"。

殖民化过程的每一个方面都依照性别分类。探险者、传教士、政府官员的书信、报告和其他文件以高度性别化的隐喻把他们第一次看到的边疆描绘为"处女地（virgin lands）"。欧洲探险家和殖民者以性别化的词语描述了他们的征服，把他们自己刻画为男子气概的、强有力的和男性的。当地人通常被女性化，从视觉上被描述或者刻画为软弱的和消极的，与活力充沛的男性征服者形成鲜明对比，或者他们被过度性别化，被看作是兽性的和贪吃的。（有时两者都有。）

探险者有时将欧洲妇女和当地人直接联系起来。例如，在南美的一位法国新教探险家让·德莱里（Jean de Léry），使用来自一本欧洲鬼神学的书中对女巫安息日的描述，来刻画巴西图皮南巴（Tupinambá）族的宗教仪式。一位法国地方法官皮埃尔·德朗克（Pierre de Lancre）1609 年由国王亨利四世指定调查法国南部巴斯克人地区的女巫活动，他在调查中指出，这里在他的年代比之前有这么多女巫的原因是欧洲传教士来到了新大陆。很多撒旦的恶魔几个世纪前已经离开了欧洲，当时欧洲成为信仰基督教的地区，但是现在他们回来了。在朗克看来，恶魔与巴斯克人的渔船一起旅行，之后留下来与"粗鲁的和无纪律的"巴斯克妇女待在一起，她们的丈夫再次离家去寻找鳕鱼。这些妇女唯一可销售的农业商品是苹果，德朗克反对地指出她们喜爱吃苹果，却忘记了苹果是蛇在伊甸园用来引诱夏娃的水果。这样，不仅欧洲人关于性别的理念塑造了对待当地人的态度，而且对待当地人的态度塑造了对欧洲妇女的看法。

76

在现代早期，长途跋涉的欧洲征服者、商人和移民中绝大部分是男人，这不仅给殖民地区带来了混合的社会和文化形式，也影响了欧洲的婚姻模式和生活其他方面。因为基督教不允许一夫多妻，男性移民也许导致了在天主教地区更多的妇女进入女修道院。在新教地区，男性移民强化了晚婚模式的存在，大量妇女保持单身。

在早期现代，生产、运输和日用消费品的销售戏剧般地增长。其中一些，比如糖和咖啡，要求大量的重劳力，大规模展开工作是利润最大的，于是在热带地区发展了主要依靠男性奴隶劳动力的种植园经济。这些奴隶所穿的衣服通常是由欧洲人家中生产的布料制成的，加速了欧洲一些地方采用新生产技术。这种新的生产要求，有时打破了传统的性别劳动分工，所以男人、妇女和孩子都从事纺织，而不仅是妇女在做这项工作。我在博士论文里和第一本关于德国职业女性的专著中追踪了这些变化，但那时我还没有真正思考他们所制作的这些布料可能会去往的地方。有一些当然最后成为加勒比海奴隶的衣服，就像他们所造的枪——德国南部曾经是高质量步枪和手枪的生产中心——最终在非洲交易以换取那些奴隶。欧洲妇女远离海洋，从未离开过她们的村庄或者城镇，却越来越陷入现代早期的全球经济，我不能再把她们的故事讲述成一个以大西洋为背景的故事。

同样的情况也适用于我如何教学、讲演和书写所有的欧洲历史。我不再像从前那样讲授文艺复兴或者宗教改革，那时我把它们作为欧洲事件看待，或者更简单地作为意大利或者德国事件。当我设计一本关于早期现代欧洲的概况教科书时，开头的一章是"1450年世界上的欧洲"，还包括两章从旅行、贸易、探险、殖民化和其他类型联系的角度考察欧洲和世界其余地区之间的关系。

这样，驶入不熟悉的教学和研究领域不仅让你看到新生事物，

也让你有机会凭借新生事物获得成功。有时这是惊险的旅程，谁能
自称清楚整个世界的历史？但我想象不出来被困在岸边会怎样。

参考书目

Belmessous, Saliha. 2013. *Assimilation and Empire: Uniformity in French and British Colonies, 1541–1954.* Oxford: Oxford University Press.

Butler, Judith. 1990. *Gender Trouble: Feminism and the Subversion of Identity,* new edition 2006. New York: Routledge.

Canaday, Margot. 2009. *The Straight State: Sexuality and Citizenship in Twentieth-Century America.* Princeton, NJ: Princeton University Press.

Dudnik, Stefan, Karen Hagemann, and Josh Tosh, eds. 2004. *Masculinities in Politics and War: Gendering Modern History.* Manchester: Manchester University Press.

Fausto-Sterling, Anne. 2000. *Sexing the Body: Gender Politics and the Construction of Sexuality.* New York: Basic Books.

Greenburg, David. 1988. *The Construction of Homosexuality.* Chicago, IL: University of Chicago Press.

Herdt, Gilbert, ed. 1994. *Third Sex, Third Gender: Beyond Sexual Dimorphism in Culture and History.* New York: Zone Books.

Hull, Gloria T., Patricia Scott, and Barbara Smith. 1993. *All the Women Are White, All the Blacks Are Men, But Some of Us Are Brave: Black Women's Studies.* New York: The Feminist Press at CUNY.

Jagose, Annamarie. 1996. *Queer Theory: An Introduction.* Washington Square, NY: New York University Press.

Joannou, Maroula and June Purvis, eds. 1998. *The Women's Suffrage Movement: New Feminist Perspectives.* Manchester: Manchester University Press.

Lake, Marilyn and Henry Reynolds. 2008. *Drawing the Global Colour Line: White Men's Countries and the International Challenge of Racial Equality.* Cambridge:

Cambridge University Press.

Lerner, Gerda. 1979. *The Majority Finds its Past: Placing Women in History,* new edition 2005. New York: Oxford University Press. Chapel Hill, NC: University of North Carolina Press. 79

Levine, Phillipa, ed. 2007. *Gender and Empire.* Oxford: Oxford University Press.

McClintock, Anne, Aamir Mufti, and Ella Shoalt, eds. 1997. *Dangerous Liaisons: Gender, Nation and Post-Colonial Perspectives,* Minneapolis, MN: University of Minnesota Press.

Moghadam, Valentine M. 2005. *Globalizing Women: Transnational Feminist Networks.* Baltimore, MD: Johns Hopkins University Press.

Murray, Stephen O. 2002. *Homosexualities.* Chicago, IL: University of Chicago Press.

Offen, Karen, Ruth Roach Pierson, and Jane Rendell, eds. 1990. *Writing Women's History: International Perspectives.* Bloomington, IN: Indiana University Press.

Patton, Cindy and Benigno Sánchez-Eppler, eds. 2000. *Queer Diasporas.* Durham, NC: Duke University Press.

Ramet, Sabrina Petra, ed. 1996. *Gender Reversals and Gender Cultures: Anthropological and Historical Perspectives.* London: Routledge.

Roscoe, Will. 1998. *Changing Ones: Third and Fourth Genders in Native North America.* London: Macmillan Press.

Rupp, Leila. 1997.*Worlds of Women: The Making of an International Women's Movement.* Princeton, NJ: Princeton University Press.

Scott, Joan. 1986. "Gender: A Useful Category of Historical Analysis," *American Historical Review* 91/5: 1053–1075.

Sharpe, Pamela, ed. 2001. *Women, Gender, and Labour Migrations: Historical and Global Perspectives.* New York: Routledge.

Wiesner-Hanks, Merry E. 1993. *Women and Gender in Early Modern Europe,* 2nd edition 2000, 3rd edition 2008. Cambridge: Cambridge University Press.

Wiesner-Hanks, Merry E. 2000. *Christianity and Sexuality in the Early Modern World: Regulating Desire, Reforming Practice.* London: Routledge and Kegan Paul. 2nd edition 2010.

Wiesner-Hanks, Merry E. 2001. *Gender in History,* 2nd edition 2011. London:

Blackwell.

Wiesner-Hanks, Merry E., William Bruce Wheeler, Franklin M. Doehringer, and Kenneth R. Curtis. 1997. *Discovering the Global Past: A Look at the Evidence,* Vols. I and II. Boston, MA: Houghton-Mifflin. 4th edition 2011.

80　Wilson, Kathleen. 2003. *The Island Race: Englishness, Empire and Gender in the Eighteenth Century.* New York: Routledge.

延伸阅读

Ballantyne, Tony and Antoinette Burton, eds. 2005. *Bodies in Contact: Rethinking Colonial Encounters in World History.* Durham, NC: Duke University Press.

Ballantyne, Tony and Antoinette Burton, eds. 2009. *Moving Subjects: Gender, Mobility, and Intimacy in an Age of Global Empire.* Urbana, IL: University of Illinois Press.

Canning, Kathleen. 2006. *Gender History in Practice: Historical Perspectives on Bodies, Class, and Citizenship.* Ithaca, NY: Cornell University Press.

Fletcher, Ian Christopher, Laura E. Nym Mayhall, and Philippa Levine, eds. 2000. *Women's Suffrage in the British Empire: Citizenship, Nation, and Race.* New York: Routledge.

Hagemann, Karen and María Teresa Fernández-Aceves.2007. "Gendering Trans/ National Historiographies: Similarities and Differences in Comparison," *Journal of Women's History* 19/1: 151–213.

Hodes, Martha, ed. 1999. *Sex, Love, Race: Crossing Boundaries in North American History.* New York: New York University Press.

Meade, Teresa A. and Merry Wiesner-Hanks, eds. 2004. *Blackwell Companion to Gender History.* London: Blackwell.

Molyneux, Maxine. 2001. *Women's Movements in International Perspective: Latin America and Beyond.* New York: Palgrave.

Scott, Joan W., Joanne Meyerowitz, Heidi Tinsman, Maria Bucur, Dyan Elliot, and Wang Zheng, "AHR Forum: Revisiting 'Gender: A Useful Category of Historical Analysis'," 2008. *American Historical Review* 113/5: 1344–1430.

Smith Bonnie G., ed. 2000. *Global Feminisms Since 1945: A Survey of Issues and*

Controversies. New York: Routledge.

Smith, Bonnie G., ed. 2004. *Women's History in Global Perspective,* 3 vols. Urbana, IL: University of Illinois Press.

Woollacott, Angela. 2006. *Gender and Empire.* New York: Palgrave Macmillan.

4 没有大分流？通过东亚研究抵达世界历史

彭慕兰

我通往世界历史的道路是借道了东亚地区研究，在我将要进入欧洲史时出现了一个特殊的转向；我继续做的研究中有一些在范围上更加具有全球性，有一些更多是说给地区研究专家的。这种分裂的关注点有着自身的代价，有时让我感觉到我是在这两个领域都投机取巧；但我认为这最终帮助我书写了一种世界历史，地区研究专家能够认识到这种世界历史对于他们来说是有用的。随着世界历史作为一个研究领域确立——创建关于跨区域话题的讨论，并符合我们在其他历史学领域中应用的严谨标准——就其本身而言是重大发展，如果要让这些讨论对于学科整体产生重大影响，我们还有很长的路要走，就像研究性别和环境（仅仅提两个相对最近的活跃的例子）的历史学家所做的那样。

回顾往昔，我意识到在我能够接受或者仅仅识别出世界历史这个标签很久之前已经开始研究这个领域了。但因为世界历史至少是关于方法和有意识地选择阐释框架，就像物质历史那样，我没有真的在研究世界历史，后来才知道我当时研究的是世界历史；产生这种意识需要遇到一些为有可能创建这个领域而激动的人，并与他们进行讨论。因为研究是学者生活的一部分，他们对研究有最强的自主控制，正是在此我能够最像一个"建筑师"，根据我独自设计的计划前行；出于同样的原因，我的研究计划能够不断展开，而我相对自由，不用担心赋予它们什么名称。这样，教学和服务——在这些领域中有必要向其他人解释我想要做些什么，并征求他们的合作，然后我才能开始做——极有可能在让我思考自己、自己的研究方面发挥着更加重要的作用，因为身处一个被称为"世界历史"的领域里。所以，尽管本文的大部分内容与我的研究生涯有关，最后第三个关注点是关于教学和体制建构，这对我自己的发展来说是核心问题，同时，这个故事有可能给其他人留下什么教训，以及我认为的该学科当下的首要任务等问题，这些经验都至关重要。

发现历史学、学术界和中国

我早期的生活没有特别指向学术界或者历史学。我的父母都在青少年时期逃离了希特勒时代的德国，没有完成高中学业；但是他们都喜欢阅读，并认为我的姐姐和我会上大学。就像我的很多男性同龄人，我出生于苏联发射人造卫星（Sputnik）之后一年，我受到鼓励去关注科学，最初我确实是这么做的。但是在初中和高中阶段，在几位优秀教师的影响下（Pomeranz, 2013, 描述了其中一位），我发现我的兴趣转向了社会科学和人文学科，然而我觉得20世纪60年代晚期和70年代早期的政治运动所起到的作用更大。

我的高中第三年极可能具有决定性的意义。在仍然惦记着自然科学的情况下，我在哥伦比亚的一个为"有天赋的"高中生举办的项目中参加了两次星期六物理课；它们当然很有趣，但没有让我觉得找到了自己的使命。同一年，我参加了PSATs（Preliminary

83　SAT），并勾选同意了所谓的"特柳赖德协会"（Telluride Association）在我的成绩达到了他们的项目规定线时联系我。我从未听说过特柳赖德（Telluride），除了作为科罗拉多州的一个城镇名称；参加这个协会项目有机会在落基山脉度过一个暑假听起来很棒。

　　这次勾选改变了我的生活。在长长的筛选过程结束后，我们中间有 32 个最终去了康奈尔大学，参加与大学举行的两场学术研讨会中的一场（就我而言，那场是关于美国政治理论），伴有一些其他的精心安排的活动，并在活动期间鼓励我互相学习——整个活动安排的十分紧凑，（我想每个晚上我大概睡 5 个小时。）这次经历给我打开了很多新的视野，其中有一些与本文相关。

　　首先，我了解到——如果我当时还有一些怀疑——社会科学和人文学科能够像自然科学一样富有挑战性，我的一些同龄人也是这样认为的。其次，我感觉到，我非常擅长这类事情，即使是在这个挑选出来的小群体里。最后（与前两者并非无关），我的大学志向改变了，也许我的职业抱负也变了。之前，我认为尽管我的成绩等级和 SATs（Scholastic Assessment Test, 美国学术能力评估测验）都很高，但是资金方面的原因意味着我极有可能进入一所纽约州立大学。（我父亲是一名排字机印刷工，这个领域的工作机会正在消失。他的工会最终达成了协议，为他的同行们提供保护，但这在后来才实现。）现在我有一些新的朋友，他们认为（理所当然地，就像事实所证明的）我们都将去精英大学。该项目也是我第一次（除了参加那些哥伦比亚的物理讲座之外）与职业学者接触，以及与一些来自学术家庭的同辈人交流；他们所生活的世界看似很有吸引力。当特柳赖德协会在他们为康奈尔大学生开设的项目中给我——同时还有一些暑假时认识的朋友—— 一个小机会（包括部分奖学金）时，我抓住了这个机会，于是我的大学时光在一所大型研究型大学里的一个学术氛围浓厚的小群体中度过。

　　我在康奈尔大学上了很多历史课，但是没有计划一定要成为历史学家，一直到非常晚的时候。当然，我对成为"一名世界历史学家"完全没有概念，或者甚至完全没有感觉到存在着这样的人。我的课程都属于国别史，除了两门属于我们现在会称为早期现代欧洲的课。在某种程度上我希望建构一幅大的图景，我当时认为这幅图景的形成是通过把具体时空下关于上层阶级的相对细节的各种图画编织成某种马赛克。我从未学习过低年级的"文明"概况，但那是因为其他课程看起来更加有挑战性，不是因为我对具体化"文明"过程中的问题有任何批判意见，即使是不成熟的意见：即把我们为自己的学术便利而发明的研究单元看成好像他们是真实的、标准一致的、有着清晰边界的实体。我确实记得从一位研究文艺复兴的历史学家约翰·纳吉米（John Najemy）那里听过一部分这样的批判。但是他的观点，如果我记得准确的话，是关于过度高调的"从柏拉图到北约"叙事在思想意识上的危险性，而不是从认识论上论证把任何"文明"看成好似独立地穿过历史的一个单元的危险性。本科同学丹·西格尔（Dan Segal）——仍然对我有主要的学术影响，他也是我最亲密的朋友之一，同时，他也论证了具体化国家或者文明传统的危险性，但是我基本上将之理解为对粗略的"西方和其余地区"二元论的警告，也许是呼吁微观层面的"深描"。（丹是人类学专业。）如果说的是人们有可能采用比一个"文明"更大的单元来代替或者补充——整个世界，或者类似于马歇尔·霍奇森的非欧亚共生圈（Afro-Eurasian ecumene）——研究对象，从"上层"批判文明模式，那么我错过了这个看法。

　　就我获得了一种更加全球的研究方法的种子而言，极有可能来

84

自学习当时被称作外国关系史的内容。这里，我遇到了一个真正地启发灵感的教师沃尔特·拉夫伯（Walter-LaFeber），从他身上我学习到了很多。但不论什么原因，这也没有让我从世界历史的角度思考问题。学习美国的外交关系让我想到有可能去政府部门工作，这个念头没有超过大约 1980 年，当时美国正值右倾转向，但是当我思考选择历史学家作为职业生涯时，更加感兴趣的是研究关注"普通人"的历史。当时国际史开始变得不太关注国家与国家之间的关系，更多关注其他种类的跨边界互动，不过我对这些一无所知。（即使在这个宽泛的国际史内部，比起小农或者拿日工资的劳动力，非国家的研究对象更有可能是知识分子、基金会官员、商人或者传教士。）研究社会和政治运动，或者经济发展，用查尔斯·蒂利（Charles Tilly, 1985）的话来说，普通人如何"度过大变革"的方方面面。这种研究方向对于我来说似乎更有意思；考虑到我已经熟悉的历史和语言，而研究的时间 / 地点自然是现代欧洲。到我大四时的秋天，我在申请研究生学院，想着研究 19 或者 20 世纪的法国或者德国历史。（我也想着申请法学院，这看似更加实用，但当我没让自己去登记参加 LSAT［Law School Admission Test］时，我才看清自己真正的偏好。）

　　然后一些事情和人出现了。人指的是舍曼·科克伦（Sherman Cochran），他让我进入了他的研究生 / 大四本科生关于中国历史的研讨班，尽管我没有任何背景，他的课程很可能是我所学过的最好的一门课（尽管有很多竞争者），并在我思考一个本没有期望问出来的问题时，他提供了好的建议："如果你这么喜欢学习这些内容，实际上有这样做的工作机会……"我解释了我对研究中国越来越感兴趣，但是已经在邮件的申请书上说我想要研究现代欧洲史，他略微思考了一下，然后给我提供了一份书单。当时的想法是如果我真的在空余时间和暑假期间阅读了这些书，这会证明我的兴趣不仅仅是一时的兴致；如果我在本科时的历史专业关注东亚，这也会告诉我将应该达到什么水平，除了不具备语言技能。到那时我能够敲开居住在那里的研究中国的历史学家的房门并听取建议。

研究生院：很多断点，尚未连接起来

我遵循了这个建议，选择了耶鲁大学的研究生院，并敲开了史景迁（Jonathan Spence）的房门。他解释道，他讲授了为期一年的研究生课程，不要求中文的语言技能；如果我确实在这方面足够好，有可能在暑假期间我弥补语言时会得到资金支持。我努力学习，史景迁老师对于我在知识上的缺漏以及喜欢过早下结论的缺点予以了极大的宽容，我从中获益良多。到了春天，我担当了他的大型讲座课程的一名助教，感觉越来越了解这个领域（不过，我希望保留选择余地，同时需要使用一手文献做至少一个研究论文，所以我也在继续研究 20 世纪的德国）。暑假时我开始学习中文，下定决心把我的中文学得好到足以谋生，虽然我的声调永远不会赢得任何奖项。又过了一年半——此时我差不多在阅读现代汉语，不再在房间里沮丧地乱扔文言文的文本——我正式把我的专业领域换到了"大约 1600—1949 年期间的中国"。

这个决定包含了很多考虑，只有某些方面能够稍加理解。在某种程度上，我只是好奇中国是如何与众不同，以及如何相同。不像世界上的一些地区，长久以来中国有着易于识别的政府机构、大型城镇、私有财产、普及的读写能力以及其他特点，这些在西方历史上也是熟悉的，但是中国的历史还是相当不同于我曾经学习过的其他地方。如果要解释那时看似最突出的差异之处——一场农民革命建设了一个 20 世纪的国家和集体主义社会——意味着要说明许多问题，这些问题似乎非常适合对从下而上的历史感兴趣的人。从更一般的层面来看，相对稀少的学术文献（特别是英语文献）至少是既有吸引力，也同样是不利条件：这意味着有很多工作要做，同时也不需要为了避免与其他人的工作重复而选择一个狭窄的话题。

北京的明清档案 1979 年起对美国人开放，所以到 20 世纪 80 年代时，外国学者能够以"正常的"、专业认可的方式研究中国历史；但是该领域也激发了冒险精神。80 年代初期，仍然非常不确定的社会状态显示出了历史如何在当代展开的迹象，甚至有迹象看到一些东西，可能成为其他地方的榜样；这也非常有吸引力，我有了一些想法（尽管是模糊的），是关于如何能把研究和讲授中国历史与见证（甚至参与）其当前的转型联系起来。

在另外一个层面上，作为 20 世纪中叶德国难民的孩子，我想我也在潜意识中想要更多区分开个人历史和任何我会以职业方式研究的历史。我父母的亲身经历让他们很少批判美国，而我成长在尼克松总统和里根总统之间的年代，这使得我又增加了去研究世界上有极大差异的地方的动机。我还没有想要放弃我对欧洲（或者美国）历史的兴趣。我告诉自己，操着地道的英语，会一些法语和德语，并且已经学习了一些研究生层次的历史课程，我有一天能够回来并"做一些比较研究"；但是如果我没有在二十几岁的时候学习中文和日文，我不太可能在后来会学习这两门语言。回顾往昔，我在世界历史领域的职业生涯的各种因素联合起来的时候，"历史学"和"世界"似乎还没有太多相互联系。跨越国家、甚至大陆界限的研究似乎更多属于政治科学家的职责范围，其中大部分所使用的研究方法对于我来说没有吸引力。（我妻子是一名政治科学专业的研究生，后来去了法学院，与她的对话证实该领域在整体上进一步远离了那些我认为令人信服的研究方法。）彼时，历史学家看似在深入钻研更狭窄的地理区域。

我所完成的那篇论文的标题当然属于这个模式。该文考察的是中国北部围绕着大运河（Grand Canal）的一个区域——在几个世纪期间大运河都是北京与中国位于长江流域的经济腹地之间的主要运输线——在大运河衰败和避开"我研究的"区域修建铁路的时期。我所选择的话题不回答任何单一的问题，因为这个话题与现代中国历史上的很多问题似乎都有交集：在第二次世界大战之前的几十年间，乡村生活水平正在发生什么变化？阶级关系和乡村社会结构是如何变化的？政治权力——像村庄层面一直在实施的——和流行观念如何影响了经济行为？不管怎样，帝国主义或者对外交往对居住在农村的人有很大影响吗？这些问题中有哪个有助于解释中国革命？因为我所研究区域的中心位于大运河和黄河的交汇处，这些问题很快与关于该区域的环境史问题联系起来。这时中国的环境史研究几乎不存在。

正如我很快发现的那样，即使是因为不在海岸边而选择的一个区域，也已经有很多外国游客，我发现他们的作品非常有用。但是我所研究的问题大部分仍然处于中国史学的框架内。理论上的影响基本来自外部的汉学：最重要的理论影响一方面来自年鉴学派，另一方面来自查尔斯·蒂利关于国家、市场和大众抗议的作品（1972，1975，1979，1985，1990；Tilly, Tilly, and Tilly, 1985）。施坚雅（G. William Skinner）书写了一系列关于中国社会空间结构的文章，他的研究以中心地理论为视角，分析本土化营销网络（1964—1965，1971，1977a, b）为出发点，极其有影响力，同时伊曼纽尔·沃勒斯坦也参与其中，当时我在努力理解"核心"和"边缘"地区的发展如何相互影响。

就像很多写论文的人一样，我花费了很多时间关注树木、同时却不太确定森林的规模。无论正确与否，我清楚地记得在这个过程中有一个"恍然大悟"的时刻。按照虔诚的布罗代尔式的做法，我坚信需要把生态背景放在第一位，我的"第一章"写了185页，描述该地区水路的变化。尽管我知道这章太长了，但是有很多内容要说。就在我研究的时期开始之前，黄河河口移动了几乎300英里，同时内战和外国入侵迫使清王朝重新思考他们的政治和经济重点；随之而来的是在新秩序下关于水利应该是什么样子的长年的政治活动。所以当史景迁教授注意到我给他的内容不一定是开头的章节时，我灵光乍现。我的故事在很大程度上是关于环境如何成为人类选择的结果，不仅仅是他们的背景；影响这些选择的逻辑随着19世纪末和20世纪初人类和客观背景两者的变动发生了巨大变化。事实正在证明，我的同行们试图书写的"以中国为中心的中国历史"与"全球语境中的中国历史"无法分割，不过我尚且还不会用这样的方式表达。

89

（顶多）半清醒地走向世界历史

幸运的是这篇论文给我带来了一份工作、一本受欢迎的书（Pomeranz, 1993）和加州大学尔湾分校（University of California Irvine）的终身教职。尔湾分校聘请我去构建一个中国项目——可能也是一个"太平洋沿岸地区"项目。世界历史不在桌面上。但是我的中国史同事王国斌（R. Bin Wong），像我一样，有着欧洲史和比较史学兴趣的背景。比起我，在那么多历史学家和研究西方的其他社会科学家当中，作为唯一的汉学家，他有更多的经验；所以，对于如何让这些对话者看到中国不需要被看作是背离了"正常的"历史发展，他思考了很多。与王国斌之间多年的交流、交换手稿等等不仅让我成为一名更好的研究中国的历史学家，也帮助我重新思考了对于一个具体的历史系、更一般层面上的历史学以及相邻的学术领域来说中国史研究如何能够发挥作用。

对于一所重要的研究型大学来说，尔湾分校历史系的规模一直以来偏小；当我第一次来的时候，这里非常小。尽管这是一个长期问题，特别是对于研究生训练来说，但也有一些好处：鼓励人们，特别是研究非美国领域的学者，与研究其他区域的人们联系。对于我来说，与拉丁美洲学家斯蒂文·托皮克（Steven Topik）的联系是非常重要的，我和他都对 19 和 20 世纪经济史感兴趣。除了其他之外，这带来了我第一次与人合著的关于世界历史的专著:《贸易创造的世界》（*The World that Trade Created*, 1999）。

这也是偶然间开始的。一位博士生威尔·斯威姆（Will Swaim）离开尔湾分校后开始编辑一本月刊杂志，名为《世界贸易》（*World Trade*）。他把每一期的最后一页做成了历史学专题，叫作《回顾》（Looking Back），最初由他自己来写；因为他越来越忙无法继续写，把这个任务给了他在尔湾分校见过的史蒂文。1990 年，史蒂文建议他和我共同分担这个栏目，按月轮换。 为非学者写一些东西似 90 乎很有吸引力，就像赚一点外快的感觉；起初我不用阅读太多新的东西就能够写这个专栏，使用我已经了解的材料。但是不久之后我需要在地理范围上扩展，这意味着需要额外的阅读，这些阅读不太可能用于我的常规研究或者教学。但是这个栏目成为一个去阅读关于世界其他地方内容很好的借口。我发现了一些关于印度洋的文献（Chaudhuri, 1985, 1990；Subrahmanyam, 1990, 1993）让人大开眼

界；C.A. 贝利（C.A.Bayly, 1989）发展的关于英国权力在亚洲增长
的新观点也是如此。6 年之后，史蒂文和我大约写了 70 篇短文（大
部分在 1200—1500 字之间），涉及若干个松散相关的主题，他建议
这些可能会形成一本书的核心。在几次被拒绝之后，我们找到了一
个出版商，然后开始工作。最终我们把这些文章分组成为七个主题
章节；写了引导性的短文把每一章联系起来，凸显文章中显露出来
的更具有普遍性的问题，并指出扩展的范例。尽管我们的最初目标
是普通读者，但发现最大的读者群在学院里和大学预修的课堂上：
世界历史的讲师们喜欢有这样一种选择，即这些短文在地理范围上
多样化、主题相互联系。

　　但是至少在 20 世纪 90 年代中期，我认为自己是一名研究中国
的历史学家，碰巧有一些其他兴趣。所以我计划的第二本专著至少
像第一本一样属于汉学的：研究如何朝拜泰山女神，这是一位重要
的、但是没有充分研究过的华北地区的神，对该神的崇拜大约经历
了 500 年的演变。在为我的第一本书做调查时，我注意到了关于
这个女神的有意思的争论；但是这些不适合那个项目。现在我重新
检索这些注释，得到了更多资料，开始勾勒女神的故事如何可能在
更广泛的层次上解释中国历史。我也阅读了一些其他地区的类似的
现象，希望这些案例会改进我关于中国的问题，但没有计划书写其
他地方。研究结果显示，该女神与观音菩萨有关，观音菩萨源自印
度，从中国传播到了日本、韩国以及更远的地方，被一些学者比
作圣母玛利亚。所以在这里"地方的"历史有着世界历史的可能
性，但是，我当时没有期望这些。

91　　　1991 年，我成功地竞争到了两笔经费；第二本书的道路似乎
清晰起来。此外，这个话题看似在北美的图书馆里就可以研究，
只需要短期去往中国。这非常重要，因为我的妻子也有工作，我

们有一个 2 岁大的孩子，我们还想再要一个孩子。

　　事情很少会这么简单。在美国图书馆，我发现一些很棒的资料，但还不太够。同时，我了解到在中国可能会得到比我已经想到的更多的材料：大部分资料在当地，这需要精心准备。同时，我们的"第二个孩子"结果是双胞胎，而我们的大一些的孩子（最后也是双胞胎也）查明有发育差异。所以，我需要在中国待较长时间，而这趟行程不可能在近期的任何时间进行。

意外成为世界历史学家

　　这条前行的道路被堵塞了，但是另外一条路打开了。一位出版商邀请我评论他们的世界历史教科书；我以非常的长度（47 页）进行了评价。教科书的开头像是西方文明史的书；随后来其他作者以拼接方式加上了关于其他地区的章节。除了其他内容以外，这种形式产生了一种奇怪的"西方和其余地区"的效果：因为欧洲章节考虑到了最近 25 年的社会史文献，而其他部分（篇幅短、可利用文献较少）基本上涵盖的是精英政治，该书留给人的印象是在欧洲很多人有服务机构，而在其他地方只有统治者才有。这样，该书强化了（大概无意识地）各种各样的关于一个停滞"东方"的坏理念；要想解决这个问题，就要求该书更多考虑关于亚洲、非洲和拉丁美洲的新社会和文化史作品。这使得我更多地思考如何把通常是当地历史的内容放入一个全球框架，为什么简单地并置各个国家的文献是不适当的。

　　不出所料，作者们对我的建议不感兴趣，我的建议在本质上是要求一本新的书。那时出版商问我是否想要书写我自己的教科

书，我不想这么做；但我们却转向了可能产生世界历史系列书籍
的想法。试图思考可行的、跨越多个世界地区的学术项目，这很
有挑战性，也很有意思。但是我此时仍然远没有把自己当成一位
世界历史学家，以致当出版商问"你想做哪个"时，我感到非常
惊讶。

　　但是，这个想法一旦产生，立即很吸引人，特别是考虑到我现
有的第二本书的计划所存在的问题。看似最适合我的一个话题是从
三个角度考察一个或多或少整合的世界经济的起源，在北大西洋、
东亚和南亚之间轮换。我会研究相似的主题，虽然是在更大的地理
层面上：经济发展、国家和市场、资源问题和环境变化、帝国主义
和"地方"社会结构如何塑造了对外部冲击的回应。

　　这个想法最终成了《大分流》（*Great Divergence*, 2000）——不
过是在很多次修改之后。在我书写一个背景章节时，会描述英国工
业革命前夕各种经济体的状况（以及一个新的英帝国在亚洲逐步壮
大），我越来越不太相信传统的解释，即在比如 1770 年时，欧洲或
者甚至西北欧已经比其他地方繁荣得多。我的质疑，部分来源于欧
洲关于生活水平的文献，这些文献没有显示出大部分人有明晰的收
益，即使是在英国，这种情况一直持续进入了 19 世纪（如 Mokyr,
1988）；还有一部分来源于对粮食价格和实际工资的研究，研究表
明在欧洲大部分地区，不熟练的劳动者的实际工资在 1800 年比在
1400 年换取的食物更少（Abel, 1980 ; Phelps-Brown and Hopkins,
1981）。我的质疑也来自阅读关于"原始工业化"的长期论辩，这
些论辩表明在 16—18 世纪期间乡村手工业的发展与 19 世纪以工厂
为基础的工业化之间得出清晰的联系非常困难（如 Kriedte, Medick
and Schlumbohm, 1981 ; Lecine, 1977）。事实上，后者文献的大部
分所描绘的图景，与伊懋可（Mark Elvin, 1973）曾经把长江下游

92

地区手工业生产状况称为"高度平衡陷阱"的著名论断相比，似乎并非迥然不同。我逐渐开始思考，关于 16—18 世纪期间中国和欧洲的主流文献在夸大各方经济停滞和突破的必然性，因为我们知道事实上后来发生了什么，忽略了大的和重要的地区之间的相似性。随着我更多地思考这两个地方的地形以及使用现代国家作为历史比较单元所带来的问题，这一点得到了强化。毕竟，中国更像作为一个整体的欧洲——在大小、生态多样性和约 1750 年生活水平的浮动范围方面——与任何单一的欧洲国家相比；按理说与繁荣的长江三角洲（1750 年大约有帝国 15% 的人口）所具备中国特色相比的话，英国和荷兰只有不太典型的欧洲整体特征。然而，在我所关注的《剑桥欧洲经济史》（*Cambridge Economic History of Europe*）的一章中，大约所有关于"欧洲"（没有任何地理修饰语）的内容中有四分之三是基于来自欧洲大陆富有的西北角的数据；在一些中国历史学家同样主要依赖长江三角洲的证据来表明过去的中华帝国是早期"资本主义"时，这个问题被广泛地注意到了。

不久以后，我写了 100 多页，提出至少东亚的部分地区一直到差不多公元 1800 年保持着大约同等的经济水平，因此对 19 世纪"大分流"的解释必须基于是相对近期和依情况而异的发展。在考察这些发展时，我受到吸引去思考环境和能源的约束——这是布罗代尔所谓的"旧生态体制（biological old regime）"的重要部分——以及英国（以及后来更大的欧洲）如何放松了对它们的限制。两个大变化凸显出来：化石燃料的使用大幅增长，来自海外特别是美国的土地密集型进口激增。前一个故事是老旧的，但最近又被 E.A. 里格利（E.A. Wrigley, 1988）重提，强调其不连贯性。后一个故事把我们领回到了关于哥伦布大交换的意义（Grosby, 2003［1972］, 1986）、殖民地盈余提取（Williams, 1944；O'Brien,

1982）和其他问题的丰富论辩。我已经讲授过克罗斯比的作品，与他一道我受到了 20 世纪 90 年代学术的强烈的影响，强调重新评价拉丁美洲贵重金属的作用，大部分财富的大部分以及中国作为这笔财富中大部分的最终目的地所起到的作用（Flynn, 1995；Flynbn and
94   Giraldez, 1996；Von Glahn, 1996）。这些文献帮助挑战了传统的刻板印象，即早期现代欧洲人是积极的获得型消费者，而中国人，不管怎样，仅仅是金银的被动接受者（Wallerstein, 1974；Kindlberger, 1990）；也帮助我重新思考了欧洲在美洲的殖民，殖民活动受到了全球关系的塑造——也许甚至是维持，不仅仅是双边关系。如果我关于欧洲的海外"鬼田"（Jones, 1981）对工业化的意义的观点是正确的，那么提出这样一个观点，即使得这些生态横财成为可能的殖民活动最好作为世界历史的产品来理解，甚至更有意义。

带着这样一种修正主义观点的文稿，与我最初的出版商想要的书相比，只能靠更加厚重的脚注和更多的学术性才能令人信服。具有讽刺意味的是，该书最终进入了普林斯顿的"西方世界的经济史"系列。该论点曾经是——仍然是——有争议的，但该书至少成功地在更加传统的史学和新兴的世界历史这两个领域扮演了重要角色；该书获得一个为地区专设的东亚图书奖（美国历史学会颁发的），同时与其他人的作品共同分享一个来自世界历史学会的奖项。

更多的论辩随之而来，并且在若干个方向进行。我在其他地方已经写了其中一些（如 Pomeranz, 2010, 2011a, 2012），在这里可以稍微提几个。

我的工作迄今进展顺利的一个领域是对农业的评估（Brenner and Isett, 2002；Huang, 2002；Pomeranz, 2002）。最晚到公元 1820 年，长江三角洲的劳动生产率超过了英国的 90%（而土地生产率更高得多）。这使得长江三角洲大约与荷兰同等，远高于欧洲的任何其他地方——包括 19 世纪工业化起飞的一些地方（Allen, 2009a, b；Li and Van Zanden, 2012）。这凸显了在解释前工业时代，经济体相对表现的各种因素和那些解释工业化的因素之间存在着至关重要的不连续性。通过证实中国没有在所有前工业时代经济体的最大扇区中"落后"，我对很多认为整个文明在"经济自由"、"对风险的态度"和其他特征方面存在长期的、决定性的差异的宽泛解释提出了质疑。

但是之后，分歧盛行。尽管其中一些讨论仍然关注我强调 95 的问题，很多也朝着讨论自然、技术、"人类资本"的方向发展（Mokyr, 2002, 2010；Van Zanden and Luiten, 2009），早期现代"集体学习"的地理网络（Christian, 2004, 第 392—394 页）；解释为什么欧洲工业曾经可能对以城市为基础的、资本密集型的经营活动存在偏见的原因（Rosenthal and Wong, 2011）；特别是针对战争技术（Hoffmann, 2012）。尽管这些作品当中有一些接受了关于相对较晚的"分流"的观点（也参见 Goody, 2004），但对于这点也没有形成一致意见；对古代世界的比较研究热使得一些学者为西方例外论的早期出现构想出了新论点（Scheidel, 2007）。就在最近，伊恩·莫里斯（Ian Morris）提出虽然一直到 18 世纪 70 年代"西方"才得到其相对于"东方"的当前领导权，但是这个事件和今天明显的重新趋同只能在一个回溯至 10000 年前的框架中理解（Morris, 2010；参见 Pomercanz 的回应，2011b）。同时，其他学科的一些学者把《大分流》的大纲作为出发点，从历史学的视角把 20 世纪经济增长复苏放在东亚，把这个趋势看作是在相对短暂的西方过渡期之后回归到常态（Sugihara, 2003；Arrighi, 2009）。但是，这些论战在长期发展，催化了相当多的新研究和讨论，使得人们把自己的专业领域以新方式与其他人的联系起来；动摇了老旧的关于我们每一个人需要了解什么地方的预设，这本身就是前进了一大步。

　　对于我自己的个人轨迹来说，进入这些论辩使得我越来越是明确致力于世界历史的会议和其他巡回活动的一分子，这非常重要。从更一般的层面上来说，要注意到大部分这些讨论最初都以美国为中心，在美国世界历史发展得比全球学术圈的其余地区都更快，这很重要。但是《大分流》也把我带入了欧洲关于全球经济史的一系列热烈讨论，特别是在伦敦经济学院，帕特里克·奥布赖恩（Patrick O'Brien）当时正在这里建立一个新的研究生项目。之后很快帕特里克在为全球经济史网络（Global Economic History Network）努力争取资助的过程中附上了"大分流论辩"的参考资料，经历过若干年有价值的国际会议，这是值得的。（其制度上的产物继续在这么做。）稍微晚一些，帕特里克帮助劝说伦敦大学经济学院（London School of Economics, LSE）和剑桥出版社（Cambridge University Press）支持《全球史杂志》的创立，这给了世界历史领域第二种重要杂志，该杂志投入相当大的努力去吸引北美之外的读者和作者。（我是参与创建的编辑三驾马车中唯一一个来自美国的。）

世界历史教学

　　同时，我也开始了世界历史教学——首先面对本科生，然后是研究生层次的。我们一组八人以这样的方式回应尔湾分校的本科生教务长，人类学家迈克·伯顿（Mike Burton）提出的要求，我们创建这样一门课，并在暑假期间定期会面完成了教学大纲。不过我们明显不具有代表性——因为缺少人研究非洲、除了中国之外的亚洲、拉丁美洲、东欧或者大洋洲——这至少迫使我们超越"代表"我们自己的时间/空间领域，按照主题来思考。有终身职位的教职员工致力于该课程，有助于保护它免得与其他概况课程相比不太受重视。

事实上，恰恰因为其按照主题来组织，经常在时间/空间边界之间跳跃，在系里提供的引导性系列课程中，世界历史极有可能是最难的。此外，世界历史从一开始本身就蕴含着理论性的论证，比如什么样的历史最适合，如何自觉地在不同的时空维度转换，讲授在其他场合很难学到的知识和技能。此外，因为不是所有我们的同事（或者甚至所有分配给我们的助教）确信这种课程应该存在，我们花费了非常多的精力去解释这门课的用途。毋庸置疑，很多学生经常只是简单地完成分配的任务，忽略了这一点。但是世界历史的一个方法论优势是其显露了我们在定义历史话题时所做出的选择，这些在讨论看似更加显然"真实的"（比如国家）、以直观明显的方式界定的话题的课堂上更加易于被隐藏。世界历史使其很难仅仅刚一立足就开始讲述故事，而不解释会包含或者不包含什么内容，为什么个人的课看起来差异如此大（例如，一个关于19世纪城镇化的讲座从巴黎跳到了芝加哥，再到了布宜诺斯艾利斯，再到了上海，随后关于俄国革命的讲座则稳固地关注一个地方）。在课堂上匆匆略过这些问题，以给另外一个重大"案例"节约出时间，这是非常有吸引力的，但是这所冒的风险是放弃了一个极其好的机会，即把历史作为一个学科来介绍——有着独特的目标、方法、预设、共识、当前活跃的论辩——而不只是关于今天世界的累积起来的"背景"。对于我来说，这帮助我在鼓励学生研究世界历史和为地区研究的区域增加额外的课程之间权衡。

讲授一门有着更多自我意识的世界历史概况课程的优势之一，

97

是打开了与研究生助教们的对话空间：每周一次的员工会议较少谈论如何适当监管助教们完成一套清晰的任务，更多是我们自己探讨材料以及如何使用这些材料。既然助教们似乎也发现了世界历史的学术魅力——越来越明显的是拥有一个"世界历史"的资格会有助于他们找工作——开始思考创建关于世界历史的研究生课程和研究生领域是讲得通的。在那时（大约 1996/1997 年），世界历史没有什么模式，存在的大问题是世界历史的研究生应该做些什么：应该有关于世界历史的学位论文吗？如果没有，我们就是简单地让学生做好准备去教学？或者有另外一种可能性：一个会产生很少学位论文的研究领域？考虑到延迟研究生学院所存在的问题，但研究生院确实有标准的受尊敬的作品和不断发展的以研究为基础的论辩，学生们可以以此为方向指导他们未来的学术。在我们敢说这样一个研究生领域正在兴起时，最初是信仰之跃。我们为尔湾分校的第一批世界历史研究生讨论课（大约 1998—2000 年）设计的教学大纲基本上是从关于区域或者国家的学术里拼凑出来的，这些学术想要解决更大的问题，能够被并排放置以显示"全球的"假说。但是这个教学大纲奏效了。讨论课和世界历史领域很快得到大家的欢迎；学生们发现，即使他们的学位论文仍然以一个国家的档案为基点，他们依然能够从来自世界历史的问题和敏感性里获益；用专为世界历史书写的高质量作品填充教学大纲逐渐变得容易起来。我应该也强调一下我自己在研究生学院没有研究世界历史，正是通过教学我坚定了自己对这个领域的感觉。很多奠基性的人物——威廉·麦克尼尔、菲利普·柯廷、马歇尔·霍奇森、列夫顿·斯塔夫里阿诺斯（Leften Starianos）等等——在开始教学之前，我很少阅读这些人的作品。我猜想对于我这一代的大部分人来说情况就是这样。

体制建设

这里我的故事开始转入大部分教授职业生涯的第三个领域：
服务，在一个新的领域意味着体制建设。我不属于第一波世界历
史体制创建浪潮的一部分——世界历史学会、《世界历史杂志》等
等——但是当在研究型机构里建构世界历史成为一项逐渐越来越重
要的任务时，我参与了。在很多方面，加州大学尔湾分校以及更大
的加州大学体系是实现这些目标的一个好地方；从个人的角度来看，
我逐渐对在体制工作的语境内建设世界历史变得自觉而有策略，之
后我才不可避免地透过世界历史的棱镜思考我的研究或者教学。建
设世界历史项目的案例首先是一个学术案例；但是人们思考他们在
哪里，尔湾分校的体制环境以某些重要的方式推进了对世界历史的
学术论辩。

99

世界历史领域的问题之一，是最享有盛誉的院校很少有动力去
认真对待。这些院校的研究生们在由国家专长限定的求职市场上进
展得相当顺利，而且他们有着完善的机制来继续招收以这些领域为
专业的高材生。除了其他之外，在历史学的项目中，规模非常重
要。即使一位供职于不太出名的院校的教授完全与一所著名院校的
任何学者一样优秀，去一个可能在他们的领域只有唯一的教授、有
着相似兴趣的同窗很少的地方，对于学生来说是在冒险。精英院系
也面临着较少的物质压力，这使得世界历史更易于吸引不太著名的
项目（Pomeranz and Segal, 2013）。但是主要把世界历史与教学机
构或者与学生们很少有竞争力得到最梦寐以求的工作机会的研究生
项目联系起来，只会强化该领域的边缘性。因此中间类型的学校，
比如声望稍低的加州大学，对于使世界历史发展为一个确立的领域
来说非常关键。

　　补充一些其他原因，世界历史对于像尔湾分校这样的院系来说合乎情理。在这些院系所属的学校里，科研和研究生教学都是重要任务，很多教职员工可以比得上顶尖院校的学者——但是考虑到规模和资金，不太可能做到吸引、训练并把很多尖子生置于界限清楚的国别史专业。这里，院系尝试着扩大（20世纪90年代和21世纪早期这样的情况依然在发生）和多样化，以缓解过度关注美国和西欧的倾向，也经常面临着类似第二十二条军规的困境（指自相矛盾又无法摆脱的困境）。如果你没有拥有一位比如研究非洲的历史学家，那么你如何说服系主任这样一个人会能够训练研究生，除非系主任给了你两个非洲学家的职位？你如何告诉那个人，他们不会只是提供本科生"范围"的课程？这个问题涉及很多方面，但是建设研究生层次的世界历史，至少作为二级领域，似乎是解决方法的一个重要部分。至少在加州大学是这样的，校际间合作是另外一种方法。

100　　其他人已经开始了这项合作。1996年，来自各个领域的教授们——尽管主要是社会学和历史学——以"现代性的历史"为题目启动了一系列得到资助的工作坊和会议。加州大学圣克鲁兹分校的埃德蒙（"特里"）·柏克（Edmund Burke III）、加州大学大卫斯分校的威廉·哈根（William Hagen）、加州大学河滨分校的拉伊·基亚（Ray Kea）和伦道夫·黑德（Randolph Head）都是参与其中的重要历史学家。这个小组的成员1997年2月在尔湾分校会面，有人让我去介绍一下我的部分研究，后来这部分发展成为《大分流》；我去了，发现这个群体与我共享着很多兴趣。特里·伯克在把我进一步带入世界历史的过程中起到了特别重要的作用。1998年，他在为美国国家人文基金会暑期研讨班讲授关于"环境和世界历史"的部分，他邀请我去讲一个关于中国的单元；我同意了，之后我们开始几年卓有成效的合作。（其中一部分讲稿被收入与他人合编的一本书，该书有同样的题目，出版于 2009 年。）通过特里和"现代性的历史"，我遇见了对世界历史感兴趣的其他人，包括不是来自加州大学的世界历史学家如约翰·理查兹—— 一位研究南亚的专家，为全球历史的话题做了开拓性的工作，这些话题包括从森林砍伐到贵重金属的流通；以及罗斯·邓恩和大卫·克里斯蒂安。

1999 年，在这个群体的资助将近结束时，我申请了一项新的经费，这次的资助对象是明确致力于世界历史的多校合作的一个研究群体。提案指出，沿着之前铺开的线索，世界历史代表了一个特别适合加州大学（尤其是更小的加州大学历史系）的机会；5 年后争取延续的时候，我们能够提交一叠来自博士们的信，信上说通过帮助他们进入这个新兴的领域，我们帮助他们找到了工作。最终，该群体运作 12 年，每一所大学都有人参与（不过尔湾、圣克鲁兹、大卫斯和河滨仍然是核心地位）。尽管我们最雄心勃勃的计划——例如，为了真正合作起来对研究生培养提出建议——从未实现，但是我们开了很多次会议，帮助促进了很多校园里世界历史研究生领域的设立，帮助了很多学生确定学位论文的主题（或者思考他们如何可以把一篇框以国别术语的学位论文在一段时间之后变成一本更加全球视野的专著），并培养了其他教职员工和学生项目。这个群体也有着很多积极的影响。它以欧文为总部有助于说服加州大学尔湾分校的管理层我们在做一些重要的事情：至少在一段时间内我们得到了更多的资源，能够聘请重要领域（非洲、中东、南亚等等）的专家，我们在这些领域之前从未有过观点。加州大学出版社开始出版一个书籍系列，特里和我是其中两位编辑；该系列的前两本书（John Richards, 2003 和 David Christian, 2004）都得了奖。每一个倡议都帮助提升了其他人的简历资料。我们也与加州州立大学系统的人建立了关系——特别是在长岛和圣地亚哥——这些人在研究世界历史，在很多方面领先于加州大学。同时，正如我们既希望也害怕的是，一些更大的、资金更充分的院校进入了这个领域：哥伦比亚大学、宾夕法尼亚大学、布朗大学、杜克大学、莱斯大学，等等（Streets Salter, 2012，第 56 页，注 26）。加州大学各分校没有通过投入更多的资源支持自己的世界历史项目来回应这个挑战，但或许这本就是期望太大。

结论

　　我与世界历史的关系继续发展，特别是现在我处在一个非常有特色的院校：芝加哥大学。但是到此时，把我称为一名世界历史学家是有道理的——我在为这个领域做研究、教学和服务。所以不再继续讲述我自己的故事，似乎谈几点这个故事迄今为止的意义更有价值。

　　偶然和巧合的重要性在我的职业生涯中非常突出——我猜想我同时代的很多世界历史学家都是如此。现在已经存在训练世界历史学家的项目，这种情况也许会逐渐少见：当然，开始朝着曾经吸引我的方向发展的人们应该能比我更快地为他们感兴趣的内容找到名号。但是很多新成员将极有可能总是通过迂回的路线到达：研究生项目依旧不太寻常，很多人会极有可能凭借他们的第二本专著而不是第一本，进入世界历史学家的研究行列。

102　　首先，曲折的道路当然有不利之处。就我自己的情况而言，借道比较历史抵达世界历史意味着让我花费了一定时间去理解把跨区域流动作为历史学考察的关注点的可能性——资源、人、技术、理念、物种、疾病等等的流动，即使我早期接触国际史时，本应该能敏感地察觉到这种可能性。但是这种道路也有其优点。我想比起很多研究世界历史的同事，在研究我所接受的"真正的历史"时我有着更轻松的时光，恰恰因为我也曾是（并且依然是）以一个"地区研究"领域为基点。我认为只有通过把比较和联系结合起来——并提出关于这两个术语的意义的理论问题——世界历史才能够对更大的学科产生充分的、应该有的影响。要么比较、要么联系就让地区研究领域保持完好，世界历史成为与它们并存的另外一个专业；把比较和联系结合起来会给我们自己和我们的同事提出更大的认识论挑战，这些人更愿意待在国别和地区的领域之内。（关于该论点更充分的论述，请参见 Pomeranz and Segal, 2012。）

其次，因为历史课程比起很多其他领域的课程在各所大学之间的标准化程度较低——在个别课程和专业课的层次上都是如此——逐渐加入世界历史意味着多样化。正如我之前试图解释的，尔湾分校的体制背景有利于建设一门低年级世界历史概况课程，以及某种程度上的一个研究生项目；我现在身处其中，我猜想一门新的概况课程会吸引更多感兴趣的人。从另一方面看，我们也许处于更好的位置来发展本科生高年级的世界历史课程——这经常是类似于欧文的项目中真正的陷阱，在这些项目里通过提供清晰易懂的课程话题以最大限度增加学生人数的压力非常大，当你进行更多的世界历史教学时，能够保证你的"专业"领域也被涵盖的同事更少。因此，更多的精英学校也许是一个更好的优势，以此为出发点弄清楚基本上不是由国别史组装起来的历史专业看起来会是什么样子。同时，一个研究生领域也许需要相当大量的语言训练，并且，亦或者比起第一本专著，在人们的第二本专著中会更多显现成效，这样的研究生领域即使更易于在名望稍低的院校启动，但也许更容易在精英学校得到巩固。但是某种程度上在不同的校园每一个子领域看起来都不同，我想我们的校园尤其如此：比如性别史或者环境史（以其他两个相对较近的名字命名）的基本特征应该受到其所处的体制相当强烈的影响，这不太清晰。

最后，比起很多其他历史学领域，世界历史也似乎是一个有必要集体合作的事业。当然，所有的领域都是集体合作的创造物。尽管如此，我们对于一个人如何工作有可行的模式，比如一位研究 19 世纪美国性别的历史学家，在系里没有其他研究性别的历史学家的情况下——只要周围有其他研究美国的专家，这样一个人甚至能够训练博士生。很难想象一个人如何能够成为系里唯一的世界历史学家——当然，除了通过个人的研究，这很棒，但就其单独而言并不足够。我自己的故事表明，如果没有人际互动和压力这两者，包括由于试图与其他人共同构建课程和项目而必须阐明自己的目标、回应具体的体制压力和机会，即使在世界历史方面有出版物也不会让我成为一名世界历史学家。很高兴被称为"世界历史的设计师"，但是我想在我们任何一个人建造的房子里发现的世界历史，都不会比把它们并排放置所形成的邻里社区里的更丰富多彩。

参考书目

Abel, Wilhelm. 1980. *Agrarian Fluctuations in Europe from the 13th to the 20th Centuries.* New York: St. Martin's Press.

Allen, Robert. 2009a. *The British Industrial Revolution in Global Perspective.* Cambridge: Cambridge University Press.

Allen, Robert. 2009b. "Agricultural Productivity and Rural Incomes in England and the Yangtze Delta, ca. 1620—1820," *Economic History Review* 62/3: 525–550.

Arrighi, Giovanni. 2009. *Adam Smith in Beijing: Lineages of the Twenty-First*　104
Century. London: Verso.

Bayly, C.A. 1989. *Imperial Meridian: The British Empire and the World, 1780–*
1830. London: Longman's.

Brenner, Robert and Christopher Isett. 2002. "England's Divergence from
China's Yangzi Delta: Property Relations, Microeconomics, and Patterns of
Development," *Journal of Asian Studies* 61/2: 609–662.

Chaudhuri, K.N. 1985. *Trade and Civilization in the Indian Ocean: An Economic*
History from the Rise of Islam to 1750. Cambridge: Cambridge University Press.

Chaudhuri, K.N. 1990. *Asia Before Europe: Economy and Civilization of the Indian*
Ocean from the Rise of Islam to 1750. Cambridge: Cambridge University Press.

Christian, David. 2004. *Maps of Time: An Introduction to Big History.* Berkeley,
CA: University of California Press.

Crosby, Alfred. 1986. *Ecological Imperialism: The Biological Expansion of Europe,*
900–1900. Cambridge: Cambridge University Press.

Crosby, Alfred. 2003. *The Columbian Exchange: Biological and Cultural*
Consequences of 1492, 30th anniversary edition. New York: Praeger.

Elvin, Mark. 1973. *The Pattern of the Chinese Past.* Stanford, CA: Stanford
University Press.

Flynn, Dennis. 1995. "Arbitrage, China, and World Trade in the Early Modern
Period," *Journal of the Economic and Social History of the Orient* 38/4: 429–448.

Flynn, Dennis and Arturo Giraldez. 1996. "China and the Spanish Empire," *Revista*
de Historia Economica 14/2: 309–338.

Goody, Jack. 2004. *Capitalism and Modernity: The Great Debate.* Cambridge:
Polity.

Hoffmann, Philip. 2012. "Why Was It Europeans Who Conquered the World?" *The*
Journal of Economic History 72/3: 601–633.

Huang, Philip. 2002. "Development or Involution in Eighteenth Century Britain and
China?" *Journal of Asian Studies* 61/2: 501–538.

Jones, Eric. 1981. *The European Miracle: Environments, Economies, and*
Geopolitics in the History of Europe and Asia. Cambridge: Cambridge University
Press.

Kindleberger, Charles. 1990. "Spenders and Hoarders," in Charles Kindleberger, ed. *Historical Economics: Art or Science.* Berkeley, CA: University of California Press, pp. 35–85.

105　Kriedte, Peter, Hans Medick, and Jurgen Schlumbohm. 1981. *Industrialization Before Industrialization.* Cambridge: Cambridge University Press.

Levine, David. 1977. *Family Formation in an Age of Nascent Capitalism.* New York: Academic Press.

Li Bozhong and Jan Luiten van Zanden. 2012. "Before the Great Divergence: Comparing the Yangzi Delta and the Netherlands at the Beginning of the Nineteenth Century," *Journal of Economic History* 72/4: 956–989.

Mokyr, Joel. 1988. "Is There Life in the Pessimist Case? Consumption during the Industrial Revolution, 1790–1850," *Journal of Economic History* 48/1: 69–92.

Mokyr, Joel. 2002. *The Gifts of Athena: Historical Origins of the Knowledge Economy.* Princeton, NJ: Princeton University Press.

Mokyr, Joel. 2010. *The Enlightened Economy: An Economic History of Britain, 1700–1850.* New Haven, CT: Yale University Press.

Morris, Ian. 2010. *Why the West Rules – For Now. The Patterns of History and What They Reveal About the Future.* New York: Farrar, Strauss & Giroux.

O'Brien, Patrick K. 1982. "European Economic Development: The Contribution of the Periphery," *Economic History Review* 35/1: 1–18.

Phelps-Brown Henry, and Sheila V. Hopkins. 1981. *A Perspective of Wages and Prices.* London: Methuen.

Pomeranz, Kenneth. 1993. *The Making of a Hinterland: State, Society, and Economy in Inland North China, 1853–1937.* Berkeley, CA: University of California Press.

Pomeranz, Kenneth. 2000. *The Great Divergence: China, Europe, and the Making of the Modern World Economy.* Princeton, NJ: Princeton University Press.

Pomeranz, Kenneth. 2002. "Beyond the East–West Binary: Resituating Development Paths in the Eighteenth Century World," *Journal of Asian Studies* 61/2: 539–590.

Pomeranz, Kenneth. 2010. "Préface a l'édition française," in Kenneth Pomeranz, ed. *Une grande divergence* (trans. Nora Wang). Paris: Albin Michel, pp. 7–30.

Pomeranz, Kenneth. 2011a. "Ten Years After: Responses and Reconsiderations," response to a forum on the 10th anniversary of the publication of *The Great Divergence, Historically Speaking* 12/4: 20–25.

Pomeranz, Kenneth. 2011b. "How Big Should Historians Think? A Review Essay on Ian Morris' *Why the West Rules – for Now,*" *Cliodynamics* 2/2: 304–329.

Pomeranz, Kenneth. 2012. "Repenser le changement économique de longue durée: la Chine, l' Europe, et l' historie comparée, in Jean Claude Daumas, ed. *L'histoire économique en mouvement: entre héritages et renouvellements. Villieneuve d'Ascq:* Presses universitaires du Septentrion, pp. 293–310.

Pomeranz, Kenneth. 2013. "Getting Right with Mr. Epstein" *Perspectives* 51/4 (April, 2013).

Pomeranz, Kenneth, and Daniel Segal. 2012. "World History: Departure and Variations," in Douglas Northrup, ed. *A Companion to World History.* Chichester: Wiley-Blackwell, pp. 15–31.

Richards, John. 2003. *The Unending Frontier: An Environmental History of the Early Modern World.* Berkeley, CA: University of California Press.

Rosenthal, Jean-Laurent, and R. Bin Wong. 2011. *Before and Beyond Divergence: The Politics of Economic Change in China and Europe.* Cambridge, MA: Harvard University Press.

Scheidel, Walter. 2007. "From the 'Great Convergence' to the 'First Great Divergence' : Roman and Qin-Han State Formation and its Aftermath," *Princeton/Stanford Working Papers in Classics,* November 2007.

Skinner, William G. 1964–1965. "Marketing and Social Structure in Rural China," parts 1–3. *Journal of Asian Studies* 24/1 (November 1964): 3–44; 24/2 (February, 1965): 195–228; 24/3 (May, 1965): 363–399.

Skinner, William G. 1971. "Chinese Peasants and the Closed Community: An Open and Shut Case" *Comparative Studies in Society and History* 13/3: 270–281.

Skinner, William G. 1977a. "Regional Urbanization in Nineteenth Century China," in G. William Skinner, ed. *The City in Late Imperial China.* Stanford, CA: Stanford University Press, pp. 211–249.

Skinner, William G. 1977b. "Cities and the Hierarchy of Local Systems," in G. William Skinner, ed. *The City in Late Imperial China,* Stanford, CA: Stanford University Press, pp. 275–351.

Streets-Salter, Heather. 2012. "Becoming a World Historian: The State of Graduate Training in World History and Placement in the Academic World," in Douglas Northrup, ed. *A Companion to World History*. Chichester: Wiley Blackwell, pp. 45–62.

Sanjay Subrahmanyam. 1990. *The Political Economy of Commerce: South India, 1500–1650*. Cambridge: Cambridge University Press.

Sanjay Subrahmanyam. 1993. *The Portuguese Empire in Asia, 1500–1700*. London: Longman.

Sugihara, Kaoru. 2003. "The East Asian Path of Economic Development: A Long-term Perspective," in Giovanni Arrighi, Takeshi Hamashita, and Mark Selden, eds. *The Resurgence of East Asia: 500, 150 and 50 Year Perspectives*. London: Routledge, pp. 78–123.

Tilly, Charles. 1972. "How Protest Modernized in France," in Wiliam Aydelotte, Allan Bogue, and Robert Fogel, eds. *The Dimensions of Quantitative Research in History*. Princeton, NJ: Princeton University Press, pp. 192–255.

Tilly, Charles. 1975. "Food Supply and Public Order in Modern Europe," in Charles Tilly, ed. *The Formation of National States in Western Europe*. Princeton, NJ: Princeton University Press, pp. 380–455.

Tilly, Charles. 1979. "Did the Cake of Custom Break?" in John Merriman, ed. *Consciousness and Class Experience in Nineteenth Century Europe*. New York: Holmes and Meier, pp. 17–44.

Tilly, Charles. 1985. "Retrieving European Lives," in Olivier Zunz, eds. *Reliving the Past: The Worlds of Social History*. Chapel Hill, NC: University of North Carolina Press, pp. 11–52.

Tilly, Charles. 1990. *Coercion, Capital, and European States, AD 990–1990*. London: Basil Blackwell.

Tilly, Charles, Louise Tilly and Richard Tilly. 1985. *The Rebellious Century*. Cambridge, MA: Harvard University Press.

Topik, Steven and Kenneth Pomeranz. *The World that Trade Created: Society, Culture and the World Economy, 1400 to the Present*. Armonk: M.E. Sharpe. 1997.

Van Zanden, Jan Luiten. 2009. "The Skill Premium and the 'Great Divergence',"

107

European Review of Economic History 13/1: 121–153.

Von Glahn, Richard. 1996. *Fountain of Fortune: Money and Monetary Policy in China, 1000–1700.* Berkeley, CA: University of California Press.

Wallerstein, Immanuel. 1974. *Capitalist Agriculture and the Origins of the European World Economy.* New York: Academic Press.

Williams, Eric. 1944. *Capitalism and Slavery.* New York: Russell and Russell.

Wrigley, E. Anthony. 1988. *Continuity, Chance, and Change: The Character of the Industrial Revolution in England.* Cambridge: Cambridge University Press.

5　文化与宗教交流

夏德明

把中国历史和欧洲历史联系起来

在 20 世纪 90 年代早期，我作为一名大一新生进入德国的弗赖堡大学（University of Freiburg），历史系的课程设置基本上是关于欧洲的。我高中阶段的教育也同样如此，所以挖掘世界范围内的联系和全球纠缠交织的情况这对于我来说可能性相当遥远，这是一个未来的历史学家最终可能追求的梦想。当时，有几个国家已经很好地建立起了世界历史研究，却从未有人向我指出这些丰富和令人着迷的风景。当然，我非常清楚存在如汉学或者印度学的地区研究，但似乎很难缩小这些领域和欧洲史之间的鸿沟。

在高中时，我获得了相当扎实的欧洲史教育背景。此外，我学习过英语、法语和拉丁语并达到了高级水平，够阅读这三种文件的原始文本。在我大学的前两年，我继续沿着这些道路前进，中世纪史是我的专业，古典史是我辅修课之一。但是在我内心深处，越来越想要扩展我关于世界其他地区的知识并挖掘它们之间的联系。我感觉到这会打开很多重要而令人兴奋的学术机会，特别是在一个知识分子和政治家开始思考"全球化"时代的时期，虽然这个术语经常以相当刻板的方式被使用。

为了寻求更宽的学术视野，我开始旁听地区研究和相关领域的课程，比如跨文化宗教研究或者比较政治学。同时，我在留心寻觅新的机会，以得到更多关于东亚的专业知识，东亚作为一个世界区域和历史学领域长期以来一直吸引着我。我很幸运得到了来自德国国家学术基金会的一个奖学金，允许我在台湾师范大学（Shi-Ta University）的汉语教学中心度过了一年时间。在一年的强化语言训练之后，我达到了现代汉语中级水平，并且也开始学习文言文。同时，我对中文世界的关键方面，如社会、政治、文化和其他方面有了很多深刻见解，这令人着迷。在大量阅读关于中国在过去和现在的全球联系的资料后，我越来越坚信，如果成为一名历史学家，我自己的专业领域需要跨越欧洲史或者地区研究的边界。

鉴于我新接触到了世界不同地区，回到德国之后继续研究中世纪史和古代史似乎不再具有光明的前景。尤其是作为研究领域，比起现代时期的历史学这些领域甚至更局限于欧洲经验。此后，我把专业改成了现代史，选择汉学作为第一辅修课目。这意味着我能够继续接受现代汉语和文言文的语言训练，同时扩展我对欧洲史和中国史两者的知识基础。

在新专业的范围之内，我尤其对早期现代历史感兴趣——这个 110
领域，存在更多研究全球联系的可能性，不过在这个领域，我之前的中世纪历史和拉丁语背景仍然有用。对于我来说非常幸运的是，早期现代史在弗赖堡大学有着非常棒的表现，就在几年前沃尔夫冈·赖因哈德（Wolfgang Reinhard）加入了教职团队。赖因哈德在欧洲史领域有着很高的名望，他的研究领域从早期现代教皇权一直到思想史。但是，同时他实际上是为数不多的几位积极参与世界历史学术的德国历史学家之一。例如，他的四卷本欧洲扩张史从古代一直讲到 20 世纪，在德语语境内通常被看作是一部无与伦比的作品，涵盖了所有的世界区域，同时利用了若干种西方语言的文献（Reinhard, 1983—1990）。

在该作品和其他作品中，赖因哈德质疑了欧洲史基本上可以被理解为一个独特过程的刻板观念。更确切地讲，他强调跨文化交织的丰富多样，以及所谓"欧洲兴起"的表面之下潜在的重要的逆向影响。与此相关的是，赖因哈德非常不满意把全球历史的主动性完全归给西方各国家的历史学叙事。与在 20 世纪 90 年代中期仍然相当强大的学术潮流相对立，他强调，即使是殖民相遇也需要被看作是相互制约的交往形式。所以，他认为现代殖民主义和帝国主义不应该只从西方作为主动者的角度来考察。而是需要同样考虑他们在世界其他地区的对手——这意味着认真调查研究世界其他区域的历史背景是有必要的。

所有这些想法不仅与我的个人兴趣产生了呼应，而且越来越与我自己的教育背景产生共鸣。因此我很高兴沃尔夫冈·赖因哈德接受我作为他的博士生，并且德国国家学术基金会（German National Academic Foundation）决定授予我三年的助学金。不过，找到我的准确的研究主题似乎是个大的挑战，因为我没有充分熟悉最近的世界历史学术动态，不能轻易地确定出一个前景好的项目。我知道我想要研究早期现代的中欧互动——我感觉到对这个领域很有热情。此外，我渴望主要从中国方面挖掘这些联系，在语言上我也已经做好了准备。另外，我意识到我感兴趣的主要领域不是社会史和经济史，首要的是思想史和宗教史。

111

17 世纪的中国基督徒及其全球语境

在多种可能性中，17 世纪和 18 世纪期间耶稣会传教士和中国皈依者的历史尤其吸引了我的注意力。我当然渴望更好地理解这种在来自中国和欧洲的文化个体之间所产生的联系的方方面面。毕竟，此时中国人和欧洲人的学术史和宗教史明显在多方面彼此重叠，触发了很多耐人寻味的相遇。例如，耶稣会士和中国基督徒力图通过复杂的论述把儒家学说和天主教义融合成一个概莫能外的框架——后来这被称为"调和方法"（accomodation method）。也有耶稣会传教士坚定地反对佛教以及中国宗教图景的其他方面，在中国的宗教图景中不同信仰体系之间的融合相当常见。中国人对于耶稣会或合作或抵制的态度及其感想也非常有意思，这些不同的观点，尤其在明朝晚期（1368—1644）产生了相当耀眼的学术论辩和出版作品。我阅读到的一些话题也非常有趣，比如耶稣会士因为其调和政策的一些方面，如接受像祭祖等某些中国仪式，而在欧洲面临着巨大压力。他们没有将之阐释为异教徒的习俗，而是作为纪念父母的合理方式。显而易见，把基督教教义编织进中国文化结构的尝试 112
不仅形成了很多思想和语言方面的挑战，也造成了政治上的挑战。中欧相遇的双方都面临着这些挑战。

当我在与这类性质的话题相关的学术文献中漫游时，我逐渐清醒地意识到这个研究领域在前十年或者二十年所经历的一些重要方法论变化。其中很多与史学学科文化内部新出现的世界历史研究方法和变化相一致。让我触动的是，长久以来研究基督教在中国的发展一直受到欧洲中心的或者基督教中心的研究方法的主导。例如一直到 20 世纪 60 年代相当高比例的有一定影响力的学术出版物明确地是建立在相信基督教是唯一普世信仰的基础上（如 Bettray,

1955），我对此感到震惊。

二三十年后，研究环境发生了变化，但是相当一部分出版作品仍然以耶稣会士为中心的视角书写，倾向于把中国仅仅刻画为一个他们行为的舞台。依然有明确的倾向夸大耶稣会士在调整基督教教义以适应中国的整体文化、政治和社会语境过程中所发挥的作用。例如，很多作者笔下的利玛窦（Matteo Ricci, d. 1609），他不仅是耶稣会士在中国传教的创始人，也是对于儒家经典著作博学的哲学和文献学思想的最重要创建者，他的思想构成了在中国实施的调和方法的基础。同样，利玛窦也极其频繁地被描述为《天主实义》（*The True Meaning of the Lord of Heaven*）的唯一作者，该专著在明朝晚期时的中国以他的名义出版（对利玛窦等人的介绍，1986）。

然而，对早期现代中国人基督教的研究发生了明显的变化，其中很多变化离不开这个事实，即先前处于边缘地位的学术学科现在逐渐在领域内更加重要。在很多方面，完全可以说在 20 世纪 80 年代或 90 年代前后，关于中国人基督教的研究活动的重心从神学转到了汉学（Mungello, 1999；Standaert, 2000）。这意味着欧洲和美国的学术群体现在更多关注中文的一手材料，包括从亲基督教的书籍到反对基督教的宣传册，从祷告指南到科学出版物。与这个领域的许多早期历史学家相比，大部分汉学家使用了复杂得多的视角，涵盖了 17 世纪中国的社会、政治、宗教和学术模式。像许理和（Erik Zürcher）、钟鸣旦（Nicolas Standaert）和孟德卫（David Mungello）这样的学者开始指出，明朝晚期极其不同的——有时也是相互竞争的——思想学派、宗教运动和政治团体的丰富内容（Zürcher, 1990；Mungello, 1994；Standaert and Yang, 1998）。 同时，越来越多的文献更详细地评估了同一时期欧洲的宗教和学术图景的方方面面。这两种工作联合起来，意味着很多学者不太想把中欧关系看作中华和欧洲"文明"的庞大文化体系的代表者之间的交往来进行考察。更准确地说,这个领域更倾向于接受甄别具体的代理人网络,这些人的价值体系、恐惧和雄心壮志与耶稣会的议程相容,但是,并不是完全相同。一个众所周知的例外是法国汉学家谢和耐(Jacques Gernet)在研究中国人对基督教的批判时,提出中国文化与基督教极度不相容,以至于当地的文人不可能理解和欣赏(Gernet, 1985)。

虽然如此,远离从单一文化体系角度来思考欧洲和中国的普遍转向,与重新思考明朝晚期的耶稣会社的尝试也不可分割,在这个时期儒家—基督教综合体(即所谓的"调和方法")的主要概念支柱正在建立(Standaert, 1999)。越来越多的学者逐渐相信,重要的传教士如利玛窦或艾儒略当然精通中文,但是不可能精通到以他们名字出版的著作和中国市场上的散文作品一般优美。此外,完全可以假设,即使在几十年之后的中国,没有欧洲传教士能够独立地编制博学的参考文献和暗指儒家经典的巧妙典故,而这却是以耶稣会士名义出版的亲基督教文本的特征。

把欧洲传教士看作是17世纪中国基督教的重要塑造者的观点逐渐被替代了,相当一部分学者现在开始把调和方法概念化,将这种方法当作耶稣会士和持赞同态度的中国学者联合努力的结果。这种视角的改变也意味着有必要多加关注进入儒家—基督教综合体的明朝晚期思想和流派。事实证明,儒家—基督教综合体的许多因素实际上受到了当时中国思潮的极大影响。

这个转向意味着该领域现在逐渐对中国基督教的不同群体和类型更加感兴趣。早期的学者大体上关注中国基督教的最上级阶层,尤其是一些个体如徐光启或李之藻,他们在中国的考试体系中得到了最高级别的学位(进士),作为士大夫为帝国服务。但是,到

114

了 17 世纪 40 年代耶稣会传教士大约有 20 万中国信徒，这个事实足以表明中国绝大部分基督徒的生活远离历史学界迄今为止所关注的精英圈。在不太享有特权的社会阶层，与中国民间宗教的融合发挥了重要作用，信仰巫术、符咒和魔法的力量也是如此。在许多情况下，基督徒的雕像、象征和信仰元素与佛教和道教习俗融合起来——这是在中国的一小部分耶稣会传教士不能接受，却无法控制的。近期对这些复杂的信仰世界产生的越来越多的学术兴趣意味着把皈依的中国信徒构思为创建了基督教的新形式并展开了他们自己的发展势头（Zürcher et al., 2007；Menegon, 2010）。

　　我对这些新的研究领域非常感兴趣，同时对研究早期现代中国基督教明显存在的大量机会稍微感到迷惑。就我自己的研究项目而言，我对可能的发展方向形成了一些相当模糊的想法；同时，我完全清楚事实上我仍然缺乏对相关文献的足够把握。为了寻找一个有前景的专题研究，我联系了一些该领域的著名学者，给他们描述我的计划和追求的目标。我收到了若干非常友好和鼓励的回应，但尤其是孟德卫的一封信给我指出了接下来几年我前行的方向。他提到，为自己的书《杭州被遗忘的基督徒》（*The Forgotten Christians of Hangzhou*）做研究时，他经常看到一个改信基督教的人的名字，朱宗元，他生活在明清交接时期，即 17 世纪中期。朱当然属于他家乡浙江省港口城市宁波的富有阶层，但因为他没有最高级的正式学位，大部分时间待在当地，他的一生当然无法与明代晚期中国上流社会的基督教徒相比。这样看来，关于朱的材料预示着可以深入理解中国基督徒的生活片段，而对此相关研究还没有充分阐明和理解。

　　然而，正如孟德卫告诉我的，也存在着挑战，关于朱的材料极有可能散落在世界上各个地区的各种档案中，很难得到——例如，

115

位于上海的前耶稣会徐家汇图书馆的大量藏书在 20 世纪 90 年代中期仍然不对外开放。一个希望是巴黎的国家图书馆（Bibliothèque nationale），这里也存有法国前皇家图书馆的藏书。因为在 17 和 18 世纪期间很多法国国王系统地搜集关于世界其他地方的文献，也积极参与对中国的传教活动，所以至少有一个能够实现的机会，即图书馆的藏书也包含关于朱的资料。当在老旧的"东方文本和手稿"目录内没有看到一个关于朱宗元的词条时，我的心沉了下去。但是，这些卡片是手写的，很有可能追溯到早期现代，当时法国图书馆员极有可能不具备好的中文水平。这样我按照另一个中国汉字进行查阅，这个汉字的发音是"未"，看起来稍微与中国人的姓"朱"相似。实际上，在"未中元"词条之下，我发现了朱宗元的所有主要作品，特别是用文言文书写的两本书和两篇长文章，在明代晚期时首次出版。当一个年轻的博士生最终确保了他的主要一手资料并找到一个可行的研究专题时，很难描绘他的激动之情——由于在国家图书馆陈旧的墙壁之内大家都在默默地忙碌，这份激情需要相当克制。这座建筑本身可以追溯到黎塞留（Richelieu）时期，他也是朱宗元同时代的人。

116

　　我设法复制了这些文本，乍一瞥似乎证实了我最初的假设，即朱宗元的作品实际上会打开窗口，让人看到中国明朝晚期基督教的各个方面。一方面，朱以高度专业的方式书写，涵盖了从科学到基督教和经典儒家概念融合等主题；另一方面，他的文本也揭示出相信基督教象征的神奇力量或者一些物质的治愈力，如据说是从各各他山（Mount Golgotha）的地面上刮下来的土壤。在所有这些层面上，朱不仅与他的当地群体保持良好的关系，也与很多欧洲传教士有着沟通，这些欧洲传教士的宗教思想和实践比起大家想象中的要多样化得多。例如，在耶稣会士扮演成科学家和学者与中国精英阶层对话的同时，他们也在普通民众中间用法术驱魔。

　　从我对这个专题研究工作的一开始，就决心不仅仅是对朱宗元的作品进行文本细读和语境化处理。我对把朱的思想主要放在基督教语境内不太感兴趣。毕竟，这几乎不可避免地会暗含一个问题，即他的信仰和价值体系是否以及在哪些方面偏离了含混的"欧洲人"的宗教热忱。恰恰相反，我主要感兴趣的问题是，朱宗元的前卫性基督教作品如何适应了明朝晚期中国的文化、宗教和社会图景。这样一个方法论上的手法将我的主要强调之处从关注基督教"原义"转到了朱宗元想要在自己的社会中达到的思想甚至是政治上的干预方面。

117　　为了选择一个具体的分析视角，我决定主要考察当时的明朝读者可能如何理解朱宗元的文本。为了达到这个目标，有必要思考明清交接之际中国社会的各种话语、突出概念和争论的问题。我非常清楚，需要查阅相当广泛的若干种语言书写的一手资料和二手文献，弗赖堡大学的藏书不能满足我的研究专题的需要。因此，我决定在南京大学度过一个学期，在南京大学我与邓睿教授密切合作。在接下来的两年里，我有机会到哈佛燕京学院做研究，在哈佛燕京学院我不仅能够利用极好的图书馆藏书资源，也可以请教专业的学者如杜维明（Tu Wei-ming）和包弼德（Peter Bol）。此外我还去了荷兰的莱顿大学（Leiden University）和比利时的鲁汶大学（Katholieke Universiteit Leuven），并使用这些大学里的关于早期现代中国基督教领域的丰富藏书。在鲁汶大学，我开始了解到钟鸣旦是我所从事的研究领域的一流学者。在接下来的几年间，我有幸让他成为我的第二导师，并评价了我写的所有章节。

　　在我为博士论文做研究时，这个过程持续了大约三年半时间，为了考察朱如何把各种各样的欧洲宗教元素和哲学概念呈现给中国读者，我把语义学和历史学视角联合起来应用。在这样的语境下，我也在思考各种有争议的问题和紧张关系，这些最终塑造了从一个文化背景到另一个文化背景的基督教译文。在部分追随其他学者的基础上，我提出调和儒家思想和基督教教义的整体框架能够造成重大的社会政治挑战。因为耶稣会士在中国的传教方法受到欧洲其他天主教教团的强烈反对，传教士们需要特别强调这种中国教义的纯粹的世俗性。他们把古代儒家思想阐释为一种哲学，就像古希腊思想一样，保持着世俗性并因此与上帝的启示可以共存。不过，他们也相信儒家思想在发展期间渗透了佛教和其他宗教元素，这就是为什么儒家思想丢失了其原有的道德观，需要从这些后来的添加元素中解脱出来。

大体上，这呼应了越来越多的中国学派把明朝晚期的危机归咎为佛教和其他精神上的力量对所谓古朴的儒家思想传统所产生的强大影响。然而同时，基督教与儒家"正统主义"（purist）运动结合起来，弱化了其潜在的支持基础。毕竟，除了像带着融合意愿的佛教学者，很多基督徒也宣称要通过把儒家思想与他们自己的宗教体系联系起来，从而丰富儒家思想。在这个意义上，他们违反了潜在盟友的原则：儒家"正统主义者"也宣称要抵制佛教，以让儒家思想回归古时的辉煌。

正如这些例子所反映出来的，我主要从他们明朝晚期语境内部分析朱宗元的作品，同时展示这些文本还与有其自身争斗和控制模式的欧洲思想、政治和哲学背景相关联。从一个类似的角度，我也通过把朱宗元的相当具有当地特色的生活置于种种相互重叠的语境中概述了他的传记。这只有在把大范围西语和中文资料中散落的单个信息经过侦探式工作拼接起来之后才有可能。

在我博士答辩后大约两年，我博士论文的修订版以德语专著的形式出版（Sachsenmaier, 2001）。目前，我在为该书的英文版工作，英文版也会纳入中国基督教研究以及紧密相关的研究领域里一些最新研究动态。不过，该书把朱宗元——他的思想、作品和互动范围——甚至更直接地置于跨区域和世界历史语境中，在这个意义上也反映出我作为一名历史学家视野在持续变化。例如，我利用新的研究成果，尝试把 17 世纪的中国放在世界历史框架中（如 Waley-Cohen, 1999；Struve, 2004）。此外，评估早期现代期间欧亚联系和交往的资料不断增长且呈现出多样化态势，我对此

119　提供了一份文献概述，从围绕欧亚大陆早期现代形成展开的论辩（Lieberman, 1997；Flynn and Giraldez, 2002；Darwin, 2008）到提出同一时代的欧洲和东（南）亚平行发生了政治、社会和文化集中化进程的研究（Lieberman, 2003—2004；Woodside, 2006）。而且，有一些出版作品力图对早期现代全球网络如耶稣会士（如 Alden, 1996；Brockey, 2007；Worcester, 2008）或其他宗教网络之下的全球和当地互动进行语境化研究，我也使用了这些作品。例如，在同一时期不仅基督教经历了一个庞大的地理扩张时期，其他宗教也是这样的：尤其是伊斯兰教和程度较小的佛教。在很多方面，有限世界的经验和协商文化差异的挑战极大地影响了早期现代的很多宗教和文化（Subrahmanyam, 1998）。这样看来，耶稣会士在中国的使命只是全球趋势的一小部分，比起欧洲在世界上不同地方逐渐增长的存在感，全球趋势在范围上更加宽广得多。

　　所有这些增加的语境都会进一步突出我的主要观点，即评价一个普通的宁波精英成员朱宗元，他的日常生活和思维植根于当地环境，然而同时与全球保持着联系。在我看来，考察像他这样的个体就意味着对整个世界历史领域做贡献。这类研究能够有助于改进和解构我们对早期现代全球关系和跨区域互动的理解。

全球史，作为全世界事业的全球或者世界历史

我目前对朱宗元的研究意味着实际上在大约十年之后回归到早期现代历史。在第一本书出版之后，我对近期全球联系和互动的历史的兴趣日益增长。在短暂涉足商界之后，2001 年我作为一名博士后回到哈佛。在马萨诸塞州坎布里奇以及整个大波士顿区，我参加了很多讲座和研讨班，讨论跨国史、世界史和全球史相关的话题。尤其在 20 世纪 90 年代晚期和 21 世纪早期，经常有——有时是激烈的——关于如何区分全球史和世界史的论辩（如 Mazlish，1998）。不过，在我看来，术语"世界史"和"全球史"不意味着单一庞大的研究领域，而是指出历史学术背景的高度多样化，每一个都包含多种子领域，涵盖范围从全球经济史到全球思想史。因为该领域的很多学者倾向于经常互换地使用这两个术语，我也没有在它们之间进行范畴上的区分（Sachsenmaier，2011，第 70—78 页）。

除了与来自世界各地的许多访问学者和讲师们联系之外，我从一些历史学家身上得到了很多启发，如布鲁斯·马兹利什（Bruce Mazlish），他长期担任《历史与理论》（*History and Theory*）的编辑，以及入江昭（Akira Iriye），他是第一位担任美国历史学会（American Historical Association）主席的日本人。我了解了很多当代史的新理论和话题，比起早期现代史的领域，关于如欧洲中心主义或我们的全球观去中心化这些主题的论辩无疑与政治有更多关系，有时更多受到情感方面的指控。在我自己的研究中，初期进入了多个方向——例如，我发起了一个关于"多元现代性"概念的国际研究项目，邀请到来自不同学科的学者参与，比如历史社会学家什穆埃尔·艾森施塔特（Shmuel Eisenstadt），经济学家戈登·雷丁（Gordon Redding），和研究中国的历史学家魏斐德（Frederic

Wakeman)(Sachsenmaier, Rieckl, and Eisenstadt, 2002)。

　　与柏林自由大学的全球历史学家塞巴斯蒂安·康拉德（Sebastion Conrad）一起，我建立了一个跨大西洋研究网络，挖掘19世纪80年代至20世纪30年代期间在全球范围内传播的世界秩序观。这里，九位年轻的欧洲和美国学者有着不同的区域专业知识，在三年期间五次会面。我们的目标是联合出版一本书，比起大部分编纂的书籍，该书的每一章在方法论上和主题上会更加彼此相互交织（Conrad and Sachsenmaier, 2007）。在朝着这个目标努力的过程中，我们这群人跨越具体领域的边界，进行了很多次活跃的和启人深思的方法辩论。对于我们所有人来说，在按照地理范围界定的研究领域之间相对缺乏交流的问题逐渐凸显。显而易见，不同的学术群体，如东亚学家和南亚学家，倾向于从相当不同的角度对现代历史上明确相关的现象进行构思。

　　然而同时，众所周知，西方每一个学者群体之间的概念差异不是在跨国和世界历史学术环境内存在的唯一分歧。正如我所参加的在美国之外举行的每一次会议提醒我的，世界上不同区域的历史学家倾向于以相当不同的方式研究全球的历史问题。例如，在很多中文书籍、研究论文和理论文章中，"现代性（Modernity）"和"现代化（modernization）"这对概念被用来作为一种描述从工业化到消费主义兴起等一系列重要进程的手段。相比之下，在美国绝大多数历史学家实际上逐渐回避把"现代化"概念作为工具来分析在国内和跨国这两个层次上所发生的变化。

　　尤其是在有着社会和种族多元化背景的美国大学里，"现代性"和"现代化"这样的概念在很多学术学科内部都遭受到猛烈的抨击，这似乎并不让我意外。毕竟，"现代性"概念长久以来与把西方看作唯一有着全球重要性的文明的世界历史观相关联。特别是从 20 世纪 70 年代开始，随着民权运动的思想和其他学术发展，如影响力越来越大的后现代思想或者兴起的后殖民研究方法，美国历史学的氛围正在经历深远的变化。在世界历史领域，越来越多的学者在质疑迄今重要的宏观叙事，即以各种方式把西方界定为世界历史互动的中心（Sachsenmaier, 2011）。让底层、边缘在世界历史中发言的努力日益增多，作为其中一部分，"现代性"这些概念也成为学术批判和审视的主题。这些术语的霸权性内涵似乎与世界历史叙事去中心性直接相对，并让这些叙事更加具有包容性。所以，在美国学术群体内部当然存在重要的理由去抛弃由这些著名理论家如塔尔科特·帕森斯（Talcott Parsons）或者沃尔特·惠特曼·罗斯托（Walt Whitman Rostow）发展的概念框架。在他们看来，"现代化"概念与对历史的目的论理解相捆绑，把历史看作是由西方领头的发展过程（Latham, 2003）。

同时，为什么中国的历史学家更易于使用"现代化"概念？尽管事实上他们对美国的众多思潮非常熟悉并受到影响，包括后殖民和底层研究学派（Xu and Chen, 1995；Sachsenmaier, 2007a；Wang, 2009）。不过在我看来，大部分美国和中国历史学家在使用"现代化"概念时的这些差异的根源，较少是因为缺少跨国学术交流，更多与相异的社会政治语境紧密相关。尤其需要认真思考的一个重要因素是，在世界上的这两个地方一代代历史学家的经历。简言之，很多中国学者在过去的 30 年的个人经历距离一些著名现代化理论家曾经描述的过程并不太遥远。当然，中国自从 20 世纪 80 年代的经济发展图景相当不平坦，理所当然形成了非常复杂的模式，不可能从一个维度勾勒出来。不过对于相当一部分城市人口来说，比如上海、广州或者北京，整体生活条件无疑从前工业经济变化到了消费型社会。这尤其包括社会的受教育阶层，其中包括大学教授和他们的大家庭。

　　此外，很多中国的知识分子因为其他原因喜欢使用"现代化"：这个术语不仅符合新的官方修辞，强调渐进式改革，而且打开了构思历史变化的新的可能性，不再需要借助于1949—1976年间的革命修辞。事实上，在相当多的中国历史叙事中，"现代化"现在被用来含蓄地指代更加持久的、平缓的历史转型。在这个意义上，那些对中国在帝制和20世纪之间存在历史断裂的断言提出质疑的中国历史学家当中，"现代化"成为更突出的一个概念。既然对中国历史遗产进行某种重新审视经常是中国人阐释"现代化"的一个基本部分，中国学者当然没有盲目地遵循20世纪60年代在美国和一些其他西方国家所产生的现代化理论（Xu, 1998；Schneider, 2001）。

　　世界上的不同地区在世界历史研究方法上存在着令人着迷的差异性，美国和中国学者作品中的"现代化"概念及其用法只是众多例子当中的一个。我每次参加国际会议时，总是被世界历史学术的这些细微差别和不同之处所触动。然而，通过把它们置于相互重叠的地区和全球语境中尝试着接受这些当地多样性，这提出了巨大的方法论挑战。毕竟，假定中国人、美国人和其他历史研究方法的差异的根源在于原始的和连续的文化传统，这显而易见是幼稚和无知的。正如"现代化"概念这个例子所显示出来的，如果说绝大部分中国历史学家基本上在儒家思想或者其他传统主义的范围之内开展研究，情况当然不是这样的。在我看来，世界历史学术中存在地方特殊性的原因与一整套因素相关，这些因素包括从体制设置和资助结构到社会条件、历史记忆的形式和政治约束。尽管很难绝对否认世界上任何地方的具体思想和学术传统所具有的重要性，这些明显只是各种当地因素的一小部分，辅助历史学家群体研究各种各样的世界历史话题。

　　不过，当试图界定或者甚至勾勒这些当地史学文化的轮廓时，这幅图画变得更加复杂。毕竟，似乎显而易见的是世界上任何地方的编史文化从内部来看极其多样，因此无法轻易地勾勒出来，且并排放置。此外，在每一个社会，不同的学者群体与他们在世界其他地方的同行互动，他们互动的方式各种各样。然而尽管所有此类的缠绕现象，地方条件下在关键概念、方法论和主导叙事方面的差异确实清晰地存在。比较中国人、美国人和其他人在全球和世界史研究方面的图景，同时对跨国的学术联系给予应有的注意，这是个挑战。

　　为了达到这个目的，有必要考虑不同国家和地区的世界历史学家之间交流的全球学术背景框架。额外的复杂性之一，是这些交流没有按照平等世界的原则来安排；更准确地说，长久以来这些交流显然在本质上是分等级的。地方差异不是全球学术话语的平等的变体，因为在全球舞台上一些声音比其他声音更响亮。例如，以英语为母语的历史学家可以忽视其他语言产出的学术成果，并能够相当轻易地负担得起这样做的代价，而在世界其他地方明显无法这样对等。相当显而易见的是在从智利到日本的很多社会，没有历史学家在甚至不考虑美国或英国产出的最相关文献的情况下，在他们的研究领域建立起职业生涯，必须要么通过翻译要么通过阅读相关英语文本。另一方面，西方没有太多学者注意在中国、日本、阿拉伯或者其他学术体系内兴起的新的世界历史研究方法。实际上，在多次与世界历史学家的对话中，我感受到了这些全球知识等级的回响。例如，在美国和德国，有不少持批判态度的学者公开宣称，西方人和中国人在研究世界历史方法上的差异的根源在于后者"落后"了几十年。这样一个答案作为国际知识等级问题的一部分，让我内心

124

更加震动，这样阻碍了展望在全球层次上开展更深层和更宽泛形式的学术合作。

125　　　所有这些让我感觉到，在该领域内以地方、国家和区域差异为中心的很多重要问题（以及它们之间的等级）尚没有被充分阐释。当然，比如后殖民主义和底层研究的这些学派所生产的成果，对史学领域内欧洲中心主义的一些方面提出质疑，做出了重要的贡献（Majumdar, 2010），在这个意义上也影响了我本人的思想。除此之外，一些世界历史学家出版了很多重要的编集，评估这个领域的现状，一些章节叙述了具体社会或者世界区域的活动的叙述（如Manning, 2008；现在还有 Northrop, 2012）。尽管我从这类出版作品中受益颇大，但是这些书通常没有解决围绕各语言和学术体系之间明显的不平等所展开的各种问题。

　　　尝试从知识等级和地方特殊模式的角度评价当前全球和世界历史学术图景，这个学术项目让我感到既着迷又有挑战性。最重要的是，我觉得对于世界历史学家来说，开始对这类问题展开更加透彻和更加广泛的论辩是非常适时的。毕竟，作为一个位于多个学术群体和探究领域交集之处的研究领域，世界历史具有在跨国和跨学科对话中发挥重要作用的潜在可能性。我越来越坚信我们的史学图景实际上没有充分准备好让世界历史的所有学术和公众可能性实现。正如我在一篇文章中指出的那样，西方的全球史学家越来越多地讨论世界是不够的；更确切地说，有必要发现新的和更好的方式与世界一起讨论世界（Sachsenmaier, 2007b）。也就是说，我逐渐确信，只有持续努力打破当前全球知识等级，关于这些话题比如殖民主义或者欧洲中心主义的遗产的全球论辩才能真正充分展开其潜力。只有到那时世界历史学术才能够希望对论坛和公共领域做出显著的贡献——有几分乐观——这也许可以被看作是未来全球公民社会的一

126

些方面。

我在加州大学圣巴巴拉分校担任全球史助理教授期间，越来越想写一部关于该话题的专著。几年之后，当我在杜克大学担任中国史和跨文化史的助理教授时，我完成了这本专著，《全球视角下的全球史：互联世界中的多元理论与取经》(*Global Perspectives on Global History: Theories and Approaches in a Connected World*, Sachsenmaier, 2011)。从一开始，对于我来说显而易见的是，肯定无法平等地囊括世界上的全球史学。这样我决定为我非常熟悉的学术群体贡献三个长长的案例研究：德国、美国和中国。在进行每一章的研究时，我查阅了广泛的分别以这些语言书写的文献，并与每一个国家的不少学者面谈。对于每一个案例，我尝试勾勒出在已证实与世界历史研究及相关研究领域有关系的各种学术学科内部研究方向的发展。我也处理了整体社会政治环境的重要变化，在我看来这当然会在跨国和世界历史学术的发展中留下印记。在此语境下，我研究了一些主题，如变化的移民模式对德国和美国学术生活的影响，或者中国针对世界秩序变化所展开的论辩。

毋庸置疑，可以给我的分析增加更多其他案例。但是，我的主要目标不是提供该领域的国际史学综述。我计划该书能有助于就当前世界历史及相邻研究领域的国际和跨国学术结构中的内在问题和可能性引发论辩。出于这个原因，我也选择了国家学术体系作为案例研究的主要的、粗略限定的单元。当然，关注英语、法语和汉语的出版作品也是可能的，这些作品不断产生，跨越了各类政治边界、学术群体和经济体系。但是，我不想忽视民族国家对历史学术的持久影响。毕竟，不仅公共资助体系和基金会政策，而且公开辩论（其中很多仍然主要按照国家范围进行），都仍旧是世界历史学术展开方式的塑造力量。

尽管在思考当前史学状况时，我的书确实把民族国家作为一股不容忽视的力量给予适当关注，但是我也从一些跨区域和全球角度讨论了历史学术。例如，我用一整章考察了史学作为以大学为基础的领域在世界不同地方的传播。除了认识论问题之外，我也从社会历史的视角看待史学，以能够更加全面地评价一系列问题，从欧洲中心主义到前面提及的该领域全球图景里的等级之分。我得出的结论是全球和世界历史学术的最新形式能够成为重要的干预，特别是通过挑战长久以来主导几乎全球学术界的史学空间概念。在很多国家和世界区域，大部分历史学术长期建立在以国家为中心的历史观上，这些通常与从西方中心的角度阐释全球互动相关联。

在此意义上，我相信世界历史学术已经变成一个跨学科交流的重要论坛。例如，在美国，一边是欧洲和美国史学，另一边是之前的地区研究，两者之间的隔阂逐渐比之前相互渗透得多得多，在这个友善关系建立过程中，世界历史扮演了一个重要的交汇点。在中国，很多大学院系、甚至学校董事会开始采取积极的措施，缩小在中国史和世界史之间的体制分界。在这一点上，这类发展进一步鼓励了新的研究，尝试从跨国视角看待中国历史的方方面面，或者力图通过从东亚角度观察中国历史以重新思考重要的世界历史叙事。

128 当然，其中一些思潮是内含在毫无争议的民族主义观中，但是很多历史学家非常在意把他们对中国和世界的看法以及两者之间多层面的相互关系复杂化。

特别是在一个许多政治、文化和宗教认知也许会再一次游荡进极端爱国主义和偏狭方向的时代，世界历史学术不仅能够为学术研究和教育做出贡献，而且也能在很多国家和世界区域更广泛的公众中做到有意义的干预。如果以开放豁达的方式书写和教学，世界历史能够有助于推动如多视角、宽容和欣赏他者的技能和价值观念。顺着这些思路，世界历史也能够培育对一个共同世界有连带责任的观念。如果学者们越来越积极地改变自己领域的制度和协作体系，这些目标就能够形成重大意义。有很多理由可以认为时下该领域多少更接近于威廉·麦克尼尔在20世纪80年代所展望的地位（McNeill, 1986）。

　　不过，学术界的史学文化依旧大部分以单独工作为基础，而且这些工作主要和国别或区域学术群体对话。然而很多历史学家要么明确或者隐含地分享着的学科交流传统无疑已经开始变化。作为一种总体趋势，这与比如通信技术的革命以及国际旅行费用大大降低（与前一代人相比较）的转型有部分关系。跨国学习项目、国际会议和教工交流项目在数量上一直在增长，这反过来影响了很多地方的世界历史学家群体。

　　出于该原因，我深深地尊敬学者们如杰里·本特利的毕生工作，他不仅为塑造世界历史学术的思想轮廓，而且为发展世界历史学术的跨国体系做出大量贡献。除了很多其他活动，在创办《世界历史杂志》以及进一步发展世界历史学会的过程中，他是关键人物，这两者都已成长成为该领域跨国学术交流的重要支持框架。在我看来，世界历史学会决定每三次年会中要有一次在不同的大陆举行，这是英明的，这在其历史上已经促进了与东亚、非洲和世界其他地方的学者之间的大量对话。 129

　　迄今为止，我也尝试着让自己所做出的微小工作参与到把世界历史学术体系塑造得不分等级和更加跨国互动的过程中。例如，与斯文·贝克特（Sven Beckert）一起，我建立了一个哈佛-杜克会议的项目，其题目是"全球史，在全球"（*Global History, Globally*）。在此来自几乎所有大洲的一流世界史学家和全球史学家会面四次，在当地和全球两个层次上讨论该领域的路径、挑战和机会。在这个项目中，再一次明显体现出在思考世界历史问题时考虑当前全球学术图景和知识等级是多么重要。

除了我自己的研究和写作之外，这类项目在未来肯定会是我自己职业活动的一个重要部分。我自己的家现在搬到了离我长大成人的地方更近的城市：在美国待了十几年之后，我回到德国，在德国我接受了位于不来梅的雅各布斯大学（Jacobs University, Bremen）的教授职位。我在这里发起了一个项目，准许研究人文与社会科学的中国学者以客座教授的身份到德国。除了与美国的学术体系保持相当紧密的联系之外，当前我在位于北京的首都师范大学全球史中心以客座职位定期教学。就像我的研究，我自己的职业生涯主要在德国、中国和美国之间继续前行。以这样相当互动的基础，我很有希望能够在未来进行大量自己的工作。

致谢

本章的相关研究得到了韩国研究院（Academy of Korean Studies）的资助（AKS-2010-DZZ-3103）。

130 参考书目

Alden, Dauril. 1996. *The Making of an Enterprise: The Society of Jesus in Portugal, Its Empire, and Beyond, 1540–1750.* Stanford, CA: Stanford University Press.

Bettray, Johannes. 1955. *Die Akkommodationsmethode des P. Matteo Ricci S.J. in China.* Rome: Universitas Gregoriana.

Brockey, Liam M. 2007. *Journey to the East: The Jesuit Mission to China, 1579–1724.* Cambridge, MA: Belknap.

Conrad, Sebastian and Sachsenmaier, Dominic. 2007. *Competing Visions of World Order. Global Moments and Movements, 1880–1935,* Paperback edition 2012. New York: Palgrave.

Darwin, John. 2008. *After Tamerlane: The Global History of Empire Since 1405.* New York: Bloomsbury Press.

Flynn, Dennis and Arturo Giraldez. 2002. "Cycles of Silver: Global Economic Unity through the Mid-Eighteenth Century," *Journal of World History* 13/2: 391–427.

Gernet, Jacques. 1985. *China and the Christian Impact. A Conflict of Cultures.* Cambridge: Cambridge University Press.

Latham, David. 2003. *Mandarins of the Future: Modernization Theory in Cold War America.* Baltimore, MD: Johns Hopkins University Press.

Lieberman, Victor B., ed. 1997. *Beyond Binary Histories: Reimagining Eurasia to c. 1830.* Ann Arbor, MI: University of Michigan Press, pp. 289–315.

Lieberman, Victor B. 2003. *Strange Parallels: Southeast Asia in Global Context. c. 800—1830,* 2 vols. Cambridge: Cambridge University Press.

Majumdar, Rochona. 2010. *Writing Postcolonial History.* New York: Bloomsbury.

Manning, Patrick, ed. 2008. *Global Practice in World History: Advances Worldwide.* Princeton, NJ: Markus Wiener Publishers.

Mazlish, Bruce. 1998. "Comparing Global History to World History," *Journal of Interdisciplinary History* 28/3: 385–395.

McNeill, William. 1986. "Mythistory, or Truth, Myth, History, and Historians," *American Historical Review* 91/1: 1–10.

Menegon, Eugenio. 2010. *Ancestors, Virgins, and Friars. Christianity as a Local Religion in Late Imperial China.* Cambridge, MA: Harvard University Press.

Mungello, David E. 1994. *The Forgotten Christians of Hangzhou.* Honolulu, HI: University of Hawaii Press.

Mungello, David. 1999. *The Great Encounter of China and the West 1550–1800.* 131 Lanham, MD: Rowman & Littlefield.

Northrop, Douglas. 2012. *A Companion to World History.* Hoboken, NJ: Wiley-Blackwell.

Reinhard, Wolfgang. 1983–1990. *Geschichte der europäschen Expansion,* 4 vols. Stuttgart: Kohlhammer.

Ricci, Matteo S., Douglas Lancashire, Kuo-chen Hu, and Edward Malatesta. 1986. *The True Meaning of the Lord of Heaven.* San Francisco, CA: Institute of Jesuit Sources.

Sachsenmaier, Dominic. 2001. Die Aufnahme europäscher Inhalte in die chinesische Kultur durch Zhu Zongyuan (ca. 1616–1660) [Zhu Zongyuan's Integration of Western Elements into Chinese Culture]. *Monumenta Serica Monograph Series,* Vol. 46. Nettetal: Steyler.

Sachsenmaier, Dominic. 2007a. "Debates on World History and Global History – The Neglected Parameters of Chinese Approaches," *Traverse. Zeitschrift für Geschichte – Revue d'histoire* 40/3: 67–84.

Sachsenmaier, Dominic. 2007b. "World History as Ecumenical History?," *Journal of World History* 18/4: 465–490.

Sachsenmaier, Dominic. 2011. *Global Perspectives on Global History. Theories and Approaches in a Connected World.* New York: Cambridge University Press.

Sachsenmaier, Dominic, Riedel, Jens, and Eisenstadt, Shmuel. 2002. *Reflections on Multiple Modernities: European, Chinese, and Other Approaches.* Leiden: Brill.

Schneider, Axel. 2001. "Bridging the Gap: Attempts at Constructing a 'New' Historical–Cultural Identity in the People's Republic of China." *East Asian History* 22: 129–143.

Standaert, Nicolas. 1999. "Jesuit Corporate Culture as Shaped by the Chinese," in John W. O'Malley, Gauvin Alexander Bailey, Steven J. Harris, and T. Frank Kennedy, eds. *The Jesuits: Cultures, Sciences, and The Arts, 1540–1773.* Toronto: University of Toronto Press, pp. 352–363.

Standaert, Nicolas. 2000. *Handbook of Christianity in China,* vol. 1. Leiden: Brill, pp. 635–1800.

Standaert, Nicolas and Yang, Tingyun. 1998. *Confucian and Christian in Late Ming China: His Life and Thought.* Leiden: Brill.

Struve, Lynn. 2004. *The Qing Formation in World-Historical Time.* Cambridge, MA: Harvard University Press.

Subrahmanyam, Sanjay. 1998. "Hearing Voices: Vignettes of Early Modernity in

South Asia, 1400–1750," *Daedalus* 127/3: 99–100.

Waley-Cohen, Joanna. 1999. *The Sextants of Beijing: Global Currents in Chinese*   132
History. New York: Norton.

Wang, Q. Edward, ed. 2009. "Modernization Theory in/of China." *Chinese Studies of History* 43/1: 3–7

Woodside, Alexander. 2006. *Lost Modernities: China, Vietnam, Korea, and the Hazards of World History.* Cambridge, MA: Harvard University Press.

Worcester, Thomas, ed. 2008. *The Cambridge Companion to the Jesuits.* Cambridge: Cambridge University Press.

Xu, Ben. 1998. "From Modernity to 'Chineseness': The Rise of Nativist Cultural Theory in Post-1989 China," *Positions* 6/1: 203–237.

Xu, Jilin, and Chen, Dakai. 1995. "Zhongguo xiandaihua de qidong leixing yu fanying xingzhi [The Initializing Patterns and Reacting Natures of Chinese Modernization]," in Jilin Xu and Chen Dakai, eds. *Zhongguo xiandaihua shi 1800–1949 [History of Modernization in China, 1800—1949].* Shanghai: Sanlian shudian, pp. 1–5.

Zürcher, Erik. 1990. *Bouddhisme, Christianisme et société chinoise.* Paris: Julliard.

Zürcher, Erik, Jiubiao Li, and Richao Kouduo. 2007. *Li Jiubiao's Diary of Oral Admonitions: A Late Ming Christian Journal.* Nettetal: Steyler.

延伸阅读

Appleby, Joyce O., Lynn Hunt, and Margaret C. Jacob. 1995. *Telling the Truth About History.* New York: W.W. Norton.

Bentley, Jerry H. 2005. "Myths, Wagers, and Some Moral Implications of World History," *Journal of World History* 16/1: 51–82.

Eisenstadt, Shmuel. 2005. *Comparative Civilizations and Multiple Modernities.* Leiden: Brill.

Iggers, Georg G., Wang, Edward Q., and Mukherjee, Supriya. 2008. *A Global History of Modern Historiography.* Harlow: Pearson Longman.

Manning, Patrick, ed. 2008. *Global Practice in World History: Advances Worldwide.* Princeton, NJ: Markus Wiener Publishers.

Mignolo, Walter D. 2000. *Global Histories/Local Designs: Coloniality, Subaltern Knowledges, and Border Thinking.* Princeton, NJ: Princeton University Press.

Mungello, David. 1999. *The Great Encounter of China and the West 1550–1800.* Lanham, MD: Rowman & Littlefield.

133 Northrop, Douglas. 2012. *A Companion to World History.* Hoboken, NJ: Wiley-Blackwell.

Sachsenmaier, Dominic. 2011. *Global Perspectives on Global History. Theories and Approaches in a Connected World.* New York: Cambridge University Press.

Standaert, Nicolas. 2000. *Handbook of Christianity in China,* vol. 1. Leiden: Brill, pp. 635–1800.

Subrahmanyam, Sanjay. 1998. "Hearing Voices: Vignettes of Early Modernity in South Asia, 1400–1750," *Daedalus* 127/3: 99–100.

Waley-Cohen, Joanna. 1999. *The Sextants of Beijing: Global Currents in Chinese History.* New York: Norton.

Wang, Q. Edward. 2003. "Encountering the World: China and Its Other(s) in Historical Narratives, 1949–89." *Journal of World History* 14/3: 327–358.

Woolf, Daniel R. 2011. *A Global History of History: The Making of Clio's Empire from Antiquity to the Present.* Cambridge: Cambridge University Press.

Xu, Luo. 2007. "Reconstructing World History in the People's Republic of China Since the 1980s." *Journal of World History* 18/3: 325–350.

6 法律和世界历史

劳伦·本顿

对于世界历史学家来说，法律几乎不是一个公认的主题。法律研究一直以来主要以国别史为框架，除了国际法的历史，但该领域直到最近绝对是以欧洲为中心的。主题诸如殖民法律政治、跨区域法律文化、全球法律制度的形成一直在法律史的边缘发展。该领域在时间和地理上的局限性使得法律和世界历史之间的联合既困难又姗姗来迟。

然而，尽管存在这些约束条件，全球法律史领域现在正以最快的速度成形。它的力量来自于对殖民背景下法律的新研究，来自尝试打造各政体形成的新叙事以及它们之间的关系。世界历史既凸显帝国也强调小国、质疑民族国家国际体系顺利发展的故事的转向，这几种势头方兴未艾。随着历史学家发现并分析法学家和政治理论家持续关注分歧的趋势和现象，包括可分割的主权、法律多元论和 帝国之间的法律细节，关于国际法演变的老旧叙事受到了挑战。一部关于法律的世界历史不仅仅是各个国家法律历史的集合体，这一趋势现在清晰可见。

我们是如何抵达这里的？法律和世界历史研究的源头可以从若干不同的方向回溯，如法律人类学、比较宪法、更宽泛的"跨国"法律力量的历史，如自然法、万民法（ius gentium）、宗教法、贸易公司和离散社群的法律条例。近些年来，阐明全球法律模式的目标逐渐明确，于是对殖民地的罪与罚、征服、帝国主权、帝国和殖民地的威权的本质的研究繁荣起来。研究的分支主题如司法政治、帝国宪政和帝国国际主义构成了丰富的视角，把法律文化和当地冲突与世界历史体制联系起来进行新研究。

　　本文并不是要尝试对这些发展进行宏大叙事，而是讲述我自己从事世界历史和法律研究的经历。在使用"设计师"这个隐喻时，本书的编辑们宽厚地把我的工作归于自觉设计和规划的结果。更好的比喻说法是符合地方的建筑风格，这是一种集体行为，累加起来的知识发展超越了个体的眼光和清晰的规划。正如下面的叙述会展示出来的，我之所以能够参与新兴的世界法律史领域，是处处受到了其他学者的作品和话语的提示、启发以及促成。我的学术选择背景把我的经历变成一个显示和说明更宽广领域的发展状况的例子。

　　有三条见解或者研究方法处于我自己的大部分工作，以及我很多书写法律和世界历史的同事的工作的核心位置。本章部分内容的写作思路是通过我自己几十年的学术轨迹书写这些观点，在该领域凌乱的图景中阐明一条脉络。第一个观点以司法政治的概念为核心，这个概念抓住了历史行为人对一个或者另一个法定权威所采取的策略。在比较和世界历史领域，司法政治的分析已经证明是强有力的。全球范围内的法律形成在司法权上是多元的，与司法边界有关的各种冲突影响了关键的制度和政治改革。第二个观点展现了法律文化的灵活性和广泛影响。理解法律文化的流动性开辟了理解跨文化法律相遇的新途径。第三个观点指的是法律和法制实践构建区域和全球连续性的进程。在全球（或者区域）法律制度的概念内，不同政体认识到法律的连续性，这个概念巧妙地把法律和世界历史融合在一起。在某种程度上，所有这三种观点对于理解关注法律的方式都是关键的，有改变世界历史分期的潜在可能性，并影响在大空间和长时段内法律秩序的新叙事。这些主题一直以来是我的学术重要部分，也是书写全球法律史带给我挑战和乐趣的重要来源。

法律和资本主义历史

作为一名 20 世纪 70 年代中期相当固执己见和思想躁动的本科生，我在大四时在哈佛学习了一年比较经济史课程。我曾经称之为"脱口秀课程"，因为这门课由四位教授进行教学，三位在讲坛上的桌子边就座，同时第四位进行授课。研究工业革命的历史学家大卫·兰德斯（David Landes）是其中一位教授，因为当时我认为自己是萌芽阶段的马克思主义者，所以在他冗长乏味的、关于新教欧洲在创建资本主义经济上的文化优势的讲座期间不断发难。研究日本经济的专家亨利·罗索夫斯基（Henry Rosovsky）看似对资本主义历史不太自信，就他而言，这代表一种先觉的克制，因为当时日本经济在被吹捧为纯粹的资本主义成功故事，尚未进入其漫长而痛苦的缓慢发展阶段。当他注意到我在后排完全处于彷徨之中时，罗索夫斯基也没有什么耐心，听我偶尔唠叨在历史学家中间需要更多关注生产、全球资本主义危机和世界经济中存在的结构性不平等趋势。

灵感来自偶然。在某一天特别令人沮丧的课堂交流之后，我直接一头扎进怀德纳图书馆（Widener Library）寻找另一种视角。我想，肯定有人在书写全球经济的历史时是按照马克思主义准则，把劳动力放在分析的核心地位。我的研究不是完全从零开始的。我已经读过埃里克·沃尔夫（1969）和杰弗里·佩奇（Jeffrey Paige, 1975）的有重要影响的农民革命研究，而且迷恋上了 E.P. 汤普森的关于英国工人阶级历史的作品并进展顺利。我也在修威廉·拉让尼克（William Lazonick）讲授的一门课，他是经济学系一位特立独行的教授，当时在书写企业和生产活动的核心存在的不平等。我当时特别想寻找一本在资本主义世界经济增长的叙事框架内强调农业劳动的历史著作。

　　在怀德纳图书馆浏览卡片目录时——现在看来这是过时的行为——我遇到了一个词条，指向第一卷，也是当时唯一的一卷伊曼纽尔·沃勒斯坦的《现代世界体系》（*The Modern World System*, Wallersein, 1974）。该书的副标题是《16 世纪资本主义农业和欧洲世界经济的起源》（*Capitalist Agriculture and the Origins of the European World-Economy in the Sixteenth Century*），竟然在书库里，我急切地把书抱回了我位于昌西街的阁楼，等晚上阅读。即使有大量的脚注和夸张的论断，我反而发现该书令人兴奋。在本科生的我看来，这本书打开了新的景色，完全不同于我在"脱口秀课程"上所学习到的内容。沃勒斯坦的论点认为，具有不同的劳动力配置和国家权力的三个区域围成一个"世界经济"，激起了我的兴趣。我好奇地注意到该书把亚洲留在了这个"全球"编队之外，让非洲靠边——对于沃勒斯坦来说这是一个特别奇怪的选择，作为一位社会历史学家他初次涉足非洲话题。但是该书雄心勃勃的论点和覆盖范围是我无法抵制的。这是我第一次体验世界历史。

　　阅读沃勒斯坦引导我走进了两个非常不同的方向。正如研读
过该书的每一个人都会记得，注释到处提及费尔南·布罗代尔。

沃勒斯坦提到布罗代尔的论断，即地理和文化连续性使得地中海
成为一体的区域，在此诱惑下我买来了布罗代尔的两卷本《菲利
普二世时期的地中海世界》(*The Mediterranean world in the Age of
Phillip II*)，并放在旁边，向自己保证会从头到尾阅读这套书——
这个承诺我等了三年多才兑现（Braudel, 1949）。我脑海中一直萦
绕的想法是农业劳动是经济史的关键，这也让我捡起了一本西敏司
的《甘蔗工人》(*Workers in the Cane*, 1960)。我很快读完了这本
书，某种程度上也是因为在我的脑海中有波多黎各。最近我在那
里度过了一个夏天，短暂地参观了南部的食糖产区和中央地带的
咖啡产地。这次参观没有非常广泛或者深入地了解加勒比海，但
足够让我了解更多食糖的历史及其在世界经济和社会史上的地位。

大西洋或者加勒比海历史专业的研究生现在仍然阅读西敏司的
《甜蜜与权力》(*Sweetness and Power*, 1985)，但是我很久没有碰到
拿着《甘蔗工人》的学生了。在该书中，西敏司挖掘了一位甘蔗工
人阿纳斯塔西奥·扎亚斯·阿尔瓦拉多（Anastacio Zayas Alvarado
或名 Don Taso）几十年间的生活和工作。这是一部微观史，在这
个术语流行之前就写成了——正如西敏司所说，"俯视时间走廊，
有一个人走了过去"（Mintz, 1960，第 5 页）。西敏司在 1948 年
与唐·塔索（Don Taso）在一起时所得到的知识形成了后来他书
写的所有加勒比海食糖生产历史的基础。阅读该书没有立即让我
想成为人类学家——尽管我最终去了人类学专业的研究生院，部
分原因是跟随西敏司学习——但是该书确实让我信服，小叙事在
阐释更大的故事和趋势时所具有的能量。西敏司的案例研究所具
备的丰富性，让我以不同方式思考沃勒斯坦的作品。在沃勒斯坦
的书中很少有个体代理，存在劳动，但是没有劳动者。我开始想，
如果我要是在世界经济史领域追寻我的兴趣的话，目标之一将是

通过把小的故事与更宽泛的理论干预交织起来从而平衡两种研究方法。

139　　　　三年后，短暂地打了一系列零工后，我在一艘游艇的厨房里作为一个不称职的厨子工作时坚定地对地中海得出了非布罗代尔式的观点，此后，我计划进入约翰霍普金斯的一个博士生项目研究人类学。正是在此时，去研究生院之前的暑期，我阅读了布罗代尔的两卷本大作。我现在还保存着这部有大量下划线的书，那个夏天我携带着这套书在纽约奔波。旁注包括波浪线、女生用的感叹号、有趣的小箭头和偶然出现的问号（指书中写满了各种注释）。在两本书的最后几页，我用铅笔写下了急切的问题，其中一些问题甚至现在都让我感到困惑，似乎反映出我本科时的经济学课程："利率在大西洋经济中的角色是什么？为什么债权人不能通过调整利息避免赊账期间通货膨胀带来的损失？"启发沃勒斯坦的那些资料贯穿全书，当然——他自己的标注着大量下划线的书一定在某个地方。第二卷扣人心弦地叙述了在西班牙王权和奥斯曼帝国之间的斗争，从很多方面看更适合阅读，但是第一卷凭借其对长时段的诠释和鲜亮的形象给人留下了更深的印象——长时段是布罗代尔的术语，指代缓慢历史变化的框架。我特别喜爱颠倒的地中海地图，在其中布罗代尔展示了欧洲人眼界中的地中海以及远处的非洲。撒哈拉沙漠，即布罗代尔的"无水的海"（太空洞了，非洲历史学家现在会这样告诉我们），影响了欧洲的近处视野。也许正是在盯着那张地图时，我开始明白我的研究主题将会是欧洲人进入这些其他世界的过程。从我的旁注来看，如果我没有在之后不久认真阅读了一本有着非常不一样的学术传统的著作的话，我也许有可能随着自己的兴趣成为一名经济史学家。

权力的历史

当我到达约翰霍普金斯大学的时候，历史和人类学系正在经历一段时期，后来证明这段时光是合作的黄金时代。研究殖民时期美国的历史学家杰克·格林（Jack Greene）获得一笔来自洛克菲勒基金会的资助，用于发展研究大西洋历史和文化，此外也用于研讨会，在这个研讨会上所有历史系的博士生忐忑地呈现他们第一年的研究论文，还有一个大西洋世界研讨会每周会面，组织了当时正在塑造这个新兴领域的一系列客座历史学家和人类学家。在第一周，我拜访了各位教员的办公室，指着霍普金斯大学手册上的一行字说道，做一个人类学和历史学的联合博士是可能的。之前从未有学生这样做过，但是每一位教员看似都愿意让我尝试一下。我开始跟随西敏司和凯瑟琳·维德里（Katherine Verdery）学习人类学，同时与两位历史学家约翰·罗素－伍德（John Russell-Wood）和菲利普·柯廷紧密合作。

菲利普·柯廷，作为一位学术领袖，从未让我或其他人感到畏惧。他稍显矮壮，戴着不时髦的眼镜，习惯用双手提自己的腰带，即使在他要坐下的时候也是如此，给人印象平淡。他不太说话，滔滔不绝的时候非常少见。他的教学风格包括给一群研究生大量资料去阅读，打发我们去图书馆听他录播的一门讲给本科生的课程"世界和西方"。然后我们在他的办公室集合，他会问我们一到两个问题，然后变得非常安静。我们到处寻找答案；偶尔他会增加一个鼓励的词汇，但不太常见。我的马克思主义热情依然保持着，在第一个学期我一直向朋友抱怨柯廷完全没有"理论观"，并且我计划终止这门课。但是我坚持不懈地前行，逐渐懂得理解我所学习的那卷新材料，并开始觉察深层的重要框架的轮廓。

　　柯廷研究世界历史的方法是追踪欧洲人与其他其他地区的密切关系。沃勒斯坦的书启发了我。我学习到了欧洲人进入亚洲的帝国主义冒险的历史，对于我来说这是全新的知识，我阅读了柯廷称之为南大西洋体系的内容，我自己沉浸在比较视角下强有力的分析中，分析了如农奴制或奴隶制、新法兰西和俄国的毛皮贸易、中亚和南非的政治组织等现象。在霍普金斯大学图书馆的地下室，一小群同学和我听柯廷的课程录音带，包括一系列丰富的话题，从葡萄牙人的商栈帝国到帝国耶稣会士的历史、哥伦比亚大交换、西班牙的经院哲学、英国海盗、荷兰和科萨人（Xhosa）的互动、奥斯曼士兵、俄罗斯帝国的穆斯林等等。随着我第一次得到世界历史的真正教育，我开始领悟到与其说是理论观不如说是视角。柯廷作为一位世界历史学家，主要对文化和贸易之间变化的关系感兴趣。他关于欧洲和世界的课程架构由商业模式松散地组成：鱼类、银器、俘虏、毛皮、兽皮、黄金、咖啡、鸦片和小麦的贸易。但他作为经济史学家，特别接受文化和政治现象的启示。尽管他那时因其惊人且费力的大西洋奴隶贸易人口统计而闻名，他的第一本书《两个牙买加》（*Two Jamaicas*, 1955）依靠文学和法律文献，尝试重构获得自由的黑人在岛上的文化生活及其在不断演变的政治秩序中的地位。如果说我有怀疑柯廷倾向于一种结合了经济和文化问题的历史学的话，当他给我们看当时正在写作的书稿时，这些疑虑消失了，书稿是关于贸易离散社群的世界历史，强调亲属和宗教关系使得长途贸易模式成为可能（Curtin, 1984）。

　　在我尽可能多地学习了关于欧洲和世界的亲密关系的历史之后，一个下午我去了菲利普·柯廷的办公室，并问他是否可以指导我准备历史科目的综合考试。关于这次对话的叙述出现在我的书《法律和殖民文化》的前言部分第一段（*Law and Colonial Cultures,*

2002，第 11 页)：

> 在我解释了对伊比利亚帝国的历史感兴趣之后，他问，"为
> 什么不是世界历史？"我提议拓宽我的研究，把西非囊括进来。
> "世界历史会适合"，他敦促道。我建议把我的兴趣定位在大西洋
> 历史和文化。"研究世界历史"，他坚持说道。

这样我开始了正式接受世界历史的训练。我非常努力地以不 142
同的、更狭窄的方式定义我的研究范围，这个事实充分说明当时
世界历史作为一个研究领域处于边缘地位。我担心，如果我宣布
自己的历史学研究领域如此宏大，没有人会严肃地对待我。当时
间到了把名称输入我的档案中时，我要求系里写上了"比较社会
和经济史"。我认为世界历史听起来太炫耀和荒唐。

柯廷更了解情况。他曾经是威斯康星大学全明星教职团队的一
部分，起初把他们的领域定义为"热带地区的比较史"，然后作为
一个群体朝着世界历史标题发展。很多世界历史的重要人物，比如
迈克尔·阿达斯（Michael Adas）和帕特里克·曼宁，都在威斯康
星待过，一些人与柯廷同时期，另一些人是在之后。柯廷所作出
的最重要贡献之一是坚持把非洲历史完全整合进世界历史（Curtin,
1964, 1969）。另外一个重要贡献是，他愿意尝试不同的方法并挖掘
新颖的话题；在完成他的关于世界历史上的离散社群的著作之后，
他开始着手研究欧洲人在西非的疾病经历的历史，把医学史与尚
未成熟的环境史研究结合起来，在当时这是个新鲜的尝试（Curtin,
1998）。

随着阅读柯廷的作品，我潜移默化地受到影响，其他两次邂逅
在大约同时期更加急迫地塑造了我的学术轨迹。我在研究生阶段写

的第一篇学生论文是关于 E.P. 汤普森的《辉格党人和猎人》（*Whigs and Hunters*, 1975）。那时我已经读过汤普森大受欢迎的《英国工人阶级的形成》（*The Making of the English working Class*, 1963）以及关于道德经济、时间和群体行为的文章，这些文章后来被收入《共有的习惯》（*Customs in Common*, 1991）。在哈佛大学听过罗伯托·昂格尔（Roberto Unger）才华横溢的讲座之后，我四处搜寻他的著作，然后我隐约感觉到了在社会理论内部法律问题所具有的力量。我对这些话题和研究方法所萌生的兴趣，通过阅读《辉格党人和猎人》更加强烈地表现出来，特别是在该书引人入胜的最后一章，汤普森呈现了对法治的辩护。该书分析了在英国如何通过了《取缔流浪者条例》（*the Black Act*），这个事件标志着把一长串普通行为转变成了死罪。对于汤普森来说，如果没有理解护林员的道德经济和上流社会人士的利益之间碰撞的宽泛背景的话，法律故事毫无意义。这是两张网的故事，一张资本主义的网覆盖了习俗之网，在此地方权力和国家权威发生碰撞。

143

　　尽管很多汤普森的马克思主义追随者批判他，认为他没能把法律呈现为仅仅是英国最强大阶级的工具，但是对于我来说，该书似乎既在方法上是典范也在其他更微妙的方面有瑕疵。汤普森最终没能摆脱他自己的僵硬枷锁，即资本主义财产权与森林道德经济之间的碰撞。我所写的关于该著作的文章促使我开始想象一个不稳定的、在司法权上复杂的世界，在这个世界上人们可能积极地反对通常受到法律权威保护的利益，同时依旧承认它们的合法性。柯廷让我注意到了跨区域的实践，而汤普森启发我研究司法冲突。我开始形成了将这些主题结合起来的想法。

　　在我涉足以法律为关注点的社会史的同时，一位大师，约翰·罗素－伍德把我引入了帝国行政史。就像菲利普·柯廷一样，约翰·罗素-伍德很少关心理论，但是他有独特的视角，引导他把对葡萄牙帝国的广泛好奇心发展为一个全球项目。他书写的重要著作包括巴西的奴隶和获得自由的群体、葡萄牙帝国的女性、大西洋移民和伊比利亚扩张的重要组织概念市政管理（Russell-Wood, 1982, 1992）。罗素-伍德当时在遵循自己的导师查尔斯·博克瑟（Charles Boxer），发展帝国行政史；尽管博克瑟一般被看作是个通才，他产生的巨大影响来自于对荷兰和葡萄牙帝国的考察，研究中大部分资料来自法律档案，并且描述的是行政安排和危机（如Boxer, 1965, 1969）。在我跟随约翰·罗素-伍德阅读殖民拉丁美洲历史时，他也开始研究葡萄牙人移民的全球史，力图通过葡萄牙人水手、商人和官员的活动联系起印度洋和大西洋的帝国领域（Russell Wood, 1993）。他的研究是通过帝国历史的透镜看待世界历史的较早作品。

144

　　一定要提的是，约翰·罗素-伍德也是个在学术上有雅量的人，他看起来很严肃、让人觉得有距离，但薄薄的伪装之下是对正在奋斗的学生的温暖和同情。他给我讲葡萄牙帝国和殖民拉丁美洲，同时让我知道，他能够看到我正在疯狂地想方设法寻找自己的话题和研究方法。我书写大西洋经济的雄心壮志瓦解了，我不知道该用什么来替代。现在我比以前任何时候都更加理解帝国策略，以及帝国项目广大，而且经常是无条理的。我知道我极有可能无法像汤普森那样书写，但是我想要至少思考一下他所处理的那些问题。我也没有准备好放弃我对从不同于我在本科时所接受的视角出发研究经济史的兴趣。罗素-伍德敦促我听从自己的直觉，并建议我与霍普金斯大学其他院系的拉丁美洲学家进行讨论以帮助自己找到方向。

　　这样，我开始了职业生涯中时间最长的绕路，连续多年考察和书写西班牙和拉丁美洲的非正式部门或者地下经济和工业发展。我开始跟随社会学家亚历杭德罗·波特斯（Alejandro Portes）学习并合作，我所写的论文主题离帝国、世界和法律历史非常远。这项工作似乎带我远离了我的学术根基，但我一直保持着与汤普森式"自下而上"的社会史的联系，也保持着对当地经济融入全球市场的问题的兴趣。我完全沉浸其中，最终我的兴趣聚焦在劳工，考察在阿里坎特的血汗工厂和马德里郊区的临时工业园区里努力工作以偿还债务的人们的生活。近些年，随着最近的全球经济危机再一次暴露了我 20 世纪 80 年代中期所观察到的西班牙经济的结构缺陷，这个遥远的话题又呼啸归来，这些问题在景气的年份淡出了人们145 的视线之外。作为成果的著作《隐形的工厂》（*Invisible Factories*，1990）几乎刚一写完，我就感觉到了自己急切地想回归到比较和全球史。

　　在脑海中我打算写一本关于世界历史上的法律的书。法律史很大程度上依然作为一个包含在国别史之内的学科进行教学，很多社会和文化史学家依旧回避法律，同时其他人只不过是把法律档案作为文献或者复杂的叙事，而没有把其本身当作一个主题。历史学家如纳塔利娅·泽蒙·大卫斯（Natalie Zemon Davis, 1983）和卡洛·金茨堡（Carlo Ginzburg, 1980）已经注意到了法律文献作为微观史的基础所具有的价值，但是他们基本上对法律不感兴趣。即使是年鉴学派，一系列有影响力的法国学者，以布罗代尔的作品为基础挖掘社会和文化史的各个维度，除了把法律作为一个档案来源以揭示社会模式和文化心态，或者思想状态（*mentalité*），很大程度上把法律扔在了一边。但是如果宽泛地定义法律史从而把各种冲突囊括进去，如我所知道的把各处殖民地人民牵扯进激烈的斗争中，该话题必须被理解为全球叙事建构的重要部分。关键是弄清楚，如何把

政体之内的法律冲突研究与不断演进的政体之间互动的框架联系
起来。我私下里决定，如果我未来成为一名学者，我会研究这个
大问题。我辞去 M.I.T. 的城市研究和规划系的终身教职，并开始
把自己重新定义为一名研究法律的世界历史学家，而不是一名对
历史有兴趣的经济人类学家，我的一些朋友和同事怀疑我已经发
疯了。

一个全球法律制度

　　幸运的是，我很快遇见了新的缪斯。我最先遇到的是一直微笑
的杰里·本特利，当时在一次世界历史学会大会上我宣读一篇论文
向菲利普·柯廷致敬。我已经知道杰里是《世界历史杂志》的高效
率和乐于鼓励他人的编辑。就在重新评价世界体系分析那年之前，
该杂志曾经刊登过我的一篇文章，当时把这篇文章与制度经济学并
置（1996）。这篇文章支持研究我所称之为"制度世界历史"的东   146
西（这个短语我依然喜欢，但从未吸引很多人效仿）。杰里是位沉
着的编辑——相对新的杂志发表着高质量的论文——而且他不回避
风险。他愿意发表那些虽然尚缺乏太多实证支持，但提出了世界历
史新方向的稿件。无论是通信还是他本人都让人感到平静和愉快，
他给人留下的印象是不会被什么东西惊到，他会因新的观点而感到
高兴。

　　这样的态度会扶持新人。我在《世界历史杂志》上的第一篇论
文发表几年之后，我以那本讨论世界历史上的法律的著作中的一章
为基础写成了文章（Benton, 2000），再一次投给了本特利。我当时
充分憧憬一部法律多元主义的全球史。那篇文章勾勒出了我正在发

展的关于"全球法律制度"兴起和本质的研究视角的主要因素。我
提出从为人力和商品的跨区域活动创造可能性的角度而言，欧洲、
非洲和美国社会的司法复杂性模式在各个政体中大致相似。回想从
约翰·罗素－伍德那里所学的课程，我能够看到葡萄牙人，比如说，
在西非实施商业活动和抢劫时清晰地假设，甚至是明确地理解，非
洲政体对法律的期望。如同菲利普·柯廷所研究的贸易离散社群那
样，葡萄牙人通过重现对于非洲人和伊比利亚人来说一样熟悉的法
律多元主义模式，从而协调与非洲国家的关系；两个社会长期以来
都认同少数派的宗教或者商人离散社群有权在他们自己社群内部规
范小规模冲突，只有被认为特别严重的事件，主要是那些能够触动
死刑的，才送交给当地的权威。杰里·本特利再一次帮我发表了这
篇文章，并鼓励我继续进行这部书的工作。当然，在该书出版后他
也从没有说过对该书或者其观点有过帮助。但是《法律和殖民文
化》（*Law and Colonial*, 2002）如果在关键阶段没有他从编辑角度
的指导的话，会是一本不同的更薄弱的书。

147　　　　也是在非常偶然的情况下，大约在同一时间我遇到了另一个
学术上的缪斯。在项目早期，我非常幸运地碰到了詹姆斯·马尔登
的《教皇、律师和异教徒》（*Popes, Lawyers, and Infidels*, James,
1979）。正如遇到沃勒斯坦的著作那样，我就是在图书馆发现了这
部书——这次是在罗格斯大学（Rutgers University），我那时在这
里教学。马尔登杰出的专著令人耳目一新。《教皇、律师和异教徒》
解释了中世纪时期欧洲法律最重要的司法紧张关系的根源，世俗
和宗教法律权威之间的斗争。就像哈罗德·伯曼（Harold Berman）
的睿智之作《法律和革命》（*Law and Revolution*, 1983），马尔登
的书揭开了这种紧张关系普遍存在并且程度严重，然后他更进一
步，考察司法冲突出现的方式，包括在创建泛基督徒的法律秩序过

程中以及在塑造欧洲边界的互动中：欧洲以东，外交关系涉足至俄国，欧洲以南和以西，伊比利亚人开始了他们断断续续和争论不休的攻势，声称要拿下大西洋岛屿。在阅读马尔登的才气之作时，我能够开始理解欧洲帝国几个世纪以来的我起初称之为"司法政治"（jurisdictional poltics）的要旨，奥斯曼帝国的情况也是如此。当我最后在访问约翰·卡特·布朗图书馆期间遇到詹姆斯·马尔登时，我发现就像杰里·本特利，他乐意阅读和对我的作品提出批评，同时也敦促我把这个项目继续做下去。与本特利一起，马尔登赶走了我曾经有的疑虑，即一部帝国法律的世界历史超出任何人的能力范围。

《法律和殖民文化》这本书提出了一个视角和两个论点。一个视角是我在本文已经描述过的：在我们称之为帝国的多中心法律秩序里，司法政治与法律行为者密切相关并推动结构和制度变迁。两个论点中的第一个是这个过程在早期现代世界各个政体之间产生了连续性。来自各个世界地区的人们认识到如何在外国帝国的法律体系之内施展才华。他们明白法律秩序由很多平行的司法管辖区组成。例如，商人作为法律社群的成员把自己置于东道国的政体之内，对他们自己的事务保有部分司法权。同时，扩张中的帝国建立在司法权上复杂的法律秩序，认同被征服的社群享有一定程度的司法自治。多中心法律秩序的类似结构为早期现代世界的跨区域联系和交流提供了基础。该书的第二个论点是，在如此复杂的多元法律秩序中出现的司法冲突推动了殖民地国家的兴起。该书追溯了在漫长的 19 世纪期间越来越清楚地要求国家法律领导权，这个过程的特征是针对如何界定帝国内各个群体的法律地位展开了争斗。在这个把"司法政治"作为国家权威形成的媒介的叙述中，19 世纪末国家间的秩序产生于殖民地政治和世界历史，并非源自广为流传的欧

148

洲模式下的治国才能和独立自主。换句话说，帝国法律冲突影响着普遍的制度变迁模式。

　　关于转向国家法律领导权的第二个论点与第一个关于普遍存在的法律多元主义的论点相比，不太充实。在两个论点之间也存在微妙的紧张关系，因为强大的国家法律权威与持久的司法权复杂性和模糊性相一致。作者们通常比其他人更了解一个项目结束时哪里是未交代清楚的部分。我想我的下一个项目应该尝试细化对主权的理解，从另一个角度处理这个话题。最初我构思下一本书会考察领土主权的晚期情况和可能的发展。随着我介入新的项目，在全新的同事的陪伴下我这样做了。在纽约大学，自从我在约翰霍普金斯大学攻读研究生的生活结束之后，这是我第一次近距离接触一群令人钦佩的、从事跨区域和跨国别历史研究的历史学家。

　　纽约大学的历史学家已经在从新的角度研究帝国的历史。简·伯班克（Jane Burbank）和弗雷德里克·库珀（Ferderick Cooper）从密歇根大学到了纽约大学，随之带来了关于帝国比较史的广泛课程。我们开始合作教学为期一学年的研究生课程，内容是世界历史上的帝国，这个机会不仅意味着开始塑造学生的思维，把帝国看作一个分析框架，也意味着彼此互相学习。就像简·伯班克完成了一个关于俄国农民和法律的简明研究（2004），弗雷德里克·库珀着手一个大项目，重新书写法国帝国公民的历史，我开始探索是否可能写一本关于欧洲帝国内地理和法律的著作。

　　其间，纽约大学法学院的一些教职员工帮助我进入了作为一个学科的法律史。甚至在作为教员来到纽约大学之前，我已经参加了纽约大学法律史学术研讨会（NYU Legal History Colloquium），现在我也加入了长达一年的围绕帝国和法律主题组织的读书小组。这个小组把不同的学者邀请来，寻求思考帝国法律和国际法历史的新方式。这个令人兴奋的论坛包括了思想史学家大卫·阿米蒂奇（David Armitage）和珍妮弗·皮茨（Jennifer Pitts），以及国际法学者贝内迪克特·金斯伯里（Benedict Kingsbury）。这个小组给我引介了查尔斯·亚历山大威茨（Charles Alexandrowicz）的作品，他的著作从 20 世纪 60 年代起得到的关注相对较少，但他力争把国际法的历史从其地方性的欧洲中心主义中解放出来；以及魏玛理论家卡尔·施米特（Carl Schmitt）的作品，他关于主权本质的观点引发了争议，在那时启发了跨学科观众的想象力（如 Alexandrowizc, 1967；Schmitt, 2003）。

正如大部分书一样，《寻找主权》（*A Search for Sovereignty*, 2010）的写作角度让我感到吃惊。最初我问了一系列相对直接的问题：领土控制什么时候并且如何变得对理解主权来说是必不可少的？什么样的实践和话语是欧洲人对帝国地理的法律想象力的特征？帝国如何要求对领土的控制权，以及为什么这么做？就帝国内地理话语和法律实践的交汇而言，我认为这些问题会引导我们发现有趣的和新的见解。事实上也确实如此。我发现了对河流的极大兴趣，河流符合在殖民地政治共同体内对标记自己身份的帝国主张和渴望。我追溯了理解海上航线和海事司法权代表的合并过程，通过研究海盗的法律策略很容易看到这个关系，结果证明海盗不是反独裁主义的捣蛋鬼，而是富有经验的法律基本原理的用户和生产者。我绘制了一幅 18 世纪晚期岛屿作为标志强大帝国权威的地点定位图。我探索了一个近似于布罗代尔式的观点，把山脉看作是发生原始主权和缓慢政治变化的地方，这个地理和法律想象力的因素强有力地再次浮现，其背景是帝国晚期，就帝国范围内印度的王公贵族国家和其他政体的准主权、或者部分主权所展开的论辩（参见 Scott, 2010）。

在这个过程中，我发现自己要写的是一本关于帝国内部层级主权的书，尤其是与国民性和代理法律权威相关的法律实践的相互交织。对帝国的法律地理最合适的描述是飞地和走廊的集合，乱七八糟的空间拼图与大家常见的染色均匀的帝国辽阔领地地图形成了鲜明对比。帝国凹凸不平的空间格局符合一直以来把主权理解为可分割的和不完整的。最终该书分析了帝国对五花八门的和不规则的领地的统治，这是一个"异常的法律区域"集合（Benton, 2010，第6页）。

这个项目教给我，书写新的全球法律史包含着修正国际法历史并推进宪法史的可能性。尽管这些目标在十年前还看似遥不可及，现在对于我来说与其他学者一起有可能质疑国际法和思想的一些标准和长久接受的原则。我和其他同事如大卫·阿米蒂奇（2007）、丹尼尔·赫尔斯博施（Daniel Hulsebosch, 2005；Golove and Hulsebosch, 2010）和苏迪普塔·森（Sudipta Sen, 2002）一起从全球视角考虑主权和宪法；和历史学家如乌代·辛格·梅塔（Uday Singh Mehta, 1999）、珍妮弗·皮茨（2005）、克里斯托弗·贝利（Christopher Bayly, 2012）一起把研究帝国宪法和分析自由主义的全球起源结合起来；和一群有创新精神的不同的学者一起寻求从新的法律视角研究殖民地和帝国历史，包括肯·麦克米伦（Ken MacMillan, 2011）书写了英国人获得帝国的过程和早期帝国宪法；

151 克里·沃德（2009）的作为劳工被迫运动的环境的荷兰帝国；珍妮·普尔西菲尔（Jenny Pulsipher, 2005）的在帝国和君主政治语境内英国人和印度人的互动；马利克·加切姆（Malick Ghachem, 2012）和丽贝卡·斯科特（Scott 和 Hébrard, 2012）的奴隶制法律的连续性；米兰达·斯皮勒（Miranda Spieler, 2012）的法国罪犯流放地的法律例外主义；纳赛尔·侯赛因（Nasser Hussain, 2003）和朗德·科什塔尔（Rande Kostal, 2005）的殖民地的应急法案；和利萨·福特（Lisa Ford, 2010）的移民殖民地主权的起源。与我在十年前写作《法律和殖民文化》时所感到的孤独形成对比的是，我现在发现自己幸运地有同路人在周围——书写全球法律史的历史学家。

回顾过去 展望未来

如果我们延伸一下本土建筑这个比喻，发现我们自己处于令人愉快的无序的和令人难忘的兼收并蓄的建筑群中。这个集合发展到一种风格或者学派了吗？若干个对世界历史有重要意义的主要项目的轮廓已经显而易见。我们还需要弄清楚与世界历史分期有关的法律史的近期发展状况。我们能够看到一个研究法律文化的有效和有趣方法的明确轮廓。一个大议程——重新书写国际法的历史，纳入欧洲之外的世界——也许最终会建立在这些基础之上。

新历史分期的迹象依然只是部分可见。大部分关于世界历史上的帝国和法律的研究，关注的是公元 1500 年之后的时期，这时逐渐增多的长途贸易让世界各区域之间的联系更紧密，而且这时法律进程在与其他力量一起发挥作用，构成贸易、征服和管理的框架。世界上相隔遥远的地方的法律秩序如何发展以及回应了哪些影响？同步性的问题——相似的现象同时出现——仍然是作为一个研究领域的法律史挥之不去的问题。很难或者不可能解释一些事件，比如强势的新说法把国家法律命令说成是理念或者实践传播的结果。在部分程度上，法律上的大转向也许可以解释为与一些力量相关，如促进贸易和跨区域投资。在部分程度上，这些转向是在回应类似的司法权紧张关系，例如，把帝国重新组织为更加清晰的等级管理结构，如果说在内部依然保持多样的话。为了理解 19 世纪早期广泛的帝国法律改革的动力，我的注意力转向了英国殖民地地方行政官的重组（Benton, 2011；Benton and Ford, 2013），并力图把法律多元主义这个主题置于比较语境中（Benton and Ross, 2013）。关于全球法律转型的本质、结构和时间的问题依然存在。

另外一片研究沃土集中于法律文化。现在我们知道在各个差异非常大的社会和语境中，历史代理人始终展现了快速调整法律策略的能力。最近对易变的和灵活的法律策略的研究所做出的显著贡献之一，是对宽泛定义的法律实践和制度趋势之间的关系提出了新问题。例如，在研究海盗的法律行为时，我发现这个方法揭示了海盗作为政治主体（而不是无国籍的无赖）的一些内容，以及他们在海事监管秩序内的地位（Benton, 2005）。其他历史学家发展了具有细微差别的方法以阐释差异范畴，提出历史代理人对法律的期望塑造了他们对文化相遇和政治体系的理解（Burbank, 2004；Owensby, 2011）。制度和法律文化分析结合起来产生了关于跨区域进程的新发现，使劳工、奴隶制、治外法权和权利形成体系（Tomlins, 2010；Moyn, 2011；Cassel, 2012；Rushforth, 2012）。

并非偏向一种模糊的和容量大的法律文化研究，我们能够通过关注法律权威的施行、认同或者合法性生产特别重要的发现。在分析法律权威的所有变体时，世界和比较历史抛弃了一种把规范或者条例作为研究对象的视角。规范不容易认识到，部分原因是历史代理人把规范看作是参照点，而不是固定约束。比较起来，法律冲突之所以能被研究是因为参与者生产并留下了记录痕迹，而冲突倾向于呼应更大的策略行为模式，最终导致法律上的变化。关于法律论坛的演变有一系列论辩，比如刑事法院；对惩罚的争议（如监禁或者鞭笞）；针对宗教群体的地位和迫害展开的斗争；在社会和文化圈内部如家庭施行法律权威的紧张关系——这些话题敞开了社会和政治进程的窗户，反过来社会和政治进程塑造了世界历史。

如果说法律和世界历史研究培育了对法律文化和策略的各种细微阐释，那么，它也打开了一个庞大的和依然未发展的研究领域，即政体间（inter-Polity）法律研究。"政体间"这个术语是我仔细选择的。正如我已经讨论过的，国际法的历史明显强调欧洲法律学、欧洲关于自然法和制定法的视角、欧洲人对主权国家的定义、欧洲人为国际法律群体制定的会员身份标准。法律的比较和全球史强有力地提出了需要理解帝国在全球法律秩序演变中的作用。他们也不太明确地打开了这个问题，即如何理解未经帝国（包括欧洲）权力斡旋的政治社群相互关系中的法律。一小群法律学者开始勾勒国际法历史的宏大框架，会包括所有种类和区域的政体间关系（Anghie, 2004 ; Belmessous, 2012 ; Benton, 2012）。这些努力意味着将来会重新构思欧洲人把帝国置于中心的国际思想（Kingsbury and Straumann, 2011 ; Armitage, 2013 ; Benton and Ross, 2013）。

正如在世界历史的所有领域，研究中所遇到的挑战列出来的话要比成就多得多。然而，这个研究领域依靠隔绝的工作所具有的非凡发展速度，也是让人感到赞叹的。"全球法律史"这个短语现在说得通，但是仅在十年前也许听起来怪异或者甚至是妄想。如果世界历史关于移民、劳工、贸易和其他现象的研究没有同样迅速发展，这些现象组成了监管体制和法律制度，这个转型是不可能的。作为这个领域本土建筑的一部分，研究全球法律和法律文化现在世界历史的景观内清晰可见，也许甚至会被事实证明经久不衰。

参考书目

Alexandrowicz, Charles Henry. 1967. *An Introduction to the History of the Law of Nations in the East Indies: 16th, 17th and 18th Centuries.* Oxford: Clarendon.

Anghie, Antony. 2004. *Imperialism, Sovereignty, and the Making of International Law.* Cambridge: Cambridge University Press.

Armitage, David. 2007. *The Declaration of Independence: A Global History.* Cambridge, MA: Harvard University Press.

Armitage, David. 2013. *Foundations of Modern International Thought.* New York: Cambridge University Press.

Bayly, C.A. 2012. *Recovering Liberties: Indian Thought in the Age of Liberalism and Empire.* Cambridge: Cambridge University Press.

Belmessous, Saliha, ed. 2012. *Native Claims: Indigenous Law Against Empire, 1500–1920.* Cambridge: Oxford University Press.

Benton, Lauren. 1990. *Invisible Factories: The Informal Economy and Industrial Development in Spain.* Albany, NY: State University of New York Press.

Benton, Lauren. 1996. "From the World Systems Perspective to Institutional World History: Culture and Economy in Global Theory," *Journal of World History* 7/2: 261–289.

Benton, Lauren. 2000. "The Legal Regime of the South Atlantic World: Jurisdictional Politics as Institutional Order," *Journal of World History* 11/1: 27–56.

Benton, Lauren. 2002. *Law and Colonial Cultures: Legal Regimes in World History, 1400–1900.* Cambridge: Cambridge University Press.

Benton, Lauren. 2005. "Legal Spaces of Empire: Piracy and the Origins of Ocean Regionalism," *Comparative Studies in Society and History* 47/4: 700–724.

Benton, Lauren. 2010. *A Search for Sovereignty: Law and Geography in European Empires, 1400–1900.* Cambridge: Cambridge University Press.

Benton, Lauren. 2011. "Abolition and Imperial Law, 1780–1820," *Journal of Commonwealth and Imperial History* 39/3: 355.

Benton, Lauren. 2012. "Possessing Empire: Iberian Claims and Interpolity Law," in Saliha Belmessous, ed. *Native Claims: Indigenous Law Against Empire, 1500–1920.* Cambridge: Oxford University Press, pp. 19–40.

Benton, Lauren and Lisa Ford. 2013. "Magistrates in Empire: Convicts, Slaves, and the Remaking of the Plural Legal Order in the British Empire," in Lauren Benton and Richard J. Ross, eds. *Legal Pluralism and Empires. 1500–1800.* New York: New York University Press, pp. 173–198.

Benton, Lauren and Richard Ross, eds. 2013. *Legal Pluralism and Empires, 1500–1850.* New York: New York University Press.

Berman, Harold J. 1983. *Law and Revolution: The Formation of the Western Legal Tradition.* Cambridge, MA: Harvard University Press.

Boxer, Charles. 1965. *The Dutch Seaborne Empire, 1600–1800.* London: Hutchinson.

Boxer, Charles. 1969. *The Portuguese Seaborne Empire, 1415–1825.* New York: A.A. Knopf.

Braudel, Fernand. 1949. *The Mediterranean and the Mediterranean World in the Age of Philip II,* vols. I and II. Berkeley, CA: University of California Press.

Burbank, Jane. 2004. *Russian Peasants Go to Court: Legal Culture in the Countryside, 1905–1917.* Bloomington, IN: Indiana University Press.

Cassel, Pä Kristoffer. 2012. *Grounds of Judgment: Extraterritoriality and Imperial Power in Nineteenth-Century China and Japan.* Oxford: Oxford University Press.

Curtin, Philip D. 1955. *Two Jamaicas: The Role of Ideas in a Tropical Colony, 1830–1865. Cambridge, MA: Harvard University Press.*

Curtin, Philip D. 1964. *The Image of Africa: British Ideas and Action, 1780–1850,* vol. 2. Madison, WI: The University of Wisconsin Press.

Curtin, Philip D. 1969. *The Atlantic Slave Trade: A Census.* Madison, WI: The University of Wisconsin Press.

Curtin, Philip D. 1984. *Cross-Cultural Trade in World History.* Cambridge:

155

Cambridge University Press.

Curtin, Philip D. 1998. *Disease and Empire: The Health of European Troops and the Conquest of Africa.* Cambridge: Cambridge University Press.

Davis, Natalie Zemon. 1983. *The Return of Martin Guerre.* Cambridge, MA: Harvard University Press.

Ford, Lisa. 2010. *Settler Sovereignty: Jurisdiction and Indigenous People in America and Australia, 1788–1836.* Cambridge, MA: Harvard University Press.

Ghachem, Malick W. 2012. *The Old Regime and the Haitian Revolution.* Cambridge: Cambridge University Press.

Ginzburg, Carlo. 1980. *The Cheese and the Worms: The Cosmos of a Sixteenth-Century Miller.* Baltimore: The John Hopkins University Press.

156 Golove, David M. and Daniel J. Hulsebosch. 2010. "A Civilized Nation: The Early American Constitution, the Law of Nations, and the Pursuit of International Recognition." *New York University Law Review,* Public Law Research Paper No. 10–58.

Hulsebosch, Daniel J. 2005. *Constituting Empire: New York and the Transformation of Constitutionalism in the Atlantic World, 1664–1830.* Chapel Hill, NC: University of North Carolina Press.

Hussain, Nasser. 2003. *The Jurisprudence of Emergency: Colonialism and the Rule of Law.* Ann Arbor, MI: University of Michigan Press.

Kingsbury, Benedict and Benjamin Straumann, 2011. *The Roman Foundations of the Law of Nations: Alberico Gentili and the Justice of Empire,* New York: Oxford University Press.

Kostal, R.W. 2005. *A Jurisprudence of Power: Victorian Empire and the Rule of Law.* Oxford: Oxford University Press.

MacMillan, Ken. 2011. *The Atlantic Imperial Constitution: Center and Periphery in the English Atlantic World.* New York: Palgrave Macmillan.

Mehta, Uday Singh. 1999. *Liberalism and Empire: A Study in Nineteenth-Century British Imperial Thought.* Chicago, IL: The University of Chicago Press.

Mintz, Sidney W. 1960. *Worker in the Cane: A Puerto Rican Life History.* New York: W.W. Norton.

Mintz, Sidney W. 1985. *Sweetness and Power: The Place of Sugar in Modern*

History. New York: Penguin Group.

Moyn, Samuel. 2011. *The Last Utopia: Human Rights in History.* New York: Belknap Press.

Muldoon, James. 1979. *Popes, Lawyers, and Infidels: The Church and the Non-Christian World, 1250–1550 (The Middle Ages).* Philadelphia, PA: University of Pennsylvania Press.

Owensby, Brian. 2011. *Empire of Law and Indian Justice in Colonial Mexico.* Stanford, CA: Stanford University Press.

Paige, Jeffery M. 1975. *Agrarian Revolution.* New York: MacMillan Publishing Co., Inc.

Pitts, Jennifer. 2005. *A Turn to Empire: The Rise of Imperial Liberalism in Britain and France.* Princeton, NJ: Princeton University Press.

Pulsipher, Jenny Hale. 2005. *Subjects Unto the Same King: Indians, English, and the Contest for Authority in Colonial New England.* Philadelphia, PA: Pennsylvania Press.

Rushforth, Brett. 2012. *Bonds of Alliance: Indigenous and Atlantic Slaveries in New France.* Chapel Hill, NC: University of North Carolina Press.

Russell-Wood, A.J.R. 1982. *The Black Man in Slavery and Freedom in Colonial Brazil,* New York: Palgrave Macmillan.   157

Russell-Wood, A.J.R. 1992. *Society and Government in Colonial Brazil, 1500–1822.* New York: Variorum.

Russell-Wood, A.J.R. 1993. *The World on the Move: The Portuguese in Africa, Asia, and America, 1415–1808.* New York: St. Martin's Press.

Schmitt, Carl. 2003. *The Nomos of the Earth in the International Law of the Jus Publicum Eurepeaum.* New York: Telos Press.

Scott, James C. 2010. *The Art of Not Being Governed: Anarchist History of Upland Southeast Asia.* New Haven, CT: Yale University Press.

Scott, Rebecca and Jean M. Hébrard. 2012. *Freedom Papers: An Atlantic Odyssey in the Age of Emancipation.* Cambridge, MA: Harvard University Press.

Sen, Sudipta. 2002. *Distant Sovereignty: National Imperialism and the Origins of British India.* New York: Routledge.

Spieler, Miranda Frances. 2012. *Empire and Underworld: Captivity in French*

Guiana. Cambridge, MA: Harvard University Press.

Thompson, E.P. 1963. *The Making of the English Working Class.* New York: Vintage Books.

Thompson, E.P. 1975. *Whigs and Hunters: The Origin of the Black Act.* New York: Pantheon Books.

Thompson, E.P. 1991. *Customs in Common.* New York: New Press.

Tomlins, Christopher. 2010. *Freedom Bound: Law, Labor, and Civic Identity in Colonizing English America.* Cambridge: Cambridge University Press.

Wallerstein, Immanuel. 1974. *The Modern World-System I: Capitalist Agriculture and the Origins of the European World-Economy in the Sixteenth Century.* Berkeley, CA: University of California Press.

Ward, Kerry. 2009. *Networks of Empire: Forced Migration in the Dutch East India Company.* Cambridge: Cambridge University Press.

Wolf, Eric R. 1969. *Peasant Wars of the Twentieth Century.* New York: Harper & Row.

延伸阅读

Anghie, Antony. 2004. *Imperialism, Sovereignty, and the Making of International Law.* Cambridge: Cambridge University Press.

Armitage, David. 2013. *Foundations of Modern International Thought.* New York: Cambridge University Press.

158　Belmessous, Saliha, ed. 2012. *Native Claims: Indigenous Law Against Empire, 1500–1920.* Cambridge: Oxford University Press.

Benton, Lauren. 2002. *Law and Colonial Cultures: Legal Regimes in World History, 1400–1900.* Cambridge: Cambridge University Press.

Benton, Lauren. 2010. *A Search for Sovereignty: Law and Geography in European Empires, 1400–1900.* Cambridge: Cambridge University Press.

Benton, Lauren and Richard Ross. 2013. *Legal Pluralism and Empires, 1500–1850.* New York: New York University Press.

Ford, Lisa. 2010. *Settler Sovereignty: Jurisdiction and Indigenous People in America and Australia, 1788–1836.* Cambridge, MA: Harvard University Press.

MacMillan, Ken. 2011. *The Atlantic Imperial Constitution: Center and Periphery in the English Atlantic World.* New York: Palgrave Macmillan.

Moyn, Samuel. 2011. *The Last Utopia: Human Rights in History.* New York: Belknap Press.

Muldoon, James. 1979. *Popes, Lawyers, and Infidels: The Church and the Non-Christian World, 1250–1550 (The Middle Ages).* Philadelphia, PA: University of Pennsylvania Press.

7 世界上的非洲：从国别史到全球联系

克里·沃德

当我第一次听到休·特雷弗－罗珀爵士（Sir Hugh Trevor-Roper）臭名昭著的断言"在非洲只有欧洲的历史。其他都是黑暗……"时，我还是位于澳大利亚南部的阿德莱德大学（Adelaide University）的一名大一学生，我把他的论断解读为无可救药的过时偏见，很久之前已经被扔进了历史的垃圾桶。特雷弗－罗珀不仅把非洲的过去刻画为"在地球上风景如画但无关紧要的角落里野蛮部落无意义地旋转"，也把所有欧亚之外的社会模式化为停滞的并处于历史范围之外，从而一笔抹杀了一部包容广阔的世界历史的可能性，在他看来历史就是仔细考察文字记录以阐明人类的进步。

但是，特雷弗－罗珀没有抹杀比较历史。他相信必须在进行概括之前通过专业化发展专门知识，并在此基础上应用这个方法。

"也就是说，历史学家是两栖的：他必须在一部分时间处于表象之下，目的是在浮现的过程中能够有效地俯瞰。一生都从事专业化工作的历史学家也许最终会成为一名古文物研究者。从未进行过专业化研究的历史学家最终只会夸夸其谈"（Trevor-Roper, 1969, 第16页）。具有讽刺意味的是，如果人们看不到他早期言论中粗暴的和陈旧的沙文主义，这则来自特雷弗－罗珀的引言，就当前关于世界历史专业研究生教育的论辩而言不是一个太牵强附会的方案（Streets-Salter, 2012）。这则引言也指出当前世界历史学术的发展，其中大部分从业者在早期被训练为地区专家，然后在概念上扩展进入了世界历史。研究非洲的历史学家在这些发展中发挥了重要作用，并在过去几十年的世界历史论辩中仍然保持着显著地位（Gilbert and Reynolds, 2012）。除了与研究其他领域的历史学家一起主要受到欧洲殖民主义的影响，非洲学家还被训练在他们专业研究领域之外进行广泛地阅读并综合多种史学。近期，把非洲写入世界历史作为最有影响力的领域之一直接采用了特雷弗－罗珀的两栖比喻说法，支持大西洋和印度洋历史作为一种替代性的区域或者比较历史分析框架。

本章从世界历史角度挖掘了非洲史的根源，以及在非洲史学的演变过程中当地和全球以何种方式持续地相互作用。从代际上看，非洲研究作为从 20 世纪 50 年代开始的地区研究发展过程中的一个独特研究领域，其演变过程与全球非殖民地化和殖民地时期之后的国家兴起的时代相一致。这鼓励了植根于前殖民历史的国别史的兴盛，同时刺激了关于地区研究的分析单元是否一致的论辩。但是非洲史作为非洲大陆和新世界非洲血统的人民的历史，长期以来有着泛非传统。近期，把非洲与印度洋和亚洲联系起来的学术势头大增，我的书《帝国网络：荷兰东印度公司的强制移民》（*Networks of Empire: Forced Migration in the Dutch East India Company*, Ward, 2009）属于该趋势的一部分。

161　旧社会和新国家：非洲和现代世界的兴起

　　我与非洲的相遇从年纪很小的时候就开始了，通过 20 世纪 60 年代中期美国的儿童电视剧《医生》（斯瓦希里语 *Daktari*），这部电视剧是关于一位居住在东非从事研究的兽医和他的女儿。我羡慕那个女孩的令人难以置信的冒险生活，她带着一只对眼狮子和一只黑猩猩做伴，甚至现在我还记得那很有特色的非洲爵士主题音乐。60 年代中期是澳大利亚教育领域的一个极其创新的时期，我上了一所实验性公立学校。该校的一个重要教学法组成部分是推广联合国。每个班级选择一个国家并学习一学年，因为我们要借助于所选择的国家学习历史、文化、地理、音乐和艺术。1972 年，我们班选择了非洲。回忆起来，现在这让我猛然觉得奇怪，让我想起了"非洲不是一个国家"的回应，非洲学家依旧必须极其频繁地坚持这个回应。在另外一年，我的班级学习的是牙买加——不是西印度群岛或者加勒比海——但是当说到非洲时，我们不加鉴别地以泛非主义者的方式接受了整个大陆。然而我们为联合国日准备的服装是扎染的莎笼、珠子和赤脚。只有选择装扮成大卫·利文斯通（David Livingstone）和亨利·莫顿·斯坦利（Henry Morton Stanley）的男孩们不得不穿上常规服装——家里做的猎装。

　　在 20 世纪 60 年代，非洲不是学校课程里必不可少的一部分，到了 70 年代，不仅越南战争而且澳大利亚外交政策在战后的转变都使得亚洲越来越得到更多的注意。直到我于 1980 年开始在阿德莱德大学攻读学士学位，才通过合作教学的历史系入门级课程"旧社会和新国家"又一次遇到了非洲，这门课逐渐成为课程设置的重要组成部分，被亲切地称呼为"旧社会（old socs）"（Harvey et al., 2012）。作为一个 18 岁的学生，我没有认识到课程名称来自克利福德·格尔茨（Clifford Geertz）所编的经典书目《旧社会、新国家：亚洲和非洲对现代性的追求》（*Old Societies, New States: The Quest for Modernity in Asia and Africa,* 1963）。书中所选的文章基本上属于比较类的，格尔茨认为"原生的"种族、国家、语言和宗教附属对于后殖民时代新兴独立国家的综合政治来说是个威胁。那时的课堂围绕一系列案例研究讲座来组织，由地区研究专家包括太平洋岛屿、日本、中国、印度、印度尼西亚和非洲进行教学。一些以国别为基础的和其他以区域为基础的案例研究的特殊性，仍然能反映出今天世界历史教科书和概况课程中所存在的特殊性和一般化挑战。

162

第一组讲座勾勒出了传统社会的结构，第二组讲座关注帝国主义和殖民主义带来的转型，第三组讲座主要谈论向现代独立国家的转变。我们写的第一篇文章要求批判巴林顿·摩尔（Barrington Moore）的《专制和民主的社会起源》（*Social Origins of Dictatorship and Democracy,* 1966），这是社会学领域关于比较历史分析的一部奠基性著作。穆尔比较了英国、法国、美国、中国、日本和印度的现代化，并进一步对比了中国、俄国的革命与日本、德国出现的法西斯主义。很多年后，正是在认真思考的基础上，我意识到"旧社会"把我引进了世界历史的大门，尽管当时没有被设想为一门世界历史课程。

在该门课程的第二个主要部分，学生们被分派去上由不同地区研究专家主持的辅导课。我选择跟着诺曼·埃瑟林顿（Norman Etherington）学习南非。已经潜在地受到格尔茨的影响，再加上巴林顿·摩尔的明显作用，我把南非的发展比作一个在非洲南部以种族为基础的资本主义工业强国，与新独立的国家一起，与他们在该区域面临的殖民遗产，即不发达状态作斗争。澳大利亚人从小被教育要为弱者加油，所以我的期末论文写的是南非外交政策在非洲南部后殖民国家的英勇社会革命中所存在的潜在霸权和破坏作用。这是个发展错误的大卫和哥利亚的故事——哥利亚（指巨人）似乎要取得胜利。作为一名青少年，我不是特别有政治意识，也不见多识广，反而年轻人的义愤和一种全球正义感激励我第一次尝试考察恐怖的种族隔离，种族隔离作为一种白人至上的制度，压迫南非的大多数黑人。令我惊讶的是，我的文章发表在了历史系刊登优秀学生文章的《小杂志》（*Little Magazine*）上。我不得不承认，看到我的名字刊印出来相当兴奋，但我从未想过真的要做这样的事情谋生。

世界上的非洲史

　　我继续学习了各种课程，在历史政治系这些课程可以被宽泛地称为"第三世界"研究。这些课程的教学一般是通过批判马克思主义的生产方式分析框架，以及考察从传统社会到当代国家的转变过程中的阶级形成和斗争。我们的课堂关注"不发达地区的发展"理论家（Frank, 1966）对现代化理论的批判（Rostow, 1960）和世界体系分析（Wallerstein, 1974），我会在 90 年代中期在密歇根大学的研究生院再一次重温这些内容。

　　1981 年诺曼·埃瑟林顿组织了一次学术交流，对方是开普敦大学（University of Cape Town, UCT）的克里斯托弗·桑德斯（Christopher Saunders），还有一位研究生帕特里夏·苏美琳（Patricia Sumerling），我方给到访的学者看了我大一时发表的文章。当时桑德斯建议我考虑一下去开普敦大学继续研究生学业，我感到非常惊奇。毋庸置疑，对于一个害羞的本科生来说，这善意的但非正式的鼓励给我打开了从学生角度探索世界的可能性，而不是从旅行者的角度。当埃瑟林顿回到阿德莱德时，我抓住机会参加了他开设的关于非洲史的高级研讨班。阅读罗德尼（Rodney, 1972）和法农（Fanon, 1961）对殖民主义及其遗产的批判，让我产生了共鸣，埃瑟林顿也与我们分享他的处于进展中的关于帝国主义理论的工作（Etherington, 1984），以及非洲史学基础。扬·万西那（Jan Vansina）的《口述传统》（*Oral Tradition*, 1965）及其评论把非洲史学置于前殖民历史和跨学科方法论研究的最前沿，包括考古学和人类学。我们也有选择性地阅读了一些经典的宏大叙事的泛非洲历 　164
史（Davidson, 1964；Oliver and Atmore, 1967）和后殖民国家兴起的国别史（Denoon and Kuper, 1970）。在聚焦大陆时，给我们介绍了围绕跨大西洋奴隶贸易对非洲社会造成的影响、奴隶制的持久性和殖民主义下不自由劳动力的形式（Curtin, 1972；Cooper, 1977, 1980）所展开的论辩。

　　埃瑟林顿那一代非洲学家大部分毕业于耶鲁、伦敦、牛津和剑桥大学（包括相当规模的一批在南非出生的罗德学者）。他们发起了对自由派非洲学家的批判，威尔逊和汤普森的《牛津南非史》（*Oxford History of South Africa*, 1971）代表了自由派非洲学家对南非历史的阐释，比起阶级和经济更强调种族和政治（Saunders, 1988）。批判者的"激进"学术改写了大范围的对种族统治兴起的阐释，把区域经济的发展清晰地与钻石和金矿革命联系起来，这刺激了工业资本主义和19世纪70年代开始的非洲社会转型。科林·邦迪的研究（Cloin Bundy, 1979）已经证实非洲农民积极地回应矿石革命带来的市场机会，但最终被白人农场的资本主义生产和对黑人矿工无止境地需求给破坏了。舒拉·马克斯（Shula Marks）的学术协作呈现了另一种对非洲社会随着资本主义在该地区兴起而经历的社会关系转型的物质主义解释（Marks and Atmore, 1980；Marks

和 Rathbone, 1982）。这个时代的南非历史学也庆祝了非洲国家的兴起。与这些阅读内容一起，我们了解了概念姆菲卡尼（*Mfecane*）和祖鲁帝国的兴起，天真地认为沙卡是英雄般的黑人拿破仑，在这个庆祝性文献里就是这么塑造沙卡的（Omer-Cooper, 1966）。

我记忆中，这个时期的南非历史书籍最能让我想起的是直接挑战《牛津历史》中呈现的自由叙事，把南非黑人变成在南非社会演变过程中以阶级为基础的种族分析的中心（Roux, 1967；Simon and Simon, 1969；Saul and Gelb, 1981）。乔治·弗雷德里克森（George Frederickson）的《白人至上：美国和南非历史的比较研究》（*White Supremacy: A Comparative Study in American and South African History*, 1981）作为一部比较历史分析的介绍作品引人入胜，尽管该书强调了在种族隔离的演变过程中美国和南非两者的"例外主义"叙事。

我个人对南非的城市化黑人工人阶级和隶属于工会的黑人工人的出现感兴趣。利用我在阿德莱德图书馆能够找到的所有材料，我写的文章包括具有超凡魅力的人物克莱门茨·卡达列（Clements Kadalie）、第一次广泛的黑人工人运动、20世纪20年代的工商联盟和60年代起按照种族划分的职工大会组织。我继续保持与开普敦大学的克里斯托弗·桑德斯进行通信，给他邮寄我的文章，没有意识到我的参考书目里到处写的是南非政府禁止的书籍和文章（尽管那里的研究者通过特许仍然可以接触到）。在克里斯托弗和诺曼的鼓励下，我申请了奖学金用以攻读开普敦大学的荣誉学士学位，这让我的家人和朋友感到非常困惑不解，他们不能理解我对南非政治的兴趣，并且认为我在非洲待了几个月后，最终会像几代澳大利亚青年人一样在伦敦以打工度假为生。

南非的非洲研究

1984 年，我在开普敦大学注册了非洲研究专业的学士荣誉学位，在这里我是攻读跨学科荣誉学位的第一个外国学生，由多学科研究单元：非洲研究中心进行协调。学生政治让我非常强烈地注意到学者介入了南非的反对种族隔离的文化抵制活动。在阿德莱德，我曾经参加了奥利弗·坦博（Oliver Tambo）的公共演讲，他是纳尔逊·曼德拉（Nelson Mandela）以前在法律事务所的合作伙伴，非洲国民大会逃亡在外的领导人。如果他回到自己的家乡，会以叛国罪受审。身处南非，周围的政治局势是对国家的抗议活动导致了逮捕和暴力，让人大开眼界。开普敦大学的学生组织把对教育问题的抗议与更广泛的政治斗争结合起来。1984 年，他们在主校区的学生宿舍之外建立了一个"棚户营地（Squatter camp）"，抗议按照种族分离学生居住区，结果废除了他们的种族隔离。他们也与黑人学生团结起来抗议，这些黑人学生在家乡的黑人大学里遭受了国家和家乡安保力量的暴力压迫。学生们领导了由年轻的南非白人男子拒绝服兵役而导致长期监禁引发的"结束征兵"运动。尽管警察没有在开普敦大学进行突击检查，学生抗议者一旦离开校园有被安保力量拘留的风险。

开普敦大学非洲研究荣誉项目是自主运作的，我可以在获得批准的情况下注册任何一门课程，这样我学习了历史学、政治学、经济学、城市和区域规划，同时开始学习南非荷兰语。在南非白人历史学家和知识分子赫尔曼·吉利梅（Hermann Gilinomee）从政治保守的斯泰伦博斯大学（University of Stellenbosch）逃走后不久，我就幸运地到达了开普敦大学。吉利梅的南非政治学荣誉研讨班上有教职员工和博士生，就当前的南非"危机"产生了激烈的讨论。我非常肯定，就是在此时我们进一步阅读了关于全球范围内白人移民的殖民主义的比较历史，包括弗雷德里克森的《白人至上》和拉马尔和汤普森的《历史上的边界》(*The Frontier in History*, 1981)、德农的《移民资本主义》(*Settler Capitalism*, 1983) 塞尔的《白人至上的最高阶段》(*The Highest Stage of White Supremacy*, 1982) 和格林伯格的《资本主义发展中的种族和国家》(*Race and State Capitalist Development*, 1980)。

不出所料，我的学术焦点转向了当代政治，我在南非劳动和发展研究会（SALDRU）花大量时间进行阅读，以寻找研究话题的灵感，这个研究会是针对劳工问题和社会政策进行实证微观经济研究的。但是，对于在越来越紧张的政治局势语境内我能够进行的劳工组织实证性研究和面临的阻力，我是无可救药地不切实际。1983年联合民主阵线（UDF）形成，回应对反种族隔离激进主义的国家持续镇压行为，并尝试南非国家宪法改革的合法性，宪法改革是为了牢固确立按照种族划分的政治代表和黑人家乡的"独立"。

我在开普敦大学的头几个月里，一件重大政治事件是签署恩科马蒂（Nkomati）条约，1984 年 3 月 16 日在莫桑比克和南非之间的互不侵犯条约。南非的政策不稳定再加上外交友好姿态——"胡萝卜加大棒"政治——最终结出了果实，萨莫拉·马谢尔（Samora Machel）的莫桑比克解放阵线（FRELIMO）社会主义政府屈服于南非的要求，即停止支持非洲国民大会（ANC），交换条件是南非撤回对民族抵抗运动（RENAMO）叛乱分子的支持，这些人对乡村社群实施恐怖统治并破坏基础设施。我的荣誉毕业论文写的是分析恩科马蒂条约作为部分南非外交政策的背景和内容，并批判里根和撒切尔政府在政策上的支持行为。在开普敦，我看到了罗纳德·里根总统的非洲事务助理国务卿切斯特·克罗克（Chester

Croker），他也是"建设性参与"政策的设计者之一，这个政策关注激励而不是经济制裁和撤销投资，以鼓励南非政府结束种族隔离。在建设性参与行为及其呼吁放松武器禁运和南非军队、特种部队针对邻国和国内抗议者采取的暴力性先发制人进攻行动之间的道德分歧，让我震惊。我的毕业论文完成时间大约是1985年7月宣布第一紧急状态前后，我拒绝了导师让我修改一下以便出版的建议，因为我不太确定我的学生签证会怎么样。尽管这极有可能是过度谨慎的回应，考虑到日渐增多的国家骚扰目标以及未经审讯而随意拘留在政治上积极的学生个体（包括我的一些朋友），我这样做不是没有道理。

在1985年，实施种族隔离的南非当局拒不让步，并针对兴起的普遍异议、罢工、抵制和武装斗争再次加倍其镇压和暴力政策，这些在当时已经明显发展成为一场内战。到11月末，南非工会大会（COSATU）组建，有50万工人会员，目标是结束种族隔离歧视和国家的彻底转型。 168

在1986年6月种族隔离政体宣布全国进入紧急状态的几个星期内，我离开了南非，紧急状态一直持续到我1989年初再次回来后的那一年。在其间，我终于开始了在伦敦的打工度假生活，这是我父母在1983年时已经鼓励我考虑的，但是到了1988年末，我在计划回到开普敦大学攻读历史学的硕士学位。

南非"人民的历史"和奴隶制与解放的历史

我来自开普敦的朋友们追求着各种职业生涯，我们当中只有几个人坚持攻读博士学位。在密歇根大学，帕梅拉·斯库利（Pamela

Scully）写了第一篇以性别为基础的南非奴隶解放分析（Sully，1997）。在她的帮助下，我设计了一个关于解放之后的西开普乡村－城市移民的硕士研究计划，打算与科林·邦迪（Colin Bundy）一起工作。结果，我被奈杰尔·沃登（Nigel Worden）挑中了，他是公认的最有影响力的研究 20 世纪之前西开普历史上奴隶制、解放和殖民主义的学者，不仅因为他有宽广的学识，也因为他是最优秀的导师、教师、组织者和合作者。在那时，《南非社会的形成》（The Shaping of South Africa Society，1989）刚刚出版。在开普敦大学围绕年代和主题修改早期殖民南非历史的热情显而易见，因为开普的历史学家们认为，在南非殖民主义历史上的矿石革命和工业化之前的时期奠定了基于种族的法律地位群体的基础，种族被延伸到该地区所有后来的殖民相遇中。该书连接起了荷兰和英国殖民时期，并且把分析扩展到了奴隶解放时期，具有重要意义。在这个见解的基础上，奈杰尔·沃登和克利夫顿·克赖斯（Clifton Crais）合作一个项目，考察南非解放后的社会，我对西南开普通过解放和逐渐增多的乡村－城市移民所带来的任务站的转型的档案研究成为他们项目的一部分《打破锁链：19 世纪开普殖民地的奴隶制及其遗产》（Breaking the Chains: Slavery and its Legacy in the Nineteenth-Century Cape Colony，1995）。

沃登鼓励我深入阅读和南非、非洲和大西洋世界有关的奴隶制和解放史学；而克赖斯给我了一本新近出版的由大卫·W.科恩（David W. Cohen）和 E. S. 阿蒂诺·汉博（E. S. Atieno Odhiambo）写的著作《我们：非洲景观的历史人类学》（Siyaya: The History Anthrology of an African Landscape，1989），并建议我阅读里斯·艾萨克（Rhys Isaac）的《弗吉尼亚的转型》（The Transformation of Virginia，1982）。我也补充阅读了本尼迪克特·安德森（Benedict

Anderson)的《想象的共同体》(*Imagined Communities*, 1983)与霍布斯鲍姆和兰杰合作编辑的有影响力的《传统的发明》(*The Invention of Tradition*, 1983)。这样超出南非史学的宽泛阅读所带来的理论洞察力,帮我塑造了对身份创建的观点,这些人在种族隔离之下被特指为"有色人种",他们生活在西开普的任务站,任务站建立于奴隶制时代,因19世纪晚期奴隶解放和越来越多的乡村 - 城市人口流动而转型。具有讽刺意味的是,在霍布斯鲍姆和兰杰编的集子里有一篇文章让我印象深刻,就是休·特雷弗 - 罗珀的"传统的发明:苏格兰的高地传统",该文有着详实的证明文件,并诙谐地批判了格子呢和苏格兰短褶裙是部落身份的古老表达(Hobsbawm and Ranger 里的 Trevor-Roper, 1983)。尽管"传统的发明"范式一直受到批判,因为通过假设真实传统的不变性而过度强调被发明的传统和真实传统之间的区别,把"古老传统"当做现代民族主义的基石之一,迄今依然是一个强大的理念,特别是在世界历史领域。

奈杰尔·沃登(1985)、罗伯特·罗斯(Robert Ross, 1983)、罗伯特·谢尔(Robert Shell, 1994)、和克利夫顿·克赖斯(1992)、帕梅拉·斯库利这些南非学学者是最早通过直接利用扩展文献把奴隶制历史和早期开普殖民社会带入比较视角的,这些文献涉及大西洋世界、美洲和加勒比海的奴隶制比较、殖民主义和帝国主义比较、女性主义和后殖民理论,以及由奥兰多·帕特森(Orlando Patterson)的《奴隶制和社会死亡》(*Slavery and Social Death*, 1982)引发的研究奴隶制的全球史学方法。沃登和他的同事把这些见解应用于开普敦大学的本科生教学,设计了一门联合教学课程,把南非融入了"大西洋世界"的历史。作为这门课程的合作设计者和教学人员之一,我能够证明这门课程在南非本科生中间产生了共鸣,

170

这些本科生接受的教育是保守的国别史，通过奴隶制、解放、黑人文化创新和民权斗争的历史把自己的历史与美国进行比较，他们感到很兴奋。

作为一个机构的开普敦大学当时在寻找新方法，以帮助南非社会度过当下的群众民主运动（Mass Democratic Movement, MDM）的斗争阶段并实现转型，展望在将来塑造后种族隔离时代的教育政策。在开普敦大学（和南非其他几所大学）举行了一些会议和工作坊，研究这些紧迫的问题，认识到从学前班到大学的教育体系转型对于一个更加公平和民主的社会来说会发挥基础性的作用。开普敦大学也通过非洲研究中心倡议下的社区教育资源（Community Education Resources, CER）进行回应，力图通过负责任的研究方法论改变研究实践，以大学为基础的研究者与社区和组织合作，共同设计和实施项目，会对学术界和社区的知识生产都做出贡献。就社区历史项目而言，这涉及协作研究规划和分享成果，而不是更加常见的提取模型，即只把受访者看作为书写学术历史提供资料的人和信息源。这是更大的"解放教育"运动的一部分，更加具体地说，在历史学科内"人民的历史"运动到那时一直在挑战教育体系中已接受的国家认可的历史课程的史学叙事，并鼓励当地社群"书写他们自己的"历史（Witz, 1988）。

171

通过招募一群各学科的硕士生，CER 尝试在这些学生的形成期训练他们在负责任的研究、教育和书写的理论和实践方面成为专业学者。我的团队包括专业是历史、英语和语言学、数学、政治学和经济学的学生。我们每一个人与一个具体的组织或者社区发展了一个协作研究项目，在其中我们会分享我们的研究方法论和我们用各种手段产生的成果。CER 作为一个在制度上内嵌在大学里的项目，所面临的挑战之一是很多学生利用他们的训练成为全职活动分子，而不是完成他们的学位。考虑到那个时期的政治紧迫性，这并不让人感到意外，但确实破坏了这个项目的一个基础性目标，即训练精通批判性教学和研究实践的新一代专业学者。我与马姆里社区协作研究，这个村庄作为摩拉维亚人的任务站建立于1818年，后来发展成为开普敦的一个学生宿舍区，以及周围的乡村和半城镇经济，最终形成了一个口述史项目、一个青年群体历史和募集资金项目、村子里人民的历史的展示会、以及我的硕士论文"通往马姆里的道路：移民、记忆和社区的意义，约1900—1992"（1992）。我的主要学术灵感之一是夏亚（Siaya），像科恩和汉博那样挖掘了在建构社区认同和家的观念的过程中地方、运动和想象力的易变性。

CER是为数不多的在大学层次上的教学法倡议之一，力图直接解决负责任的研究作为学术界知识生产的核心使命这个问题。在当时南非的精英大学中间当然是唯一的一个。CER涉及对保罗·弗莱雷（Paulo Freire）的"解放教育"方法论的广泛批判和革新。凯瑟琳·凯尔（Catherine Kell）参与领导了CER携手三批硕士生，在他们申请教成人识字的时候，是建立在弗莱雷式方法论的理论和实践的基础上。弗莱雷的《受压迫者的教育学》（*Pedagogy of the* *Oppressed*, 1970）受到了法农（1961）的影响，尝试改变受压迫者的意识，这样他们能够把自己从压迫者手中解放出来，而不是在现有社会结构范围内试图效仿他们。在反种族隔离的运动中，这个方法论是强有力的工具；弗莱雷的著作在黑人觉醒运动（Black Consciousness movement）中非常有影响力，后来被南非政府明令禁止了。

1989年8月启动的MDM反抗运动通过当地和国家配合起来，反对种族隔离的公民不服从运动（civil disobedience campaigns）挑战了紧急状态，确立了大众和平抗议的权利，并通过非洲黑人

172

居住区的平行权威结构直接违抗国家权威。显而易见，种族隔离的日子屈指可数，但是对于塑造后种族隔离时代社会转型的争斗，受国家和解放运动两者的影响愈演愈烈。为了回应内部和外部压力，1990 年初期，在议会开幕式上总统 F.W. 德克勒克（F.W.de Klerk）宣布放开所有的政治党派，并且释放政治犯。1990 年 2 月 11 日，在这个炎热夏季的早晨，据估计有八万人挤满了开普敦的阅兵场，我是其中一个，还有少数几千人一直等到晚上倾听纳尔逊·曼德拉 27 年来的第一次公众演讲，并与他一起歌唱《上帝保佑非洲》（*Nkosi Sikelel' iAfrika*），这首歌是 19 世纪由伊诺克·桑汤加（Enoch Sontonga）创作的科萨人的赞美诗，逐渐成为泛非解放运动的颂歌，最终成为后种族隔离时代南非国歌的一部分。

比较和联系的历史

到 20 世纪 90 年代早期，种族隔离处于剧烈的临终疼痛阶段、解放组织转型为政治党派、在外流亡的政治和知识分子回到了南非，于是我决定在澳大利亚或者美国继续攻读我的博士学位。奈杰尔·沃登和我讨论了在开普的奴隶史学上最大的一个缺口是分析荷兰殖民时期东南亚和南非之间的联系，因为荷兰东印度公司的总部设在爪哇岛上的巴达维亚（现在的雅加达）。出于政治原因，20 世纪 20 年代以来没有南非历史学家对雅加达的殖民档案做过研究。

我设计了一个关于荷兰东印度公司时期奴隶制和被迫移民的博士研究项目，重点是巴达维亚和开普之间的联系。这需要多次远行至海牙、雅加达和开普敦进行档案研究。我通过大卫·科恩就职于密歇根大学，我曾经一直与他交流我的硕士论文和未来博士论

173

文的选题。非洲学家大卫·科恩和弗雷德里克·库珀；东南亚学家维克托·李伯曼（Victor Lieberman）、鲁道夫·姆拉泽克（Rudolf Mrazek）和安·斯托莱（Ann Stoler）；历史社会学家朱利娅·亚当斯（Julia Adams），她研究世袭主义和早期现代荷兰国家的演变，这些人联合起来为我计划中的项目提供了机会去接触最好的多地区专门研究、以及荷兰语和印尼语的语言训练。

在 20 世纪 90 年代早期密歇根大学没有"世界历史"课程，甚至在本科生层次也没有。但是，人类学和历史学的博士生项目让人非常兴奋，把有着多种多样地区研究和理论视角背景的教职员工和学生拉进了一个联合研讨项目。我谢绝了以双学位的方式正式注册，更喜欢把它作为我历史学博士项目的一部分有选择性地参与，不过我确实参加了"回顾"集体《人类历史学》（Anthrohistory, 2011）。密歇根大学的地区研究处于审查中，在大卫·科恩的指导下与国际研究所的创建一起重组。研究生们同时被招募进了地区研究项目，并得到鼓励超出这些边界进行思考，以及想象在史学、理论研究方法和研究领域之间的联系。

从那个时期很多令人兴奋的合作来看，就我作为一名"世界历史学家"的发展经历而言，四件事情对于我来说更为重要，尽管我在研究生院从未听过也没有使用过"世界历史学家"这个短语。一是与维克托·李伯曼和约翰·惠特莫尔（John Whitmore）参加东南亚历史研讨会，当时李伯曼正在发展他的超越东方－西方二分法的"欧亚类比（Eurasian analogies）"观点，后来发展成为他的合作项目《超越二元历史》（Beyond Binary Histories, 1999）。他重新把东南亚历史的基础看成欧亚大陆框架内的比较世界历史，这一观点随着他的两卷本代表作《奇怪的平行现象》（Strange Parallels, 2003，2009）出版得以继续发展。二是有极难得的机会在朱利娅·亚当斯书写《家族状态》(*The Familial State*, 2005)时阅读并与她讨论早期现代历史、社会理论和历史社会学，这部书力图通过考察荷兰共和国的世袭主义和父权制并与法国和英格兰的情况比较，以解释早期现代欧洲的国家形成和帝国。正是与朱利娅一起我最终理解了沃勒斯坦和他的批判者，这经常是在安阿伯(Ann Arbor)的一家小饭店共用晚餐时。三是参加弗雷德里克·库珀和简·伯班克国际研究所开设的"帝国"高级研讨会，这埋下了种子，最终在他们的《世界历史上的帝国》(*Empires in World Histoty*, 2010)里结出果实。四是与大卫·科恩和他的研究生大团队紧密合作，我们彼此的学术历程相互啮合，如我的亲密同事林恩·托马斯(Lynn Thomas)的关于现代肯尼亚的性别、繁衍和国家的论文(Thomas, 2003)。尽管前面提到的这些学者没有人会称呼自己为"世界历史学家"，他们的工作一直以来被认为对这个领域做出了贡献，这不是巧合。在过去的几年里，特别是在道格拉斯·诺思罗普的启发下，这种对密歇根大学发展世界历史领域的潜力的认同带来了本科生和研究生层次的新课程方案，以及他所编辑的《世界历史研究指南》(*Companion to Word Histoty*, 2012)，我为该书写了一章"移动中的人"。

　　我论文研究的初衷是在荷兰东印度公司的强制移民范围中包含一个奴隶贸易的实证分析。尽管历史学家，尤其是罗伯特·谢尔，当时已经建立了关于奴隶到开普的源起的宽泛模式，并提出档案资料的性质使得枚举奴隶贸易极其困难，我想我能够克服档案资料的碎片特点所带来的挑战。但我错了。很快清楚展现出来的是，除非我有十年时间投身于档案研究，否则我将需要重新考虑我项目的范围。以开普的犯罪记录为起点，这在开普档案馆可以获得，我开始编辑一个罪犯（包括奴隶）的数据库，这些人被判处从其他荷兰东

175

印度公司的殖民地流放到这里。一个模式出现了，刑事流放发源于作为帝国首都的巴达维亚（Batavia）。然后我继续看存在海牙的荷兰东印度公司档案，以追踪巴达维亚的犯罪记录，并把个体名字与他们最初的刑事案件匹配起来，弄清楚导致他们被判处刑事流放的犯罪细节。我当时希望这会是相对简单的档案实践。但是我又错了。这类似于在干草堆里寻找一根针，因为这样的时刻很少，有时在一整个星期的档案研究中仅有一两次我发现有人能对上我的以开普为基础的名单。但是，从巴达维亚犯罪记录的角度看这个话题，我意识到开普只是一个刑事流放地。当我回到档案馆修改我的论文以便出版时，我开始建构一个案例数据库，包括在公司范围内的所有刑事流放地点，从而扩展我最初的分析。

1998年期间，我在雅加达国家档案馆的研究没有处于理想的研究条件下，因为正好遇上苏哈托政府的倒台，苏哈托政府自从1965年军事政变之后一直当政。为了使印度尼西亚实现民主的改革（Reformasi）运动与90年代晚期经济危机产生的社会压力共同作用，导致了苏哈托屈服于要求他辞职的呼声，这次经济危机尤其严重地冲击了东南亚的"四小龙"。这个时期发生的一些城市暴力行为导致了外籍人士撤离，而很多富有的印度尼西亚人，特别是印尼华人群体，由于他们的社区是暴力攻击的目标，因而逃往了新加坡。不过，国家档案馆的档案管理员在档案馆开放期间非常乐于助人。因为档案文件时按照地理空间而不是主题或者行政划分来组织的，所以我能够找到一些文献，这些文献本可能在位于荷兰和南非的荷兰东印度公司档案馆进行整理之后依旧保持"隐蔽"（Ward，2011b）。

在我写论文期间，荷兰政府资助了一个创新性的项目，把荷兰殖民档案进行数字化编目录和分享，并为拥有荷兰殖民档案的主要地区训练当地研究者和档案管理员。这改变了对荷兰殖民历史进行多地区研究的可能性。挑战之一仍然是掌握研究语言。我所使用的档案都是关于 17 和 18 世纪的荷兰。我利用我的印度尼西亚语来阅读印度尼西亚历史的现代史学资料。其他研究荷兰－亚洲关系的历史学家通常倾向于关注一个区域，因为在一个区域有非常多不同的亚洲语言和手稿，而且获得某一种语言的研究能力，例如爪哇语，并不意味着能够阅读其他区域性语言的手稿。考虑到我在研究一个宽泛的比较项目，我决定集中在荷兰文献并依靠该领域其他专家的帮助，如在我需要翻译一篇 17 或者 18 世纪的亚洲语言文献时。我的多地点档案项目所面临的挑战之一是揣摩"档案间"的意思，不仅在组织方面，而且从一个地方到另一个地方需要转换视角和世界观。这就是我在论文中打算达到的目标"奴役的界限：荷兰东印度公司（VOC）时期从巴达维亚到好望角的强制移民，1652—1795"（2002）。

成为一名世界历史学家

在过去的 20 年，不需要告诉研究生就能了解，学术工作市场的变幻莫测和机缘凑巧。从地区研究训练的角度看来，有趣的是我入围了非洲和早期现代史的工作机会，而不是东南亚或者亚洲史。玛莎·柴克林（Martha Chaiklin），是我的博士生同行，在莱顿大学研究荷兰—日本文化史，给我指出一则莱斯大学（Rice University）招聘世界历史助理教授的广告。从没有想过我自己是一位世界历史学家，我精心书写了一封求职信，陈述了我的训练，以及我愿意从事这个"新范式"。当受邀去校园时，我与教职员工有过几次激烈的谈话，讨论我的研究如何与世界历史相关，特别是人文学院院长盖尔·斯托克斯（Gale Stokes），他与人合著了一本西方文明教科书（Hollister, McGee, and Stokes, 1999）。当给我得到了职位并且2001年到达莱斯大学时，感到吃惊和高兴，就像承诺的那样，我着手让自己成为世界历史学家。

2002年就在我的毕业论文进行收尾时，劳伦·本顿出版了《法律和殖民文化：世界历史上的法律制度》（*Law and Colonial Cultures: Legal Regimes in World History*, 2002）。本顿的作品在帮助我更加宽泛地思考帝国语境内的主权形成和法律统治上发挥了非常大的影响力，这时我在准备写自己的书。蒂莫西·科茨（Timothy Coates）关于葡萄牙帝国的著作《罪犯和孤儿》（*Convicts and Orphans*, 2001）也提供了一个构思帝国语境内一系列自由和强制移民的比较模型。正是通过这些作品和互联网上越来越多的文献，我开始规划自己的书。不管怎样，正是通过持续的学术合作，特别是与我的密歇根大学研究生同行科琳·奥涅（Colleen O'Neal），我才能够明确有力地表达出帝国网络模型，为我的书《帝国网络：荷兰东印度公司的强制移民》（*Networks of Empire Forced Migration in the Dutch East India Company*, 2009）提供了基础。我非常高兴该书被纳入剑桥大学出版社"比较世界历史研究"丛书，该系列由菲利普·柯廷创立，也包括了他的大作《世界历史上的跨文化贸易》（*Cross Cultural Trade in World History*, 1984），以及已经提到过的李伯曼和本顿的作品。

同时，我的朋友和研究开普殖民地历史的同行劳拉·米切尔（Laura Mitchell）在忙着让自己成为加州大学尔湾分校的一名非洲学家–世界历史学家，以继续自己的学术道路。我们不同的制度设置创造了相异的要求。在米切尔发展世界历史概况和非洲史讲座课

178　程时，莱斯大学小得多的班级规模允许我关注专门的世界历史研讨课程，主题涉及强制移民、比较奴隶制、比较帝国和殖民史以及印度洋史。我们都发现在参与世界历史学会时，资深学者，特别是《世界历史杂志》主编杰里·本特利和东北大学世界历史中心的主任帕特里克·曼宁，对年轻学者非常宽宏大量并予以鼓励。把所有资深世界历史学家和一直创造性地从事世界历史研究的我的同时代人，一一列出来会占据太多篇幅，我的编辑、非洲学家和世界历史学家同行肯·柯蒂斯不会允许这样做，所以我在下文会聚焦于那些我认为对"世界历史上的非洲"做出了巨大贡献的著作。

　　这里我想要说的主要方法论观点是我相信合作项目已经对作为一个领域的世界历史做出了一些创新程度最高的贡献，但是因为学术界的评价机制，这种形式的知识生产不会受到像单一作者的专著那样高度的评价。考虑到世界历史面临的方法论挑战——多区域专门化、研究语言和档案专业知识——资深历史学家（这里维克托·李伯曼是个很好的例子）书写综合性的世界历史著作，这是普遍趋势。构思论文的研究生或者致力于第一本专著的年轻学者们倾向于生产研究型专著，通过拓展他们基本领域的边界或者明确地展示世界历史研究方法有助于这些领域的研究，从而在概念上对世界历史做出贡献。我正是在莱斯大学世界历史专业开始任职之后，才完成了我的毕业论文，然后在修改论文以便出版的时候重新构思其对世界历史的贡献。

非洲史和海洋史

　　我把《帝国网络》构思为海洋世界历史上的交叉论辩，围绕强

制移民和离散社群、联系的历史和网络、比较帝国和传记这些主题
展开。《帝国网络》把早期殖民地南非的奴隶制关注点从与大西洋　179
世界比较转移到了与印度洋的联系，同时把奴隶制分析扩展到了多
种形式的奴役，包括刑事流放、宗教和政治流亡者。

　　大 西 洋 史 的 奠 基 性 作 品（Curtin, 1972；Miller, 1988；
Thornton, 1992）把非洲史重新构思为对于大西洋世界形成来说是
不可缺少的一部分，扩展开来对于世界历史的发展也是如此。研究
南非早期殖民主义的历史学家利用这些大西洋研究的论辩，把好望
角置于这些框架之内。研究开普奴隶制的历史学家已经弄清楚来自
印度洋附近的奴隶起源和大概数目，但却从大西洋找他们的比较案
例，没有考察在现有的印度洋网络内到开普的奴隶贸易是如何演进
的，或者把开普奴隶制与奴隶原产地的当地奴隶制和殖民奴隶制
的形式相比较。到我撰写《帝国网络》时，印度洋研究领域在快
速发展，尤其是通过加州大学洛杉矶分校的内德·阿尔珀斯（Ned
Alpers）和阿维尼翁的格温·坎贝尔（Gwyn Campbell）的合作力
量，他们后来在 2004 年建立了麦吉尔大学（McGill University）的
印度洋世界中心。这些项目带来了有着重要意义的非洲史扩展，以
及非洲史与印度洋世界奴隶制和奴役的联系，把非洲和亚洲通过丛
书系列《奴隶和后奴隶时代的社会和文化研究》（*Studies in Slave
and Post-Slave Societies and Cultures*）联系起来，这套书由坎贝尔
和许多同事编辑而成。这不是要说非洲史之前没有与印度洋发生联
系，长久以来关于斯瓦希里海岸的文献，尤其是阿卜杜勒·谢里夫
（Abdul Sheriff, 2010）的作品，以及西印度洋岛屿和群岛与非洲的
联系和这些区域与阿拉伯半岛的联系一直以来是非洲史的核心内
容。威廉·杰维斯·克拉伦斯 – 史密斯（William Gervase Clarence-
Smith）的关于印度洋奴隶贸易经济学的著作（1989）是较早对这个

领域做出的贡献, 最近研究印度洋附近非洲人的离散社群在快速增长 (De Silva Jayasuriya 和 Pankhurst, 2003)。但是考虑到印度洋的基础历史, 如乔杜里的《印度洋的贸易和文明》(1985) 对非洲只是一带而过, 把这些论辩延伸至重新思考印度洋本身, 是相对新的趋势。南亚学家迈克尔·皮尔逊 (Michael Pearson) 很快用他对斯瓦希里海岸的研究《港口城市和入侵者》(*Port Cites and Intruders*, 1998) 弥补了乔杜里遗漏的部分。

在对大西洋和印度洋这些"海洋世界"的阐释发展的同时, 超越老旧的地区研究框架, 重新思考区域也在发展, 有三种方式, 首先把海洋本身作为一个连接区域看待, 第二挑战"非洲"或者"亚洲"的边界概念, 第三考察人的全球流动和活动, 复兴的传记书写中, 个体越来越多地成为一个种类, 这代表了世界历史的新方向之一。迈克尔·皮尔逊的印度洋史 (2003) 确定了从海洋视角而不是从陆地视角书写历史的基调。杰里·本特利、雷娜特·普莱登特 (Renate Bridenthal)、凯伦·威根 (Kären Wigen) 的《海景》(*Seascapes*, 2007) 把他们的项目构思为超越地区研究, 达到跨区域和全球历史分析, 通过挖掘海洋概念的种类、横越海洋的帝国、海上社会学和海上危险分子把"以海洋为导向"的学者集合起来。我在《海景》中写的那章把开普作为一个跨洋的"海上客栈"(Ward, 2007), 力图改变对大西洋和印度洋世界的构思。

完成一部著作有时意味着对邀请参与合作有趣项目的动听言辞说"不"。其中一个项目是研究大西洋的历史学家埃玛·克里斯托弗 (Emma Christopher)、卡桑德拉·派伯斯 (Cassandra Pybus) 和马库斯·雷迪克 (Marcus Rediker) 构思的, 带来了《众多中间通道: 强制移民和现代世界的形成》(*Many Middle Passages: Forced Migration and the Making of the Modern World*, 2007), 促使我思考我在《帝国网络》中所论述的强制移民的范围。"中间通道"这个概念在大西洋奴隶贸易史上的含义是"暴力、抵抗和创造性的三重过程"，被延伸开来考察一系列在各种语境内涉及大洋航行的强制移民。这些见解被克莱尔·安德松（Clare Anderson）向前推进了，在构思的"边缘的中心"项目（Marginal Centers, 2011）中把中间通道的范围延伸到了个体生活旅行。我对安德松的项目"血缘：19世纪早期横越印度洋的流亡、家庭和继承"所做的贡献是把《帝国网络》的叙事扩展到了英帝国（Ward, 2011a）。我认为安德松清楚地表达出了数字时代世界历史最令人兴奋的新方法论方向之一，即使她是在明确地评论印度洋史。

> 从方法论上看，这让我们认真对待跨越地理和帝国边界、以及国家档案和语言的意义……如果书写印度洋的生活史是一种不同的生产历史知识的方式——以及生产新类型的历史学——合作研究，在学术界内外历史学变化的性质也是如此……对传记的学术兴趣逐渐增长，这个趋势兴起的原因中至少部分是由于更广大的社会对家庭史产生了兴趣……事实上，如果说没有慎重对待凭借本身实力成为知识生产者的非学术历史学家，以及传承事业，我们的大部分研究将会是不可能的，这一点都不夸张。（Anderson, 2011, 第338—339页）

我发现这些趋势把非洲与世界历史联系起来，让人感到兴奋。传记和海洋史（Anderson, 2012）打开了对非洲史做出新贡献的空间，包括学生们一直以来的最爱罗斯·邓恩的《伊本·白图泰的冒险经历》（*The Adventures of Ibn Battuta*, 1987）和娜塔莉·泽蒙·大卫斯（Natalie Zemon Davis, 2007）改编的利奥·阿非利加努斯

（Leo Africanus）的故事。把这个方法论推进到家庭史，琳达·科利（Linda Colley）写的关于伊丽莎白·马什（Elizabeth Marsh）的传记（2007）、丽贝卡·斯科特（Linda Colley）的《自由文件》（*Freedom Papers*, 2012）、和詹姆斯·斯威特（James Sweet）的《多明戈斯·阿尔瓦雷斯》（*Domingos Alvares*, 2011）挖掘了自由、性别和种族认同的含义，把非洲的生活与更广大世界的经历联系起来。

　　最终，在大卫·理查森和大卫·艾提思（David Eltis）领导下持续了几十年之久的合作项目"航行：跨大西洋奴隶贸易数据库"（www.slavevoyages.org）证明了安德松的论断，即生产历史学的边界在数字时代改变了。尽管数据库被认为是一个学术项目，其基础是菲利普·柯廷最先尝试计算跨大西洋奴隶贸易中非洲人的数目，但是航行数据库包括了从大西洋和印度洋出发的几乎 35000 次贩奴航行的详细信息。这个数据库成为一个教学工具，服务于为学校（附带资料）和力图自己做历史学研究的个人，甚至可以给数据库纠正错误并增加信息。

　　我的下一个项目会利用航行数据库分析在奴隶贸易正式结束之后对非洲人的强制移民，并考察英帝国通过 19 世纪反对奴隶制度的项目所带来的扩张。但是我想挖掘的更大问题是，为什么英国人对禁止西印度洋的非洲奴隶贸易有这么集中的经济和外交文献，而东印度洋很少有系统的努力去禁止强制移民，特别是在连接到英属海峡殖民地的网络里。与埃里克·塔利亚科佐（Eric Tagliocozzo）进行过多次讨论，他当时在写关于东南亚海疆的非法贸易的专著，这提醒我注意英国人在反对奴隶制项目上的差异（Tagliacozzo, 2005）。在这个更大的印度洋框架内，我在探寻一条 19 世纪英美联系的特殊线索，特别是在美国内战期间。美国人在印度洋的海运、资金和外交活动还没有被很好地研究，我想这些问题可能有助于弥

182

补大西洋和印度洋"海洋世界"之间的差异。由于在线档案资源的大量膨胀，这样的全球研究项目越来越可行。我很愿意与下一代接受世界历史训练的历史学家建立密切关系，他们在把非洲史与全球框架联系起来，超越了已有的地区研究划分。

　　但是，作为一个研究奴隶制和强制移民的历史学家，我也逐渐越来越多地意识到关于"全球人口贩卖"的政治和文化话语在兴起。与我的殖民美国学家同事詹姆斯·西德伯里（James Sidbury）一起，在莱斯大学共同指导了一个为期一年的研讨班，主题是人口买卖的过去和现在：跨越学科、跨越边界，把一群来自各个学科的学者集合起来，探索当前兴起的人口买卖话语如何利用对历史上奴隶制的有限理解，并博览当代和历史上的论辩，以获得新的对我们各自学术领域的见解。这带我们回到了由奥兰多·帕特森（1982）框定的关于奴隶制和社会死亡的论辩，以思考当代各种形式的不自由是否构成了西德伯里所谓的"公民死亡"。在连接历史与当代的过程中，我们在休斯敦遇到了反对买卖的倡议，鼓励学术界和社区之间进一步密切合作把全球与当地联系起来。在某种程度上，这延伸了我在南非 CER 所接受的训练和学问。作为"反对奴隶制的历史学家"的会员，我相信学者们可以发挥作用，凸显当代社会问题的历史先例，以扩展对我们这个世界的批判性公众意识。

参考书目

Adams, Julia. 2005. *The Familial State: Ruling Families and Merchant Capitalism in Early Modern Europe.* Ithaca, NY/London: Cornell University Press.

Anderson, B. 1983. *Imagined Communities: Reflections on the Origin and Spread of Nationalism.* London: Verso.

Anderson, Clare. 2011. "Introduction to Marginal Centers: Writing Life Histories in the Indian Ocean World," *Journal of Social History* 45/2: 335–344.

Anderson, Clare. 2012. *Subaltern Lives: Biographies of Colonialism in the Indian Ocean World, 1790–1920.* Cambridge: Cambridge University Press.

Bentley, J., R. Bridenthal, and K. Wigen, eds. 2007. *Seascapes: Maritime Histories, Littoral Cultures, and Transoceanic Exchanges.* Honolulu, HI: Hawaii University Press.

Benton, Lauren. 2002. *Law and Colonial Cultures: Legal Regimes in World History.* New York: Cambridge University Press.

Bundy, Colin. 1979. *The Rise and Fall of the South African Peasantry.* London: Heineman Press.

Campbell, G., S. Miers, and J. Miller, eds. 2008. *Women in Slavery. Vol. 2: The Modern Atlantic.* Athens, OH: Ohio University Press.

Cell, John. 1982. *The Highest Stage of White Supremacy: The Origins of Segregation in South Africa and the American South.* Cambridge: Cambridge University Press.

184   Chaudhuri, K. N. 1985. *Trade and Civilization in the Indian Ocean: An Economic History from the Rise of Islam to 1750.* Cambridge: Cambridge University Press.

Christopher, E., C. Pybus, and M. Rediker, eds. 2007. *Many Middle Passages: Forced Migration and the Making of the Modern World.* Berkeley, CA: University of California Press.

Clarence-Smith, W.G., ed. 1989. *The Economics of the Indian Ocean Slave Trade in the 19th Century.* London: Frank Cass and Company.

Coates, T. 2001. *Convicts and Orphans: Forced Migration and State-sponsored Colonizers in the Portuguese empire, 1550–1775.* Palo Alto, CA: Stanford University Press.

Cohen, D.W. and E.S. Atieno Odhiambo. 1989. *Siyaya: The Historical Anthropology of an African Landscape.* Athens, OH: Ohio University Press; London: James Currey.

Colley, L. 2007. *The Ordeal of Elizabeth Marsh: A Woman in World History.* New

York: Anchor Press.

Cooper, F. 1977. *Plantation Slavery on the East Coast of Africa.* New Haven, CT: Yale University Press.

Cooper, F. 1980. *From Slaves to Squatters: Plantation Labor and Agriculture in Zanzibar and Coastal Kenya 1890–1925.* New Haven, CT: Yale University Press.

Cooper, F. and J. Burbank. 2010. *Empires in World History: Power and the Politics of Difference.* Princeton, NJ/Oxford: Princeton University Press.

Crais, Clifton. 1992. *White Supremacy and Black Resistance in Pre-Industrial South Africa: The Making of the Colonial Order in the Eastern Cape, 1770–1865.* Cambridge: Cambridge University Press; Johannesburg: Witwatersrand University Press.

Curtin, P. 1972. *The Atlantic Slave Trade: A Census.* Madison, WI: University of Wisconsin Press.

Curtin, P. 1984. *Cross Cultural Trade in World History.* Cambridge: Cambridge University Press.

David, Eltis and Martin Halbert. *Voyages: The Trans-Atlantic Slave Trade Data Base.* www.slavevoyages.org. Accessed on October 26, 2013.

Davidson, B. 1964. *The African Past: Chronicles from Antiquity to Modern Times.* London: Longmans.

De Silva Jayasuriya, S and R. Pankhurst, eds. 2003. *The African Diaspora in the Indian Ocean.* Trenton, NJ: Africa World Press.

Denoon, D. 1983. *Settler Capitalism: The Dynamics of Dependent Development in the Southern Hemisphere.* Oxford: Clarendon Press.

Denoon, D. and A. Kuper. 1970. "Nationalist Historians in Search of a Nation: The 'New Historiography' in Dar es Salaam." *African Affairs* 69/277: 329–349. 185

Dunn, R. 1987. *The Adventures of Ibn Battuta: A Muslim Traveler of the Fourteenth Century.* Berkeley, CA: University of California Press.

Elphick, R. and H. Giliomee, eds. 1989. *The Shaping of South African Society, 1652–1840.* Cape Town: Maskew Miller Longman.

Etherington, N. 1984. *Theories of Imperialism: War, Conquest and Capital.* Beckenham: Croom Helm Ltd.

Fanon F. 1961. *The Wretched of the Earth.* New York: Grove Press.

Frank A. G. 1966. *The Development of Underdevelopment.* London: Monthly Review Press.

Frederickson, G. 1981. *White Supremacy: A Comparative Study in American and South African History.* Oxford: Oxford University Press.

Freire, P. 1970. *Pedagogy of the Oppressed.* New York/London: Continuum International Publishing Group.

Geertz, C. 1963. *Old Societies and New States: The Quest for Modernity in Asia and Africa.* New York: Free Press.

Gilbert, E. and J. Reynolds. 2012. *Africa in World History,* 3rd edition. Upper Saddle River, NJ: Pearson Education.

Greenberg, S. 1980. *Race and State in Capitalist Development.* New Haven, CT: Yale University Press.

Harvey, N., Nick Harvey, Jean Fornasiero, Greg McCarthy, Clem Macintyre, and Carl Crossin, eds. 2012. *A History of the Faculty of Arts at the University of Adelaide, 1876—2012.* Adelaide: Adelaide University Press.

Hobsbawm, E. and T. Ranger, eds. 1983. *The Invention of Tradition.* Cambridge: Cambridge University Press.

Hollister, W., S. McGee and G. Stokes. 1999. *The West Transformed: A History of Western Civilization.* Belmont, CA: Wadsworth Publishing.

Isaac, R. 1982. *The Transformation of Virginia, 1740–1790.* Williamsburg, VA. Omohundro Institute of Early American History and Culture.

Lamar, H. and L. Thompson. 1981. *The Frontier in History: North America and Southern Africa Compared.* New Haven, CT: Yale University Press.

Lieberman, V., ed. 1999. *Beyond Binary Histories: Re-imagining Eurasia to c. 1830.Ann Arbor, MI: University of Michigan Press.*

Lieberman, V. 2003. *Strange Parallels: Southeast Asia in Global Context, c. 800–1830, vol. 1: Integration on the Mainland.* New York: Cambridge University Press.

Lieberman, V. 2009. *Strange Parallels: Southeast Asia in Global Context, c. 800–1830, vol. 2: Mainland Mirrors: Europe, Japan, China, South Asia, and the Islands.* Cambridge: Cambridge University Press.

Marks, S. and A. Atmore, eds. 1980. *Economy and Society in Pre-Industrial South*

186

Africa. London: Longman Publishing Group.

Marks, S. and R. Rathbone, eds. 1982. *Industrialisation and Social Change in South Africa*. London: Longman Publishing Group.

Miller, J. 1988. Way of Death: *Merchant Capitalism and the Angolan Slave Trade, 1730–1850*. Madison, WI: University of Wisconsin Press.

Moore, B. Jr. 1966. *Social Origins of Dictatorship and Democracy: Lord and Peasant in the Making of the Modern World*. Boston, MA: Beacon Press.

Northrop, D., ed. 2012. *A Companion to World History*. Hoboken, NJ: Wiley-Blackwell.

Oliver, R. and A. Atmore. 1967. *Africa Since 1800*, 1st edition. Cambridge: Cambridge University Press.

Omer-Cooper, J. 1966. *The Zulu Aftermath: A Nineteenth Century Revolution in Bantu Africa*. London: Longman Publishing Group.

Patterson, O. 1982. *Slavery and Social Death: A Comparative Study*. Cambridge, MA: Harvard University Press.

Pearson, M. 1998. *Port Cities and Intruders: The Swahili Coast, India and the Portuguese in the Early Modern Period*. Baltimore, MD/London: The John Hopkins University Press.

Pearson, M. 2003. *The Indian Ocean*. London: Routledge.

Rodney, W. 1972. *How Europe Underdeveloped Africa*. London: Bogle-L'Overture Publications.

Ross, R. 1983. *Cape of Torments: Slavery and Resistance in South Africa*. London: Routledge, Chapman and Hall Inc.

Rostow, W.W. 1960. *Stages of Economic Growth: A Non-Communist Manifesto*. Cambridge: Cambridge University Press.

Roux, E. 1967. *Time Longer than Rope: A History of the Black Man's Struggle for Freedom in South Africa*. Madison, WI: University of Wisconsin Press.

Saul, J. and S. Gelb. 1981. *The Crisis in South Africa*. New York: Monthly Review Press.

Saunders, C. 1988. *The Making of the South African Past: Major Historians on Race and Class*. Cape Town: David Philip Publishers.

Scott, R. 2012. *Freedom Papers: An Atlantic Odyssey in the Age of Emancipation*.

Cambridge, MA: Harvard University Press.

Scully, P. 1997. *Liberating the Family? Gender and British Slave Emancipation in the Rural Western Cape, South Africa, 1823–1853.* Portsmouth, NH: Heinemann.

187　　Shell, R.C-H. 1994. *Children of Bondage: A Social History of the Slave Society at the Cape of Good Hope, 1652–1838.* Hanover, NH: University Press of New England.

Sheriff, A. 2010. *Dhow Cultures in the Indian Ocean: Cosmopolitanism, Commerce, and Islam.* New York: Columbia University Press.

Simon, H. J. and R.E. Simon. 1969. *Class and Colour in South Africa, 1850–1950.* Baltimore, MD: Penguin Books.

Streets-Salter, H. 2012. "Becoming a World Historian: The State of Graduate Training in World History and Placement in the Academic World," in D. Northrop, ed. *A Companion to World History.* Chichester: Wiley- Blackwell.

Sweet, J. 2011. *Domingos Alvares, African Healing and the Intellectual History of the Atlantic World.* Chapel Hill, NC: University of North Carolina Press.

Tagliacozzo, E. 2005. *Secret Trades, Porous Borders: Smuggling and States Along a Southeast Asian Frontier, 1865–1915.* New Haven, CT: Yale University Press.

Thomas, L. 2003. *Politics of the Womb: Women, Reproduction, and the State in Kenya.* Berkeley, CA: University of California Press.

Thornton, J. 1992. *Africa and Africans in the Making of the Atlantic World, 1400–1650.* Cambridge: Cambridge University Press.

Trevor-Roper, H. 1969. "The Past and the Present: History and Sociology." *Past and Present* 42: 3–17.

Vansina, J. 1965. *Oral Tradition: A Study in Historical Methodology.* Chicago, IL: Aldine Publishing Company.

Wallerstein, I. 1974. *The Modern World System: Capitalist Agriculture and the Origins of the European World Economy in the Sixteenth Century.* New York: Academic Press.

Ward, K. 1992. "The Road to Mamre: Migration, Memory and the Meaning of Community, c1900–1992." Unpublished MA thesis, University of Cape Town.

Ward, K. 1994. "The Making of Mamre: Community, Identity and Migration in a Western Cape Village, c1838–1938," in N Worden and C Crais, eds. *Breaking the*

Chains: Slavery and Emancipation in South Africa. Johannesburg: Witwatersrand University Press.

Ward, K. 2002. "The Bounds of Bondage: Forced Migration from Batavia to the Cape of Good Hope in the Dutch East India Company (VOC) Period, 1652–1795." Unpublished PhD dissertation, University of Michigan, Ann Arbor.

Ward, K. 2007. "'Tavern of the Seas?' The Cape of Good Hope as an Oceanic Crossroads During the Seventeenth and Eighteenth Centuries," in Bentley, J., R. Bridenthal, and K. Wigen, eds. *Seascapes: Maritime Histories, Littoral Cultures, and Transoceanic Exchanges.* Honolulu, HI: University of Hawaii Press.

Ward, K. 2009. *Networks of Empire: Forced Migration in the Dutch East India Company.* Studies in Comparative World History. New York: Cambridge University Press. Cambridge Africa Collection. Cape Town: Cambridge University Press (paperback edition).

Ward, K. 2011a. "The Politics of Burial in Post-Apartheid South Africa," in Chandra D. Bhimull, David William Cohen, and Fernando Coronil, Julie Skurski, Edward L. Murphy, and Monica Patterson, eds. *Anthrohistory: Unsettling Knowledge and the Question of Discipline.* Ann Arbor, MI: University of Michigan Press.

Ward, K. 2011b. "Blood Ties: Exile, Family and Inheritance Across the Indian Ocean in the Early Nineteenth Century," *Journal of Social History* 45/2: 436–454.

Ward, K. 2012. "People in Motion," in Douglas Northrop, ed. *A Companion to World History.* Hoboken, NJ: Wiley Blackwell.

Wilson, M. and L. Thompson. 1971. *Oxford History of South Africa,* 2 vols. Oxford: The Clarendon Press.

Witz, L. 1988. *Write Your Own History.* Johannesburg: Sached Trust, Raven Press.

Worden, N. 1985. *Slavery in Dutch South Africa.* Cambridge: Cambridge University Press.

Worden, N. and C. Crais, eds. 1995. *Breaking the Chains: Slavery and its Legacy in the Nineteenth-Century Cape Colony.* Johannesburg: Witwatersrand University Press.

Zemon Davis, N. 2007. *Trickster Travels: A Sixteenth-Century Muslim Between Worlds.* New York: Hill and Wang.

延伸阅读

Anderson, Clare. 2012. *Subaltern Lives: Biographies of Colonialism in the Indian Ocean World, 1790–1920*. Cambridge: Cambridge University Press.

Bentley, J., R. Bridenthal and K. Wigen, eds. 2007. *Seascapes: Maritime Histories, Littoral Cultures, and Transoceanic Exchanges*. Honolulu, HI: Hawaii University Press.

189　Benton, Lauren. 2002. *Law and Colonial Cultures: Legal Regimes in World History*. New York: Cambridge University Press.

Campbell, G., ed. 2003. *The Structure of Slavery in Indian Ocean Africa and Asia*. London: Routledge.

Campbell, G., ed. 2005. *Abolition and Its Aftermath in Indian Ocean Africa and Asia*. London: Routledge.

Campbell, G., E. Alpers, and M. Salmon, eds. 2005. *Slavery and Resistance in Africa and Asia*. London: Routledge.

Campbell, G., E. Alpers, and M. Salmon, eds. 2006. *Resisting Bondage in Indian Ocean Africa and Asia*. London: Routledge.

Campbell, G., S. Miers, and J. Miller, eds. 2007. *Women in Slavery. Vol. 1: Africa, the Indian Ocean World, and the Medieval North Atlantic*. Athens, OH: Ohio University Press.

Christopher, E., C. Pybus, and M. Rediker, eds. 2007. *Many Middle Passages: Forced Migration and the Making of the Modern World*. Berkeley, CA: University of California Press.

Colley, L. 2007. *The Ordeal of Elizabeth Marsh: A Woman in World History*. New York: Anchor Press.

Cooper, F. and A. Stoler, eds. 1997. *Tensions of Empire: Colonial Cultures in a Bourgeois World*. Berkeley, CA: University of California Press.

Fanon, F. 1967. *Black Skin, White Masks*, 1st English edition. New York: Grove Press.

Northrop, D., ed. 2012. *A Companion to World History*. Hoboken, NJ: Wiley-Blackwell.

Tagliacozzo, E. 2005. *Secret Trades, Porous Borders: Smuggling and States Along a*

Southeast Asian Frontier, 1865–1915. New Haven, CT: Yale University Press.

Ward, K. 2009. *Networks of Empire: Forced Migration in the Dutch East India Company*. Studies in Comparative World History. New York: Cambridge University Press.

8 大历史

大卫·克里斯蒂安

什么是大历史?

　　大历史是对整个过去的跨学科研究——不只是人类,或者地球,而是整个宇宙的过去。大历史在所有可能的时间和空间维度上研究过去。通过这样做,大历史把很多不同学术学科里讲述的故事联合成为一个连贯的叙事,所有这些都是研究过去。所以,这些都面临着同样的基本挑战:如何从现在留存的凌乱线索中最好地理解消失的过去。国际大历史学会的网站(IBHA, 2010)这样描述大历史:"尝试以统一的、跨学科的方式理解宇宙、地球、生命和人类的历史。"

　　大历史与世界历史的共同点很多。但是又不同于世界历史,因为大历史跨越了如此多的学科边界,并且带人远远超越了历史学科的传统边界。大历史考察的是约 138 亿年的历史,与之相比,
很多世界历史课程只覆盖 1 万年左右。用透视法来看的话,如果宇宙是在 13 年前被创造出来的,而不是 130 亿年前,标准世界历史课程会是在两分半钟之前开始。为了研究早一些的时期,人们必须进入考古学、生物学、地质学以及最后的宇宙学领域。所以,

大多数大历史课程在历史系设置这个事实确实是体制上的意外。未来的大历史课程会舒服地呆在考古学或者生物学或者天文学系，就像在历史系那样。

这些自然学科的规模保证了所有大历史课程必须弥合人文学科和自然科学之间的鸿沟。所以，大历史面临着复杂的、但是让人着迷的挑战，即在更大的生物圈、地球以及宇宙整体的历史之内为人类历史找一个位置。大历史尝试建立起人类历史和自然科学的联系，相信这样做能够增进我们对我们这个物种以及我们所栖居的地球和宇宙的理解。

在 21 世纪的第二个十年，大部分教育家和研究者依然发现大历史是一种不熟悉的、也许让人感到困惑的研究过去的方法。所以，我这篇文章的开头会是描述我自己从历史学走向大历史的道路。然后我会描述一些大历史在今天所践行的核心理念。之后我会设法把大历史置于整个历史学思想的演变中。最后，我会讨论大历史可能在不久的将来，既作为一种教育形式也作为一种研究形式如何发展。

通往大历史的个人道路

我认为我朝着大历史的方向发展，是因为我天生是"框架（framework）"思考者。

框架思考：对于很多历史学的学生来说，细节是神圣的、有趣的和无止境地吸引人的。以一个历史事件为例，1914 年 6 月 28 日，在波斯尼亚的城市萨拉热窝刺杀奥地利王位继承人弗朗兹·费迪南德大公（Franz Ferdinand）。为什么大公会造访萨拉热窝？为什么

192 前两次行刺他的尝试失败了？为什么加夫里洛·普林齐普（Gavrilo Princp）实施的第三次刺杀行动即使大公改变了他的路线，依然准备就绪？刺杀行动希望达到的目的是什么？问题是无穷尽的，也是吸引人的。这些问题也是重要的，因为刺杀行动引发的政治和军事崩塌使得第一次世界大战爆发，这是世界到那时为止所经历的最大的、最具有摧毁性的战争。

　　但是对于研究过去的一些学生来说，除非细节能够被置于更大的框架内，被看作更大故事的一部分，否则很少说得通。这些人都是"框架"学习者。我是一个极端"框架学习者"。在面对一个类似于刺杀弗朗兹·费迪南德大公的事件时，我必须把这个事件放在更大的框架内。什么是刺杀行动更深层的"意义"？这个事件能告诉我们关于民族主义的什么内容？为什么战争规模如此巨大？为什么不管怎么样，人类会发生战争？动物会发生战争吗？如果不会的话，为什么？

　　像这样的思考带有的危险性，是我可以轻易错过细节。所以，尽管我相当擅长搜集历史学论据，我必须更加努力学习以通过考试，考试要求我记忆日期和细节。我经常感觉到优秀的历史学家应该比我更好地掌握细节。事实上，对于历史学家来说，对细节感到舒适这一点特别重要。正如科学哲学家托马斯·库恩（Thomas Kuhn）在他的经典研究《科学革命的结构》（*The Structure of Scientific Revolutions*）中所提出的，历史学缺少"范式"；历史学缺乏那种整体理论框架，如物竞天择说之于生物学家，或者板块构造论之于地质学家，或者大爆炸宇宙论之于天文学家（Kuhn, 1970）。在没有范式的情况下，如果要弄清楚复杂的变化或者发现有意义的模式，就必须在处理和阐释很多详细的信息时感到舒服。

　　尽管我存在局限性，最终成为一名职业历史学家。但是我的框架思考习惯一直推动我走向大的框架性问题。这可能解释了为什么我作为一名年轻的历史学家受到马克思主义史学的吸引，尤其是20世纪中期伟大的英国马克思主义历史学家的作品，如埃里克·霍布斯鲍姆和 E.P. 汤普森，或者美国人类学家埃里克·沃尔夫。我感觉到比起我所读过的大部分历史学家，他们更好地设法在细节和高级理论之间找到了平衡。吸引我的还有法国年鉴派历史学家，也许因为他们力图把人类历史置于更大的地理和时间框架内。对于我来说，费尔南·布罗代尔关于地中海的睿智之作就是这个研究方法的一个启发性典范（Brandel, 1972）。

　　我认为我的框架思考本能推动我走向了大历史。毕竟，大历史为思考过去提供了最大的可能性框架。

　　从俄国史到宇宙史：作为一名历史学家，我有着非常正统的教育背景，本科学位在牛津大学，专业是"现代史"（主要以英国和欧洲为中心）、硕士在加拿大安大略省伦敦市的西安大略大学（University of Western Ontario in London, Ontario, 研究列宁的历史观，不过我的大部分时间花在了演戏上），然后是博士学位（回到了牛津大学），专业是俄国史。我的毕业论文考察了在沙皇亚历山大一世（1801—1825）统治早期，一段为期两年的对宪政改革的不成功的论辩。我研究这些论辩时使用了牛津大学博德利图书馆（Bodleian library），和列宁格勒（圣彼得堡）旧的上院楼上的档案资源，就在著名的彼得大帝雕像附近。我记得有一个文件非常早，文件的页面被一只非常漂亮的、象牙头的大头钉固定在一起，这几乎意味着这份文件肯定被凯瑟琳大帝学习过。

　　亚历山大在法国大革命期间成长于圣彼得堡，从他的瑞士导师弗雷德里克·拉哈尔佩（Frederic La Harpe）那里吸收了激进思想。

193

当 1801 年他的暴君父亲保罗一世被暗杀之后，亚历山大成为沙皇。他在自己的周围布置了像自己一样的贵族激进分子，他们开始讨论并计划宪政改革，但是俄国的封建、以农奴为基础的社会现实状况，再加上与拿破仑一世的法国之间的战事使得这些计划很快搁浅了。独裁政治和农奴制比亚历山大统治时期还长久。即使是部分宪政改革也不得不等了一个世纪之后才开始，十月革命之后再一次被翻转。即使在今天，国际非政府组织"自由之家"仍把俄罗斯归类为"不自由的"（Freedom House, 2012）。亚历山大和他的朋友是错

194　过了一个改革俄国的伟大机会吗？或者他们是浅薄的政客，漫不经心地玩弄着改革理念？这些问题对于我来说非常好。它们让我保持持续关注 19 世纪早期俄国政治史的细节，所以我完成了我的毕业论文。

　　我凭借博士学位拿到了位于悉尼的麦考瑞大学（Macquarie University）的俄国史讲师职位。但是我的研究如此狭窄，以至于做讲师的前几年都在学习俄国史。没有任何准备的情况下进入了课堂，我对自己的无知感到震惊，有时我认为自己职业生涯的其余时间都在尽力摆脱高度专业化的陷阱。

　　我很快体会到教学是一种很棒的学习方式！最终，我写了一本关于现代俄国历史的简介（Christian, 1997），这本书在澳大利亚新南威尔士州的学校里使用了超过 20 年。

　　我的研究走向了一个新方向。受费尔南·布罗代尔和年鉴学派的启发，我开始研究 19 世纪农民的物质生活。最终，我与伯明翰大学的 R.E.F. 史密斯（R.E.F.Smith）一起合著了一本苏联时代的饮食历史（Smith and Christian, 1984）。然后我写了一本关于伏特加酒在 19 世纪俄国的角色的书（Christian, 1990）。事实证明，这个话题出人意料地有意思并且覆盖范围广泛。伏特加酒不仅是俄国的

主要仪式和庆典用酒；在 19 世纪也创造了大约 40% 的政府收入。也就是说，俄国政府通过对一种麻醉神经的物质征收消费税，支付了其庞大军队的大部分费用。如果俄国人当时停止了饮用伏特加，俄国政府将会接近于瘫痪。1859 年有一个让人印象深刻的机会，当时农民们开始抵制伏特加酒的销售，因为价格太高而质量太低，于是政府陷入恐慌，官僚们开始设计方案强迫农民重新开始饮用伏特加。这个精彩的插曲在我的书中形成了一个完整的章节，以及一篇独立的文章（Christian, 1991a）。

　　我喜欢俄国史的教学和研究。在冷战期间，讲授俄国和苏联历史看似重要。但是我也有一种感觉不断困扰着我，即使是俄国史也　195太专业化了。在一个越来越全球化的世界，我的学生们难道不需要了解人类整体的历史吗？难道我作为一名俄国史历史学家不是在讲授危险的隐形信息，即人类将会一直被划分为相互竞争的部落？能够将俄国史作为其中一个组成部分的更大框架是什么？

　　对于这些问题，我没有好的答案。就像大部分美国之外的历史学家，我没有意识到世界历史在美国的快速发展。我那时甚至没有读过世界历史的先驱学者的作品，如威廉·麦克尼尔或者列夫顿·斯塔夫里阿诺斯或者马歇尔·霍奇森。

　　但是我无法摆脱那个关于人类的非部落历史的想法，所以我尽力弄清楚这样一门课程可能看起来是什么样子的。前景让人感到望而却步。为了讲授人类的历史，我必须考察 20 万年，而不仅是 200 年（像我在俄国史课程里所做的那样）。为了正确地讲授这门课，我必须讨论人类的进化，这意味着介绍一些生物学知识。毕竟如果不把人类与其他动物比较的话，一个人无法真正理解人类。那么这些问题的终点是哪里呢？是否存在一个点，超出这个点之后，越来越大的框架停止产生新的、有趣的问题？如果存在，我无法找到这个点。为了真正理解人类进化，我意识到我将不得不学习其他物种的进化，这会带我回到 38 亿年前，寻找地球生命的起源。这样的范围会帮助我理解人类在地球生命历史上的位置。但是为了理解生命的历史，难道我不是也需要学习地质学和地球的历史吗？这难道不是会引导我走向天文学和（天哪！）宇宙学吗？

尽管在思维上有一种眩晕感，但是我发现这些问题令人兴奋。最终，我意识到后退不是无限度的。这个故事有一个清晰的起始点，在"宇宙大爆炸"这个壮观时刻，是在 138 亿年前，当时我们的宇宙在一个爆炸的小火球中，从虚无状态显现出来。在这个时间点之前，我们完全没有证据表明有事物存在，所以这就是我们的故事将必须开始的地方。

196　　尝试讲授一门覆盖所有这些资料的历史课是可能的吗（或者理智的）？这个想法看似疯了。但是我想要尝试一下。我这样推理，毕竟如果自己真的想要理解历史是如何运作的，难道不应该在职业生涯中至少尝试一次去抓住对这个可怕的整体的感觉？在生物学项目中，介绍性的概况考察了整个领域；为什么在历史学里不也这样做呢？此外，因为一些人总是阅读好的大众科学，我了解到一些科学家已经尝试书写宇宙的连贯历史，尽管他们经常省略人类历史部分。我曾经阅读过艾萨克·阿西莫夫（Isaac Asimov）对科学的通俗介绍，我知道卡尔·萨根（Carl Sagan）的"宇宙"系列，并且我喜爱约翰·格里宾（John Gribbin）的宏伟宇宙史《起源》（*Genesis*, Gribbin, 1981）。所以，主要是科学家的工作说服我尝试讲授一门历史课程，把人类历史置于最大的可能的语境中：宇宙的历史。如果历史真正是关于语境（正如我很多次曾经读过的），那么为什么不全力以赴呢？

把人类史内嵌于宇宙历史

1988 年，我们的历史系决定需要开设一门新的一年级课程。因为渴望试验一下我的"一切的历史（history of everything）"，我主动请缨，而且我的同事们（上帝保佑他们！）让我尝试了。这个决定让我走上了一段令人难以置信的、兴奋的、有时可怕的学术旅程。

大历史的第一门课：最初，我和历史学家同事们几乎不清楚我们在干什么。我邀请了来自天文学系、地质学系、生物学系、人类学系和古代历史系的同事们在我们的"一切的历史"课堂里做讲座。我天真地构想，讲授这门新课的老师们会旁听这些讲座，学习不同的学科，把不同的故事放在一起，最终形成一个关于一切的连贯历史。让我感到惊讶和高兴的是，这差不过就是事实上所发生的，不过事实证明比起我所预计的，这是个更加复杂的任务。我在 197 其他系发现了非常宽宏大量的同盟，在他们的帮助下我们拼凑了一个教学大纲。我听过一些精彩的讲座，为我们这些讲授这门课的老师提供了恰当的资料，得以瞥见一个更大的故事。在这些讲座旁听下来、围绕这些讲座去阅读、并尝试在课堂上弄清楚它们的意思，这些是我自己对大历史的学徒工作。我的学生们所提出的问题让我保持关注大的问题以及故事的技术细节。

其中有一些讲座非常精彩。在英国—澳大利亚天文台（Anglo-Australian Observatory）工作（这里的大望远镜建在新南威尔士州的库纳巴拉布兰附近）的研究红外线的天文学家大卫·艾伦（David Allen），扣人心弦地讲述了宇宙大爆炸，即使对于完全没有科学背景的观众来说都能够理解。我现在依然记得，整个讲堂在倾听大卫叙述宇宙如何从虚无中出现的时候，出奇地安静。生物学家大卫·布里斯科（David Briscoe）关于进化的讲座很吸引人，有时非常有趣。他喜欢帮助学生欣赏复杂的微生物体；但是他也警告学生注意社会达尔文主义的危险性。著名的澳大利亚古生物学者迈克·阿彻（Mike Archer）讲了我们与黑猩猩在解剖学上的相似之处，是我曾经听过的一些最有趣的讲座。迈克也帮助我们理解所谓的"创造科学"的严峻局限性。安妮特·汉密尔顿（Annettee Hamilton）、鲍勃·诺顿（Bob Norton）和伊恩·贝德福德（Ian Bedford）帮助我和我的学生从独特的人类学视角看待大历史。同时，我和我的历史学同事们努力把复杂的、竞争的人类史叙事融入更大的大历史叙事，正如我们在真实的课堂上与学生的真实交流一样。

　　与来自这么多学科的同事一起工作，我了解了很多现代大学的优势和缺陷。我更加清楚地看到了他们所储存的令人震惊的专门知识范围。但是我也看到了各个学科仓库如何限制分享专长、知识和见解。对于历史学家来说，当生物学家顺便提到等位基因、或者地质学家假定你知道奥陶纪时期的日期时，会感到迷惑不解和望而生畏。我们每一个人似乎在巨大的学术花园里非常专心地盯着我们自己的小块土地。站在其他人的肩膀上看整个花园，这种情况对于我们任何一个人来说没有自然而然发生。

　　我意识到跨越学科进行对话是多么的困难。但是我也意识到这是多么重要，在我等待那些愿意跨越学科边界交换想法的人时，我开始瞥见一些学术上的协同增效效果。比起人文学科的学者，科学家一般更欣赏这些可能性。毕竟，他们已经目睹了令人震惊的协同增效作用，如宇宙大爆炸理论把宇宙学（非常大的科学）与核物理（非常小的科学）联系起来，或者很多出乎意外的协同增效作用出现在生物化学、遗传学、自然选择、古生物学和生态学之间。

C.P. 斯诺（C. P. Snow）哀叹人文学科文化和自然科学文化之间的划分，正是因为他了解有多少见解被搁浅在了两个"文化"之间的无人区里（Snow, 1971）。生物学家 E.O. 威尔逊（E.O.Wilson）写了一整本书挑战"一致"（Wilson, 1998）。这么多年来，我逐渐意识到，大历史能够在这样的跨学科对话中，通过发展共享词汇和发现共同主题和概念从而发挥重要作用。我们能够比较人类社会的复杂性与银河系或者行星系统的复杂程度吗？信息无论是被电脑，还是甲壳动物或者大公司使用，都是同一个东西吗？

发展一个连贯叙事：尽管若干年来我们在院系之间努力建立了联系，我担心我们在创造一个学术拼图。地质学家谈论花岗岩和玄武岩；生物学家谈论细胞和氨基酸。什么能够把这样一个松散的故事固定在一起？比起共享的年表，故事还有更多内容吗？

最初，我没有答案。让我们保持前进的是学生们的热情。我们的第一批学生理解大历史是教学实验，而且我们这些老师真的不太清楚我们在尝试讲授的故事。但这似乎没有关系。明显让他们感到满意的是，我们愿意提出大的、统一性的问题，而很多学生渴望提出这些问题，却无法在大部分其他大学课程上深究。我们课程的范围、尝试拥抱整个过去和整个宇宙，意味着学生们能够使用这门课探索基础性的问题，比如，他们在宇宙中的位置。我们的宇宙有多大？宇宙是如何出现的？生命是如何出现的？宇宙有什么意义吗？什么让人类与众不同？就像所有的大型地图一样，大历史提供了一种方向感，因为我们对意义的感觉非常接近我们的位置感（参见 Swain, 1993）。

此外，讲授大历史非常有意思。我喜欢吹嘘我们在 13 周之内就覆盖了 130 亿年，并且差不多无缝对接地从天文学走到了地质学，再到了生物学，然后是人类学，继而到人类历史。我感觉讲授大历史的愉悦感接近于我骑着一辆飞速摩托车呼啸在蜿蜒的、一边是悬崖的小路上的感觉！

不过，大历史的故事逐渐固定并且连贯起来。这甚至更加令人兴奋。我们开始看到故事的不同部分之间的联系，以及故事作为一个整体开始逐渐成形并有了结构。

我的妻子查蒂（Chardi），就荣格心理学进行了广泛地阅读，给我们正在做的事情提供了深刻见解。她指出我们在讲授一个关于起源的故事。就像所有的起源故事一样，我们的课程把很多不同的故事编织进一个通用的时间和地点地图。就像创世纪的故事或者澳大利亚当地的梦幻时代故事，我们的课程帮助我们和我们的学生发现自己在宇宙中的位置。通过这样做，我们在探索问题，而这些问题在现代教育的学科仓库内甚至不可能被清晰地提出。后来我碰到了威廉·麦克尼尔的一篇关于历史和神话的精彩论文，追求着类似的主题（McNeill, 1986）。

我们也开始看到把人文学科和自然科学联系起来的好处。被理科班的技术程序吓坏了的学生们发现，在他们遇到作为更大故事的一部分的话题时，他们能够弄懂这些话题，如宇宙大爆炸或者板块构造论。更喜欢科学的学生们突然发现，如果他们能够把人类历史与生物圈的历史联系起来的话，人类史更能说得通。大历史通过把科学和人文学科看作是一个复杂但连贯叙事的组成部分，在二者之间建立起了一座自然的桥梁。

200　　还有另外一个更加愉快的惊喜：大历史教给我们思考未来。在讲授大历史的前两年，我的同事和我在接近现代的时候就停下脚步了。就像大部分历史学家，我感觉我的任务是处理过去，不是未来。R.G.科林伍德（R.G.Collingwood）曾经说过，"历史学家的任务是通晓过去，不是了解未来，无论什么时候，如果历史学家声称能够在事情发生之前确定未来，我们可以确定无疑地知道他们的历史学基本概念产生了一些错误"（Collingwood, 1994，第54页）。

但是在我们第二年教学的最后一讲之后，一个学生走过来，说她真的喜欢这门课，但我们没有讨论未来，这让她感到失望。她说，毕竟你们覆盖了130亿年，而且你们在关注一些大趋势，其中很多趋势将会持续几十年。此外，她还说，看到人类历史是如何演进以及变化速度是如何加快的，认真思考其会发展到哪里，极其重要。毕竟，我们将会度过未来！她非常正确。大历史为认真讨论未来提供了理想的产生平台。从那时起，与我的同事大卫·布里斯科一起开始讲授人类、地球和宇宙整体可能会有的未来。大卫和我在讲座开始的时候抛硬币决定谁来扮演乐观主义者，谁扮演悲观主义者。

总而言之，事实证明讲授大历史比起我曾经想象的更加令人兴奋且更加可行。1991年，《世界历史杂志》主编杰里·本特利邀请我写一篇关于大历史的短文，因为他感觉到其他世界历史学家可能会发现大历史非常有趣。毕竟在世界历史和大历史之间有天然的密切关系，因为这两者都是在拓展历史学科的边界。在写那篇文章的时候，我创造了"大历史"这个短语（Chirstian, 1991b）。我的本意是从反面开玩笑，但不管怎样，这个名字被接受了！

大历史的主要主题：这么多年来，随着客座讲师们退出，我开始在大一学生的课程里开设更多大历史讲座。这门课在专业知识方面逊色了一些，但是增强了连贯性，因为我能够在课程的不同部分之间指明联系、对比和连续性。我开始把大历史看做一个分形、一个复合模式，揭示了不同层面的神秘相似性。影响恒星的能量也滋养了恐龙，并养育了文明和帝国；在即将失去活力的恒星内部飞速向前的原子也存活在我们的身体细胞中。

201

为大历史写讲义是书写著作《时间地图》（*Maps of Time*, *Christian*, 2004）的第一步。在讲座和课堂上，我寻找新的、生动的、有意思的和谨慎的方式，以解释复杂的和不熟悉的观点，经常正是在教学过程中或者在回应学生们的问题时，我得到了微小的启示，帮助我改进和深化对大历史的理解。

大约在我开始自己的课程的同一时间，约翰·米尔斯（John Mears）在达拉斯的南卫理公会大学（Southern Methodist University）启动了一门类似的课程。甚至在更早的时候，波士顿天文学家埃里克·蔡森（Eric Chaisson）已经开始讲授他所谓的"进化史诗（The Epic of Evolution）"。蔡森发展了后来事实证明将会是大历史的所有统一性主题中最强有力的一个：日益增加的复杂性的观点。

蔡森展示出随着宇宙在138亿年期间不断演进，高层的复杂性似乎增加了。当然，这不一定是"好的"或者"坏的"；复杂的事物本身不存在什么优越性，比起更简单的事物通常更加脆弱。但是如果是人类，很难不被复杂性吸引，并且想知道复杂的事物如我们自己是如何出现的。让这个故事尤其丰富的是热力学第二定律投下的解释影响，这个定律是科学里最重要的原则之一。第二定律告诉我们，远非变得更加复杂，宇宙应该变得更加简单，因为"无序状态"或者混乱增加了。这显而易见是个深奥的难题（小结请参见 Christian, 2011）。

在如《宇宙演化》（*Cosmic Evolution*, Chaisson, 2001）这样的著作里，蔡森讲述了日益增加的复杂性的故事。早期的宇宙非常简单。它包含氢和氦原子；大的、同质的能量流；暗能量和暗物质（我们不理解这些）；没有其他太多东西。没有恒星、没有生命、没有行星和生物体。然后更加复杂的实体开始出现。恒星在宇宙中播下了热点，生成了新的能量梯度。在即将失去活力的大型恒星内部，核聚变产生了新的化学元素，使得宇宙在化学成分上更加复杂。新形式的物质积聚起来形成了化学成分复杂的物体如岩态行星。在其中一些行星上（肯定包括我们自己的，但很多其他的也极有可能），生物体逐步演进。在我们自己的行星上，生命繁殖，多样化且复杂化。在我们自己物种的历史上，类似的故事似乎以压缩和加速的形式在重复。早期的人类社会很小，相对保持同质；今天的社会包括不同类型的社群和生活方式，多样化程度令人震惊，连接成了难以置信的复杂的全球网络。

蔡森提出了一个衡量复杂程度的粗略方法。他认为，一个人可以衡量复杂性，通过物体的"能率密度（energy rate density）"：在既定时间内流过既定质量的能量。这些能量流解释了为什么复杂的东西能够短暂地抵制无序状态的冲击；能量把它们固定在了一起。但是，当然在更大的层面上，保持一个区域的复杂性的同一能量流，通过把越来越多的能量变成不能使用的形式也在其他区域做着第二定律的工作。让人感到奇怪的是，复杂性最终证明是第二定律的顺从的仆人。

蔡森的论点表明粗略地衡量不同物体的"能率密度"并比较结果应该是可能的。这样计算的结果非比寻常。根据蔡森的估计，岩态行星如地球的能率密度几乎比太阳的高出40倍，而与太阳的能率密度相比，行星的能率密度高出400—500倍，现代社会的也许要高出25万倍。这些差异很壮观，而没有人会宣称这些数据非常精确，这些差异表明我们感觉现代人类社会代表了一种超级复杂的现象是有客观基础的。这足以合理化人类历史是非凡的这个论断，即使在宇宙层次上。

荷兰生物化学家和人类学家弗雷德·施皮尔（Fred Spier）于

203　20 世纪 90 年代中期开始在阿姆斯特丹讲授大历史，把故事进一
步推进了。他和他的同事约翰·古德布洛姆（Johann Goudsblom,
他启动了阿姆斯特丹大学的大历史教学工作）受到了德国社会学
家诺伯特·埃利亚斯（Norbert Elias）的影响。使用埃利亚斯的观
点，施皮尔写了一本书，提出在大历史中我们能够识别和研究很多
不同的"组织方法"。这些类似于蔡森描述的复杂物体。它们是物
体、或者结构、或者过程，可能在很多不同的层面上存在比如恒
星、行星、生物体、社会。"组织方法"是动态的、复杂的现象，
有着有意思的突变属性，使用能量流暂时稳定自身，但最终会分解
（Spier, 1996）。在后来的一本书中，施皮尔添加了关键的见解，即
稳定的"组织方法"只能够出现在适当的"金凤花（Golciilocks）"
条件存在的情况下（Spier, 2010）。例如，在地球早期，温和的能
量流、多样的化学元素和液态的水为生命提供了完美的"金凤花
（Goldilocks）"条件。复杂性很少见，即使在今天的宇宙中。要想
找到复杂性，人们必须查看恰好合适的地方。

　　日益增加的复杂性的观点提供了一个统一性主题，把宇宙的历
史与地球、生命和人类社会的历史联系起来。它提供的那种历史思
考框架正是我在职业生涯中曾经一直寻找的。它也邀请我们探寻复
杂性的本质和意义，询问为什么一些现象比其他现象变得更加复
杂，询问为什么某些"金凤花"环境如一颗围绕恒星运转的岩态行
星的表面，似乎促进越来越多的复杂性，同时大部分环境却没有，
询问在什么条件下复杂的现象可能分解，因为日益增加的复杂性不
是一个简单的线性过程。

　　大历史作为日益增加的复杂性：日益增加的复杂性这个观点是
我今天进行大历史教学的框架。宇宙的第一批恒星如何仅仅依靠巨
大的、由氢和氦构成的同质云朵形成？即将失去活力的恒星如何锻

造周期表里的大部分元素？这些元素如何在化学上结合起来形成了 204
我们的地球成形所需要的材料？地球上的第一批海洋的丰富化学过
程如何产生了第一批单细胞生物？从这个语境看，自然选择表现为
生产多样性和复杂性的新的、尤其强大的方法。

人类史看似一个该故事的加速版本，作为人类社会，对于大部
分人类史来说小且相对同质，在农业出现以后开始变得更大和更加
多样。是什么让日益增加的复杂性在人类史上显而易见？尽管作为
自然选择的产品，人类无疑是独特的。什么把生物学和人类史联系
起来？稍微从不同角度再问一下这个问题，为什么人类比所有其他
生物体在加强他们对生物圈的控制方面更擅长得多？我已发现的最
有成效的答案是"集体学习"。只有人类能够分享他们所学到的信
息，其精确度使得新信息能够在集体记忆中累积下来。不像其他物
种的语言，人类语言非常灵活，而且精确，这样信息能够在几乎没
有歪曲的情况下，从一个大脑传递给另一个大脑，这样，通过一代
人又一代人，人类社会能够储存越来越多的关于如何开发自己环境
的信息。集体学习解释了我们作为一个物种所具备的惊人创造力。
最终，集体学习产生的知识为今天这个世界的巨大、强有力且复杂
的社会奠定了基础。集体学习解释了为什么我们在几乎 40 亿年期
间成为了第一个主导生物圈的物种。这就是为什么我们这个物种的
出现在大历史叙事中被看成一个有重大意义的起始点。

集体学习的观点展示了大历史如何能够通过不同的学术透镜看
待熟悉的现象从而阐明它们。从生物学家和古生物学者以及考古学
家和历史学家的视角研究人类史，帮助我们以新的方式看待我们的
物种。人类史不再看似独立和自给自足。而我们把人类史看作生物
圈历史的一部分。这样做能够帮助我们理解我们的物种如何并且 205
为什么走上了全新的轨道，所走的道路在地球 35 亿年的生命历史

上没有被任何其他物种开发过。大历史提供了一种非常强大的方式，以理解我们本身物种的独特性。

这些观点影响了我自己想要尝试写一本大历史：《时间地图》（Christian，2004）。该书来源于大历史教学和研究工作之间的强大协同作用。随着我逐渐掌握更多的大历史课程，并且大历史论证的整体轮廓对于我来说愈发清晰，我开始书写一些草稿式的章节，为课程做准备，然后可能成为专著里的部分章节。这迫使我更加谨慎地讨论课程的每一个部分，并且更加广泛地阅读资料，一直到2002年，我才准备好了提交手稿。在一个接着一个领域中，我给自己设定的目标是尽力保证我到达第一垒，即使是在我不熟悉的领域。我能够足够准确地描述一个现象如宇宙大爆炸，宇宙学家也许至少会说："对于历史学家来说是还不错的表述！"但我也知道如果我尽力对每一个话题都深入研究的话，我会永远不能完成这本书。正如我所写道的，在课堂上产生或者试验的想法塑造了我的书写过程。同时，在写作过程中发展的想法开始影响我的讲座。这种往复一直持续到了出版那一刻，我很幸运遇到了的文字编辑提出他们自己对文本的问题，有时迫使我重写并阐明我原以为已经写好的段落。

在我进行大历史教学和书写过程中所发展出来的想法也影响了我后来尝试书写一部人类简史《这个短暂的世界》（*This Fleeting World*, Christian, 2008a）。该书最初是为《伯克希尔世界历史百科全书》（*Berkshire Encyclopedia of World History*, 2004）撰写的一系列文章。当伯克希尔出版社的创始人卡伦·克里斯坦森（Karen Christensen）最初提议出版一部世界历史百科全书时，我记得这样对她说："你不能做一部世界历史百科全书。百科全书是琐碎的。世界历史是在寻求更大的叙事。"她相当恰当地向我挑战，说："好吧，帮我想一个方法，出一部不只是琐碎的百科全书。"我们很快想到如果我们同意纳入不同层次的文章，一些关于详尽的事件或者话题，一些关于更大的时期或者主题，就能做到这个目标。最后她这样对我说："好的。现在你需要写几篇覆盖整个人类史的短文。"我怎么能够拒绝呢？我在自己的一生中一直都想要这样做！所以我就人类史上三个伟大时期写了三篇文章，旧石器时代、农业时代和现代。这些文章，再加上鲍勃·贝恩（Bob Bain）和劳伦·麦克阿瑟·哈里斯（Lauren McArthur Harris）写的序言，出版为一本著作。我将之命名为《这个短暂的世界》，引自一句佛经，提醒我们记得从某些视角来看，即使 20 万年长的人类历史故事只不过是眨眼之间。

在这本书的基础上，我最终设法完成了作为一个年轻的俄国史讲师时曾经想书写的人类史。但是绕道大历史告诉我，只有我能够把人类史置于宇宙的更大历史之中，我才能理解人类史。

大历史和历史学思想的演变：普世史的回归

有可能看起来大历史是一种全新的现象。但是从一个更大的史学语境中看，更确切地说，大历史代表了回归旧的和曾经常见的历史学思考形式。

弗雷德·施皮尔给我们展示了在 20 世纪期间书写大历史的很多次尝试（Spier, 2012；并参见 Hughes-Warrington, 2002；Benjamin, 2004）。H.G. 韦尔斯的《世界史纲》（*The Outline of History*, 1920）在第一次世界大战刚结束就出版了，是一次书写普世史的尝试，目的是为了超越产生了世界大战的狭窄部落主义。但是在韦尔斯写作的时候，他没有为早于第一批书面文件之前的事件提供准确日期，这些事件只是在几千年之前出现的。他的故事必然缺乏时间背景。

在 20 世纪后半叶，宇宙大爆炸理论的出现，以及新的年代测定技术，包括放射性定年法，使得构建更加丰富和更加精确的宇宙历史成为可能（Christan, 2009a, 2009b 和 McNeill, 1998）。卡尔·萨根（Carl Sagan）的 13 集电视连续剧《宇宙》（Cosmos）提供的宇宙历史很有影响力，而埃里克·扬奇（Erich Jantch）的书《自我管理的宇宙》（*The Self-Organizing Universe*）出版于 1980 年（Jantsch, 1980），尽管受到忽视，这不公平，但是代表了为大历史提供一种统一性理论的第一次现代尝试。

弗雷德·施皮尔和其他人也展示了大历史属于一种古老的历史学写作类型。在 19 世纪，哲学家如格奥尔格·威廉·弗里德里希·黑格尔（Georg William Friedrich Hegel）、卡尔·马克思（Karl Marx）和奥古斯特·孔德（Auguste Comte）都尝试过书写普世史，就像德国科学家亚历山大·冯·洪堡（Alexander von Humboldt）和苏格兰出版商罗伯特·钱伯斯一样（Spier, 2012）。甚至经常作为典型的档案人被想起的利奥波德·冯·兰克（Leopold von Ranke），致力于记录"历史就像真实发生的那样"的任务，也认为历史学家应该永不忽略构建普世史的终极目标（Stern, 1956, 第 61—62 页）。但是他自己对普世史的尝试，在他书写时受到了流行的社会达尔文主义意识形态的影响，通过显示普世史能够如何轻易地变成国家或种族神话给这些项目带来了坏名声。

进一步回溯历史，"大历史"逐渐更加常见。书写普世史的想法看起来在启蒙运动时期很正常。类似的项目在很多其他史学传统中也很常见，如在中国，汉朝历史学家司马迁以回顾的形式书写历史，就像在尝试大历史。最终，在所有主要的宗教传统中都存在类似于大历史的内容，事实上无论在哪里我们都能发现"起源故事"，意思是几乎在我们知道的每一个人类社群里。

　　远非是一种新的历史学形式，大历史代表了回顾古老的史学传统。今天让人感到奇怪的不是存在大历史，而是在过去的这个世纪的大部分时间缺席了（Christian, 2010）。

今天的大历史

　　为什么在 19 世纪晚期历史学家和学者一般会反对普世史？答案尚不明了。也许是因为随着现代科学的演进，学者们感到被海啸般的新信息淹没了。高度专门化提供了一种处理方式。在一个又一 208 个领域里，学者们转向了更小和更易控制的问题，这些问题都可以划线来界定。这些学术特质逐渐被看做是职业学术的标志，野心太大的作者，如 H.G. 韦尔斯或者阿诺德·汤因比（大受欢迎的十卷本《历史研究》的作者，出版于 1934—1954 期间，比较了文明的兴与衰）被讽刺为幼稚的业余爱好者。

　　专业化确实有效。在一个又一个学科，专业化收获了大量经过仔细测试的信息和观点。但是，作为教育策略，专业化有着严重的缺陷：它使学生失去了宏观的宇宙图景，而这曾经帮助上一代学者在传统的起源故事之内发现意义。对于像我这样的框架学习者来说，极端专业化似乎使教育本身失去了意义。

　　最终，正是专业研究的成功使得回归更加普世的问题成为可能。宇宙学（宇宙大爆炸理论）和地质学（板块构造论）出现的新范式，表明数据一点点积累起来能够产生宏大的概括和高层理论。新的年代测定技术改变了我们对过去的感觉。现代"精密计时革命"开始于 20 世纪 50 年代，当时威拉德·利比（Willard Libby）

发展了碳 14 年代测定技术。放射性测定年代技术依靠放射性物质的常规分解。这些和其他相关技术建立起了确切日期的框架，在此基础上我们现在能够构建一个详细的、按年代细致排列的、跨越130 亿年间的宇宙历史（Christian, 2008b）。

今天，尽管在史学界依然处于边缘地位，大历史正在快速发展，并吸引了越来越多的学者和教育者关注。如果大历史想要繁荣起来，必须克服现代教育和研究体制大力致力于边界明晰的专业化学科所带来的问题。教育者不信任看起来过于宽泛的教学大纲；他们也许同样不信任大历史学家，因为就像世界历史学家一样，大历史学家忽略了学科界限，游走于他们的正规专业知识领域之外。同时，研究生们如果无法跟进一个重点突出的研究项目就会付出高昂的代价。这些强大的干预为大历史创造了很多意料之外的困难，几乎看不到的绊脚索存在于所有教育和研究机构中，并影响了学术生涯的所有阶段。

不过，尽管越来越强烈地感觉到我们需要更多跨学科教育和研究，大历史依然在前进。到 2010 年为止，存在大约 50 门本科层次的大历史课程（Rodrigue and Stasko, 2009）。大部分课程是在美国开设，但是在澳大利亚、荷兰、俄罗斯和韩国的学院和大学也在讲授大历史。用于这些课程的课程资料也开始出现，除了后面列出来的学术文献之外。大卫·克里斯蒂安录制了一系列大历史讲座，可以通过"教学助手"获得（Christian, 2008c）。2009 年，克雷格·本杰明（Craig Benjamin）在电子杂志《世界历史连线》中编辑了一个大历史教学论坛（Benjamin, 2009）。2013 年 8 月，大卫·克里斯蒂安、辛西娅·布朗和克雷格·本杰明出版了第一本大历史本科课程教科书（Christian, Brow, and Benjamin, 2013）。

大历史也在高中出现了。这极其重要，因为大历史的宇宙大图

209

景能够帮助学生们看到学科之间的联结部分，并在所学的内容中发现丰富的意义。自从 2010 年以来，在比尔·盖茨的支持下，"大历史项目"开始为高中学生建设免费的大历史在线课程（Big History Project, 2013）。大历史项目将为学校里的大历史教学和自主学习者都提供丰富的材料。这些课程将给下一代学生提供宽泛的、跨学科视角，他们会需要这些以迎接未来 50 年的全球挑战。当然，大历史课程不会替换现有的课程。但是通过提供联系起不同学科的统一性视角，他们也许会帮助学生以新的方式对待传统课程，并帮助他们利用所学内容对所处世界形成更加清晰的理解。

　　支持大历史发展的新组织结构也在发展。地质学家沃尔特·阿尔瓦雷斯（Walter Alvarez）展示了大约 670 万年前一颗小行星撞击引发了恐龙灭绝（Alvarez, 2008）。陶醉于历史的阿尔瓦雷斯发现了大历史，并在加州大学伯克利分校的地质学系开始大历史课程的教学。2010 年，他为大历史学家在位于意大利科迪奇奥科（Coldigioco）的地质观测站组织了一次研讨会，正是在这次研讨会上一群大历史学家正式建立国际大历史学会（IBHA, 2010）。国际大历史学会于 2012 年 8 月在位于密歇根州的伟谷州立大学（Grand Valley State University）举行了第一次会议。这次会议聚集了科学家、历史学家、艺术家和教师，并展示了在这个依然处于萌芽期的学术领域里现有的丰富和多样的观点、研究方法和专业知识。第二次会议将于 2014 年在旧金山郊外的多明尼克大学举行。多明尼克大学已经围绕大历史的理念为全部大一新生建立了一个项目（Dominican University, 2013）。

　　大历史作为一个研究领域也在发展。现在悉尼的麦考瑞大学（Macquarie University）、阿姆斯特丹和其他地方有一小群探索大历史主题的研究生。麦考瑞大学最近建立了大历史研究所，打算启动创建研究环境的复杂进程，鼓励跨越多个学科对跨学科主题进行研究。这些主题可能包括日益增加的复杂性、集体学习、信息在大历史中的作用以及地球史的"人类纪时代"观点。最终，将有必要创建体制结构、职业体系和出版体系，超越现代大学和研究机构里妨碍跨学科研究的学科界限。

　　我自己希望随着越来越多的学生和学者逐渐熟悉大历史的统一性故事，他们会开始把很多不同学科的问题、主题和见解编织在一起。熟悉大历史故事的一代学生和研究者将会发现，很容易看到学科之间的联系和协同增效效应。随着社会面临全球挑战如气候变化或生物多样性减少，我们将需要这类跨学科思考和研究，这些问题的解决方案会需要来自很多不同专业领域的观念和见解。

参考书目

Alvarez, Walter. 2008. *"T. Rex" and the Crater of Doom.* Princeton, NJ: Princeton University Press.

Benjamin, Craig. 2004. "Beginnings and Endings," in M. Hughes-Warrington, ed. *Palgrave Advances: World History.* London/New York: Palgrave Macmillan, pp. 90–111.

Benjamin, Craig. 2009. "Forum on Big History." *World History Connected* 6/3. http://worldhistoryconnected.press.illinois.edu/index.html. Accessed January 22, 2013.

Big History Project. 2013. https://course.bighistoryproject.com/bhplive. Accessed August 16, 2013.

Braudel, Fernand. 1972. *The Mediterranean and the Mediterranean World in the Age of Philip II,* trans. S. Reynolds. London: Collins.

Chaisson, Eric. 2001. *Cosmic Evolution: The Rise of Complexity in Nature.*

211

Cambridge, MA: Harvard University Press.

Christian, David. 1990. *"Living Water": Vodka and Russian Society on the Eve of Emancipation.* Oxford: Oxford University Press.

Christian, David. 1991a. "The Black and Gold Seals: Popular Protests Against the Liquor Trade on the Eve of Emancipation," in Esther Kingston-Mann and Timothy Mixter, eds. *Peasant Economy, Culture and Politics of European Russia, 1800–1917.* Princeton, NJ: Princeton University Press, pp. 261–293.

Christian, David. 1991b. "The Case for 'Big History'," *The Journal of World History* 2/2: 223–238.

Christian, David. 1997. *Imperial and Soviet Russia: Power, Privilege and the Challenge of Modernity.* Basingstoke: Macmillan.

Christian, David. 2004. *Maps of Time: An Introduction to Big History.* Berkeley, CA: University of California Press.

Christian, David. 2008a. *This Fleeting World: A Short History of Humanity.* Great Barrington, MA: Berkshire Publishing.

Christian, David. 2008b. "Historia, complejidady revolución cronomé-trica," *Revista de Occidente* 323: 27–57.

Christian, David. 2008c. "Big History: The Big Bang, Life on Earth, and the Rise of   212 Humanity," 48 lectures on big history published by the Teaching Company. http://www.thegreatcourses.com/tgc/courses/course_detail.aspx?cid=8050. Accessed October 28, 2013.

Christian, David. 2009a. "History and Science after the Chro-nometric Revolution," in Steven J. Dick and Mark L. Lupisella, eds. *Cosmos & Culture: Cultural Evolution in a Cosmic Context.* Washington, DC: National Aeronautics and Space Administration, pp. 441–462.

Christian, David. 2009b "The Evolutionary Epic and the Chronometric Revolution," in Cheryl Genet, Brian Swimme, Russell Genet, and Linda Palmer, eds. *The Evolutionary Epic: Science's Story and Humanity's Response.* Santa Margarita, CA: Collins Foundation Press, pp. 441–462.

Christian, David. 2010. "The Return of Universal History," *History and Theory* 49/ December, Theme issue: 5–26.

Christian, David. 2011. "13.7 billion years in 18 minutes." *TED Conference,*

Long Beach, CA, April 11, 2011. http://www.ted.com/talks/david_christian_big_history.html. Accessed January 21, 2013.

Christian, David, Cynthia Brown, and Craig Benjamin. 2013. *Big History: Between Nothing and Everything.* Boston, MA: McGraw-Hill.

Collingwood, R.G. 1994. *The Idea of History,* Revised edition, Jan Van der Dussen, ed. Oxford/New York: Oxford University Press.

Dominican University. 2013. "First Year Experience: Big History." http://www.dominican.edu/academics/big-history. Accessed January 25, 2013.

Freedom House. 2012. http://www.freedomhouse.org/regions/central-and-eastern-europeeurasia. Accessed January 21, 2013.

Gribbin, John. 1981. Genesis: *The Origins of Man and the Universe.* New York: Delta.

Hughes-Warrington, Marnie. 2002. "Big History," Historically Speaking 4/2: 16–17, 20.

Jantsch, Erich. 1980. *The Self-Organizing Universe: Scientific and Human Implications of the Emerging Paradigm of Evolution.* Oxford: Pergamon Press.

Kuhn, Thomas S. 1970. *The Structure of Scientific Revolutions,* 2nd edition. Chicago, IL: Chicago University Press.

McNeill, William H. 1986. "Mythistory, or Truth, Myth, History and Historians," *American Historical Review* 91/1: 1–10.

McNeill, William H. 1998. "History and the Scientific Worldview," *History and Theory* 37/1: 1–13.

McNeill, William H. Senior Editor. 2004. *Berkshire Encyclopedia of World History,* 5 vols. Great Barrington, MA: Berkshire Publishing Group.

Rodrigue, Barry and Daniel Stasko. 2009. "A Big History Directory: 2009." *World History Connected* 6/3. http://worldhistoryconnected.press.illinois.edu/6.3/rodrigue.html. Accessed January 22, 2013.

Smith, R.E.F. and David Christian. 1984. *Bread and Salt: A Social and Economic History of Food and Drink in Russia.* Cambridge: Cambridge University Press [re-issued in paperback, 2008].

Snow, C.P. 1971. "The Two Cultures and the Scientific Revolution," in C.P. Snow, ed. *Public Affairs.* London/Basingstoke: Macmillan, pp. 13–46 [1st published

213

1959].

Spier, Fred. 1996. *The Structure of Big History: From the Big Bang until Today.* Amsterdam: Amsterdam University Press.

Spier, Fred. 2010. *Big History and the Future of Humanity.* Chichester/Malden, MA: Wiley-Blackwell.

Spier, Fred. 2012. "Big History," in Douglas Northrop, ed. *A Companion to World History.* Malden, MA: Wiley-Blackwell, pp. 171–184.

Stern, Fritz. 1956. *The Varieties of History: From Voltaire to the Present.* Cleveland/ New York: World Publishing Company.

Swain, Tony. 1993. *A Place for Strangers: Toward a History of Australian Aboriginal Being.* Cambridge: Cambridge University Press.

The International Big History Association (IBHA). 2010. http://ibhanet.org/. Accessed January 22, 2013.

Wells, H.G. 1920. *Outline of History,* 3rd edition. London: Macmillan.

Wilson, E.O. 1998. *Consilience: The Unity of Knowledge.* London: Abacus.

延伸阅读

Brown, Cynthia Stokes. 2007. *Big History: From the Big Bang to the Present.* New York: The New Press.

Chaisson, Eric. 2001. *Cosmic Evolution: The Rise of Complexity in Nature.* Cambridge, MA: Harvard University Press.

Chaisson, Eric. 2006. *Epic of Evolution: Seven Ages of the Cosmos.* New York: Columbia University Press.

Christian, David. 2004. *Maps of Time: An Introduction to Big History.* Berkeley,　214 CA: University of California Press.

Christian, David. 2008a. *This Fleeting World: A Short History of Humanity.* Great Barrington, MA: Berkshire Publishing.

Christian, David. 2008b. "Big History: The Big Bang, Life on Earth, and the Rise of Humanity," 48 lectures on big history published by the Teaching Company. http:// www.thegreatcourses.com/tgc/courses/course_detail.aspx?cid=8050. Accessed October 28, 2013.

Christian, David. 2010. "The Return of Universal History," *History and Theory* 49/ December, Theme issue: 5–26.

Spier, Fred. 2010. *Big History and the Future of Humanity.* Chichester/Malden, MA: Wiley-Blackwell.

9 　探索全球文化史

杰里·H. 本特利　凯伦·路易丝·乔莉　著　阿兰·卡拉斯　序

杜宪兵　译

序言

2012 年 7 月 15 日，在得知罹患胰腺癌这一消息的 7 个月后，杰里·本特利与世长辞。下文是他最后的创作。妻子卡罗尔·蒙·李（Carol Mon Lee）说，尽管杰里身体每况愈下，但他在余下的大多时日都在手提电脑上不停敲字。此文未竟，斯人已逝。即便如此，这些片段仍然光彩熠熠。杰里的原作只字未易，其同事凯伦·乔莉（Karen Jolly）接续前文，使成完璧。

杰里逝后，卡罗尔在其电脑上发现该文。品读之后，她认为此文适于发表，但又意识到它的残缺。她将文章发送给我，让我帮着找个合适的发表机会。一两天后，我收到了本书编辑肯·柯蒂斯（Ken Curtis）的电子邮件，告知拟录论文的性质——我由此认为杰里的文章应该能纳入其中。对于如何在缺少杰里之作的情况下继续 编辑本书，肯有着诸多想法，并期望与我磋商。我旋即作出回复，告诉他杰里生前就在撰写一篇合乎本书宗旨的论文。我在电子邮件中附上此文，肯回复说他也认为该文适于纳入《世界历史的设计师》之中。我们就此询问卡罗尔，她很赞同。她甚至在杰里的电脑桌面上找到一个含有本书书名的文件夹。我们便由此决定发表这篇文章。

　　本文在书中的出现，彰明了史学家们通常从事的那类侦探工作，也直接反映了杰里构建并维护世界历史学者网络的方式。文章的发表征得了卡罗尔的许可，这段前言以及凯伦·乔莉的续笔亦征得她的同意，它们为读者突显了杰里的遗作。尽管此文找到合适的发表园地让人高兴，但我们都因过早地失去一位最为杰出的世界历史学者而深感悲恸，他是该领域的真正开拓者。

　　　　　　　　　　——阿兰·卡拉斯（Alan Karras）

217　　多年来，人们一再问我是如何在历史方面如此博闻强记的。说白了，史学同仁与我都在以不计其数的事实细节著书立说，我们当然要将用到的大多精确信息记录到卡片、电脑或其他存储工具上，以便将有限的脑容量专注于更大的问题。

　　史学家有着惊人记忆技能的一个更好的解释，在于历史思维的特性。想想一本百科全书与一本历史分析作品的区别，前者旨在汇编与不同主题相关的或多或少的信息，而后者却旨在探究并理解不同历史现象之间的关系。历史分析需要具备高阶思维能力，它要求史学家考量与研究主题相关的各式各样的信息资源——文本的、艺术的、考古的、文学的等等。它还要求史学家对这些资源进行审慎且极为挑剔的检查，以从中获取最有用的信息。它甚至要求史学家对搜集自资源中的信息展开具有创造性的思考，找出有助于解释历史发展进程的模式。

　　历史并非满是繁杂细节的箱子，也非数据盒，史学家无法信手抓取一些信息就能将其打造成某个故事。相反，历史展现了史学家为洞悉历史发展动力而做出的创造性工作。为达目的，史学家将注意力聚集到那些有助于他们有效地解释历史发展进程的疑问和议题之上。

找寻焦点

史学家是如何鉴别他们要探究的疑问和议题的呢？他们显然会选取具有独特意义的问题，诸如民族、种族、宗教或族裔等群体的经历。他们基于所有相关资料对选取的问题展开思考，透过这些问题的某个维度窥见更大的历史发展模式，进而通过对这个维度的分析致力于对更大问题的理解。这是一项极富创造性的工作，包括新观点和新阐释的构建，有时甚至包括与历史发展动力相关的新理论的创立。实质上，史学家就是历史的设计师。

自大约19世纪40年代专业性历史研究（基于对文档和其他文献材料的严苛的批判性分析）出现以来的大部分时间里，专业史学家几乎都专注于民族社群在政治、外交和军事方面的经历。个中原因之一在于，19世纪中期和后期的数十年里所发生的残酷无情、令人惊骇但又总是引人入胜的历史进程，其间，欧洲和北美的激情四溢、一往无前的领袖将他们的疆域和民众纳入以共同的语言、宗教和文化遗产为纽带的强大民族国家之中。史学家专注于政治史的另一个原因在于，大学中从事历史研究的男性（几乎没有女性）大都期望在政府中谋个一官半职，如政治领袖、外交家或军官。

政治经历为历史事件分析提供了至关重要的背景，对此，一度无人质疑。然而，随着时代的变幻，史学家认识到，新视角有助于他们理解那些与政治事件一同深刻影响了历史发展进程的强大因素。这种认识促使他们拓展学科视野，创建新的历史架构。

比如，在 19 世纪后期和 20 世纪，工业化进程让欧洲和北美社会发生巨变。尤其在美国，一拨拨移民涌入急需劳工的工厂中。到 20 世纪 20—30 年代时，他们的子女（包括女性和男性）正就读于众多刚刚建成的城市高校。他们的历史课本对政治领袖及其工作大书特书，却对日常劳动者置若罔闻，尽管这些劳动者作出了如同其他群体一样多的贡献，让美国成为强大的工业社会。对此，他们以新的方法构建了劳工史和社会史，极大地丰富了对历史现象的理解。

随着 20 世纪的推进，史学家意识到其他一些方法，它们推动了对历史的更深层次的理解。比如，女性参政运动和妇女运动敦促史学家除了探究不同性别群体的性质以及它们之间的关系之外，还要探究女性在历史上扮演的角色。同样，当代对环境问题的警觉迫使一些史学家去调查历史上的环境问题，尤其关注人类与自然环境之间的关系。最近两个世纪中，科学和技术之间的关系以及它们的历史向史学家呈现了另一些方法。相比政治史，这些方法增添了多个新视角，它们极大地丰富了史学家对历史的理解。

有种新方法值得在此特别关注一下，它就是世界历史。在某种程度上，世界历史是一个陈旧且久远的课题，因为自古以来哲学家和神学家就在揣测历史发展的动因以及历史自身的蕴含。唯有在 20 世纪，尤其自 60 年代以来，史学家才利用专业历史研究的方法和工具对全球历史加以分析（关于当代世界历史的两个谱系，参见 Bentley, 2002, 第 393—416 页；Bentley, 2011, 第 343—360 页）。大约自 19 世纪 70 年代以来，欧美的帝国扩张活动促使国家领导人和决策者基于他们的需要获取外部世界的确切信息——它们的族群、国土、资源以及文化传统。与此同时，自 19 世纪 70 年代直至 20

世纪 30 年代的大萧条时期，甚至包括其间的第一次世界大战时期   220
（1914—1918 年），大量的全球贸易以及国际移民都清楚地表明，
世界上的人口和社会已经前所未有地相互依存。

专业史学家对这一轮全球化带来的挑战反应较为迟钝，大都还
沉浸于在民族国家的传统框架内从事研究。然而，有些史学家逐渐
意识到有必要将分析焦点从国家经历转移到与世界上的人口和社会
相关的相遇、互动和交流上来。他们在 20 世纪 50—60 年代开始探
究这些问题。到 70—80 年代时，世界历史方法已经成为大的历史
学科内较有影响的研究活动。随着分析焦点的转移，世界历史学家
为历史研究构建了一种新框架、新风格。

找寻焦点：文化史

我个人在历史研究方面的兴趣始终是文化问题，即那些能够彰
显某些社群的思想世界和精神世界的独特信仰、价值和观念。重要
的思想家们往往会相互交锋，尽管这个课题很有意思，也值得研
究，但我从未梳理过他们的学说，或阐明他们的思想。我更愿意探
究两个方面的问题，一个是信仰、价值和观念领域的交汇，另一个
是受这些文化传统熏陶的人类群体的日常实际生活。出于我们今天
很难获得大多相关资料的缘故，这是一个相当棘手的课题。我们怎
能知晓近代之前的农民、市民和商人的脑子里在想些什么？然而，
这种历史研究方法让人乐此不疲，振聋发聩，它深化了我们对文化
传统的理解，这些传统在黏合社会的过程中发挥了主要作用。

我对文化传统和文化史情有独钟，其中有没有我个人的原因   221
呢？是的，毋庸置疑。我在公立学校中长大成人，从小学一年级直

至拿到博士学位。尽管我从未接受过宗教教育，但我的家人中有不少是保守且正统的基督教徒，他们定期带我和两个弟弟去主日学校和教堂。我在这些地方基本熟悉了《圣经》及其教义，尽管绝非是深入理解，但这种大致了解为我后来从更严苛、更具批判性的学术角度研究基督教提供了重要帮助。

大抵在中学的最后一年，在青春期疏离心理的作祟下，我一度尤其自我沉迷，甚至迸发过在政府部门谋职的念想。（这个念想何其荒唐，以我的急躁性格，我将是一个糟糕的官员。）在我步入大学后，这种生活戛然而止。在秋季学期的圣诞假期之前，我已经决绝地向基督教乃至一切有组织的宗教关上了心门。这在某种程度上缘于我在大学里接触到的具有批判性的新观点，我从中意识到我完全无法接受有组织的宗教的教义。这也反映了我的彻底醒悟，甚至是我对教派领袖组织并一再怂恿的某些劣迹的唾弃。当然，政治领袖和军事领袖都暴虐无比，但我总觉得他们的暴行都披着拿撒勒的耶稣（Jesus of Nazareth）这层虚伪的面纱。

尽管如此，我却始终非常尊敬并钦佩那些少之又少的敏锐的人物和探路者，他们毕生追寻智慧、启迪、公正和机遇，以增进人类的福祉。我对宗教的拒斥与这些探路者无关，而是与追随他们的神学家以及野心勃勃的领袖有关。神学家将探路者的思想变成了僵化、刻板的信条，有些甚至曲解了探路者的理念；领袖们则极力将他们的教派变成实现政治目的的权力基石。而我去过的主日学校的老师们从未探讨过这些问题。（其实，作为稍稍接受过历史教育——假如接受过的话——的世俗的志愿者，这些老师对上述问题知之甚少。）我最先了解的探路者当然就是拿撒勒的耶稣了，但后来也开始欣赏其他探路者，其中包括老子、佛陀、穆罕默德、亚西西的圣方济各（St. Francis of Assisi）和特蕾莎修女。

我在这种心境下拿到了历史专业的大学学位，并开始了研究生教育。从大学到研究生，我的主要兴趣都是欧洲文艺复兴这一引人注目的文化发酵期，尤其痴迷于文艺复兴时期的人文主义者，他们是一群令人着魔的文学巨匠、学者和教育家，也是酝酿文化发酵的主力军。针对博士论文，我选取了一个将宗教问题与人文主义者这两个兴趣点结合起来的题目。后来我修改并适时出版了博士论文，这是我的第一本书，名为《人文主义者与圣经：文艺复兴时期的〈新约全书〉研究》（*Humanists and Holy Writ: New Testament Scholarship in the Renaissance*, Bentley, 1983）。

回首往事，这一学术规划似乎很显然是我自早年以来从批判的学术角度探究《新约圣经》，借此委身于基督教的一种方式。总之，《人文主义者与圣经》分析了文艺复兴时期那些为现代《圣经》研究奠定基础的人文主义者的著作，书中的主要人物是洛伦佐·瓦拉（Lorenzo Valla, 1407—1457）和鹿特丹的伊拉斯谟（Erasmus of Rotterdam, 1486—1536），另外还涉及了其他几位相关的人文主义者的著作。

这些人文主义者是如何深刻地影响了《圣经》研究的呢？第一，他们的研究基于希腊文《圣经》，而非常见的拉丁文《圣经》（*Vulgate*）。在整个中世纪时期，后者一直是西方基督教世界（罗马天主教会的统治区）的《新约圣经》的权威文本。当然，希腊语是《新约圣经》的原始书写语言。人文主义者确证了值得信赖的希腊语的《新约圣经》，这一举措影响深远。第二，人文主义者参照希腊语文本评判了拉丁文《圣经》，字斟句酌，析疑辩难。意料之中的是，他们发现拉丁文《圣经》中有不计其数的段落误解甚至完全歪曲了希腊文本。第三，基于上述发现，他们得以证明《新约圣经》出自人类之手，进而剥夺了神学者对《新约圣经》的研究和解释权，为学者们对《新约圣经》及其含义进行严格的批判分析提供了条件。第四，他们的工作表明，只有具备深厚的语言功底和文献功底才能对《新约圣经》展开精深研究，为此，众多大学迅速开设了相关课程，这深刻地影响了教育事业。最后，也是在更广泛的层面上，人文主义者推动了全欧洲在理性的批判性调查的基础上重新审视前人思想，认识世界。

人文主义者对《新约圣经》的研究并未立即取代神学者的研究，因为保守的神学者仍在继续捍卫拉丁文《圣经》。而到了16世纪初，学术研究团体几乎已不再关注保守的神学者。人文主义者绝非试图诋毁《新约圣经》主要启示录的反基督教的激进分子，相反，他们皓首穷经，力图对基督教基本文本作出更新颖、更深入、更丰富的解读。在这一过程中，他们推动了一轮举世瞩目的全欧洲范围的文化发酵。

除宗教问题之外，我还一直沉迷于政治和道德问题，以及它们的纠葛。我的第二本书是《文艺复兴时期那不勒斯的政治与文化》（*Politics and Culture in Renaissance Naples*, Bentley, 1987），该书研究了一群活跃于那不勒斯宫廷中令人着迷的人文主义者的著作，时间跨度为15世纪40年代至1501年西班牙征服了该王国，我力图将上述问题全部纳入其中。这群人文主义者中最重要的人物是洛伦佐·瓦拉、安东尼奥·壁加德里（Antonio Beecadelli, 俗称帕诺尔米塔［Panormita］, 1394—1471）和乔瓦尼·乔维诺·庞达诺（Giovanni Gioviano Pontano, 1426—1503）。那不勒斯国王还将很多其他人文主义者招至宫中，他们大都是诗人和文人，国王希望他们能粉饰宫廷，但瓦拉、帕诺尔米塔和庞达诺最重要的贡献体现于该王国的政治思想和政治实践。

那不勒斯国王与教皇的关系一直非常紧张，在意大利所有城市国家，乃至意大利之外全欧洲的国家，情况均是如此。瓦拉通过论证《君士坦丁御赐教产谕》（*Donation of Constantine*）系教会伪造的文件，帮助国王削弱了教皇的政治影响。传说该谕令记载了 4 世纪罗马皇帝君士坦丁的赠礼，即将整个西欧的政治统治权移交给教皇西尔维斯特一世（Pope Sylvester）及其继承人。从表面判断就可知这种说法相当可笑，但中世纪的教皇往往将该谕令用作侵犯欧洲诸国政治事务的理由。瓦拉使用此后他与其他人文主义者在解析《新约圣经》时所采用的方法，确切地证明了该谕令乃伪造而成。这份文件中甚至出现了在 14 世纪时尚未创造出来的文字和术语，其中涉及的历史事件也发生于君士坦丁时代很久之后的时期。自瓦拉作出陈述（1440 年）之后，没有人再相信这份文件的真实性，后来的学者认为其伪造年代是在 8—9 世纪。这再次清晰地表明，严苛、审慎的批评探究足以澄清一份重要文献的身份。

相比瓦拉，帕诺尔米塔和庞达诺在那不勒斯宫廷中扮演了截然不同的角色。他俩都是纯粹的人文主义文人，撰写了大量诗歌、散文、演讲词、历史故事、正式论文，以及广为流传的书信。二人还担任了大臣、大使以及那不勒斯国王的高级顾问。因此，他俩获得了人文主义者很少了解——尽管并非完全不可得知——的一些实用性的政治经验。于是，帕诺尔米塔和庞达诺比同时期的大多人文主义者更为熟稔政治理论的理想与政治实践的需求之间的紧张关系。

如同他们那个时代和其他时代的大多明智之人一样，帕诺尔米塔和庞达诺也都理想远大，要建造一个强大、繁荣、公正、公平、和平、和谐且稳固的国家，历万世而不衰。他们将这种理想的实现诉诸那不勒斯国王，而国王并非始终赞同他们的见解。影响力的有限性让人文主义者颇感沮丧，他们时常抱怨国王忽略了他们的金玉良言，而且未能从国王那里得到应有的报偿。然而，在处理与那不勒斯之外的国家的关系时，帕诺尔米塔和庞达诺几乎忠诚地站在了王室的立场上。因此，他们谋求与他国联盟，出谋划策，并由此引发了几次半岛战争。在那不勒斯王国内部，他们协助国王镇压了两次由地方性的骄横顽固的贵族发起的大叛乱，以及王室势力鞭长莫及的半岛最南端发生的叛乱。

然而，帕诺尔米塔和庞达诺并不只是政治影响的接纳者，他们以及活跃于那不勒斯的其他人文主义者还深刻地影响了该王国的文化生活。他们确立文学学术机构，推行人文主义教育，并引介人文主义的历史作品，这些作品体现了他们钟爱的古希腊和古罗马时期的史学家的影响。这些影响远远超出王室宫廷，传播到那不勒斯王国最南端的诸多城市，甚至感化了——尽管只是偶尔发生——乡间少有的开明贵族。

尤其吸引人的是，帕诺尔米塔，特别是庞达诺，如何结合他们的政治经验，对政治生活的性质作出新的思考。如同佛罗伦萨和威尼斯的人文主义者一样，他们坦率地探讨了为了国家利益而采取精明策略的必要。佛罗伦萨的尼克罗·马基雅维利（1469—1527）的著述最为详尽地探究了这一主题。Pont-deobedienta-1499-（原文如此）睿智、灵活、警觉、勤勉、公正等，同时也要狡猾、欺诈、谎骗、虚伪、造作……

（在描写了马基雅维利对这种复杂性的思考之后，杰里·本特利已无力再写。不过，他已经拟好了"找寻焦点：全球文化史"这一标题。接下来，凯伦·乔莉博士以第一人称叙述了本特利后来的著作，使本文得以完整。）

226　本特利将其对文艺复兴时期欧洲的道义关怀带入对世界历史上诸文化的研究中。前文的一个关键转变是，从对历史"设计师"的思考转入对"探路者"的思考。本特利应该会认为他自己更多扮演了"探路者"的角色，尽管他显然能算作全球文化史"设计师"中的一员。

找寻焦点：全球文化史

《世界历史杂志》（*The Journal of World History*）创刊于1990年。那时，我刚刚以欧洲中世纪史方向新晋助理教授的身份进入夏威夷大学不久，而杰里·本特利就是那个在参加"美国历史学会"（American Historical Association）会议时对我进行求职面试的人。我清楚地记得他问我是否愿意教授世界历史，尽管我仅仅受过西方文明方面的训练。我对这一任务心怀忐忑，但仍愿意接受。我发现杰里领导下的夏威夷大学历史系的教员以及与亚洲和太平洋历史相关的必修课课程材料都极为出色。因此，我从1989年至今讲授世界历史的职业生涯与本特利日渐扩展的世界历史研究息息相关。本特利在1988—1990年间——恰好是我遇到他的时候——发表的作品，标明了他从前文概述的文艺复兴时期人文主义的研究向世界历史研究的转变。他将世界历史学当作思考人类社会的一种方式，其热忱清晰可见，是我个人从事研究和教学的引导力量。

在《世界历史杂志》创刊号上，本特利用寥寥几页篇幅为杂志设定了议题。他列举了与比较和跨文化相关的主题，将它们作为可能的文章论题，这预示了他在未来几十年的写作方向：

对影响了多个文明或文化区的历史现象的比较研究；

对生活在不同文明或文化区的人类群体之相遇的分析；

对世界历史史学的研究；

对世界历史中的概念和分期的思考；

与世界历史方法论相关的论文；以及

近期尤其与世界历史各主题相关著作的评论文章

（Bentley，1990，第 4 页）。

227　　　　另外，该刊物还设立书评版块，所评书籍包括教科书，将世界历史视为一个研究领域，同时也是一个教学领域。本特利无疑兼顾了这两个领域，他的学术活动的特点之一就是将理论付诸实践。他在学术论文和著作中提出并论证了一套世界历史的框架，而这套框架也体现于他的教科书和教学中。

　　在随后的概览中，我依据本特利在 1990 年为《世界历史杂志》限定的范畴，通过对他的诸多著述的梳理，描绘了世界历史学的发展轨迹。不过，贯穿其中的思路仍是文化史，这是他为本文设定的焦点，大抵也是他对世界历史学的最大贡献。在他去世前不久（2012 年 6 月 29 日）的一次私人访谈中，本特利将文化史描述为"对体现了日常生活中的信仰、价值观念和习俗的场所（place）的研究"，这显然回应了他在上一个标题中作出的界定。我对文化史的这一定义产生共鸣，是因为我是以文化史学者的身份进入夏威夷大学的，我受过人类学的熏陶，但缺少世界性的比较眼光。本特利阐释了文化史的世界维度，我从中大受裨益。

　　本特利的关注点从欧洲史转向比较历史，一方面或许受到他遇到的那群设法组建"世界历史学会"（World History Association）的史学家的鼓舞，另一方面也归功于他所处的位置以及位于檀香山的夏威夷大学马诺阿分校的世界性环境。本特利在恰当的时间和恰当的地点遇到了一些志趣相投的史学家。1982 年，在一次由"美国历史学会"和美国空军学院共同主办的会议上，威廉·H. 麦克尼尔发表了主题演讲，此次会议直接推动了"世界历史学会"的组建。而本特利提出的跨文化互动的世界历史模式，更能反映出他从事科研和教学工作时所处的多元文化环境。值得一提的是，他与亚洲和太平洋地区的学者间的跨学科对话涵盖东、西方哲学和比较宗教，涉及多个研究中心，包括当时的夏威夷学院亚洲和太平洋研究（School of Hawaiian, Asian, and Pacific Studies）中心和夏威夷研究（Hawaiian Studies）中心（现位于夏威夷知识学院 [Hawai'inuiakea School of Hawaiian Knowledge]）。在踊跃参与上述活动的过程中，本特利探索了"历史现象的比较研究"，并开始从一个独特的海洋视角阐释跨文化现象。

228

本特利构建的比较框架必然推导出"对相遇现象的分析"，这种方法最初应用于他自身的文艺复兴时期欧洲史的研究领域中。《旧世界的相遇》（*Old World Encounters*, 1993）是本特利的第三本书，它从多个方面标志着他向一位世界历史学家的持久转变。该书出版的前一年是哥伦布发现美洲的第500周年，这一年涌现出大量大众读物和学术著作，庆祝或批判世界历史上这个尽人皆知的转折点，《旧世界的相遇》显然意在与上一年的活动对话（Bentley, 1993，第7—8页）。不过，该书记录了亚洲、非洲和欧洲人在近代之前相遇的大量历史，借此识破哥伦布的"发现"时刻，对这一臆说提出质疑。到20世纪90年代中期时，本特利成为世界历史学领域的一位主要发言人，这最明显地体现于《跨文化互动与世界历史分期》（"Cross-Cultural Interaction and Periodization in World History"）这篇发表于1996年的会议论文上。该论文发表于《美国历史评论》（*American Historical Review*），同时也收录于"美国历史学会"在同年为界定世界历史而汇编的小册子（Bentley, 1996a, 1996b；另请参见Bentley, 2001）。本特利从文化交流层面强调了世界历史上的移民、贸易和帝国等重要现象。他以不同文明间的互动为焦点，借此提出了一种用于科研和教学的将世界历史总体划分为六个主要时代的新思路。帕特里克·曼宁（Patrick Manning）在他对《美国历史评论》上那篇文章的回应中，指出本特利的跨文化交往模式如何"回避了对世界历史的线性解释"，但他同时还指明对文化互动的关注能够成为"世界历史的主要议题"（Manning, 1996, 第 771 页）。实质上，曼宁认为本特利正在为他们的追随者开辟一条世界历史学的新路径。

229

跨文化互动是思考全球史的一种新方式，这种方式将关注点从物质文化交流转移到参与其中的人类群体以及他们的一切信仰、价值观、理念和动机上。世界历史的这种文化转换，与出现于 20 世纪 80—90 年代的与后现代主义相关的两股学术潮流交相辉映，它们是后殖民文化研究和跨学科全球化研究。后现代主义对本特利研究过的人文主义思想家对人类理性抱有的信心提出质疑，这种质疑往往伴随着对现代西方学术所仰赖的启蒙运动时期的概念和价值观的解构。尤其是从事后殖民研究的学者冲击了占主导地位的西方的思考方式，并在力求冲破西方文化帝国主义藩篱的人类群体中寻求可以替代的视角。与此同时，社会科学的诸多学科也开始一同研究全球化对经济、社会和环境造成的影响。

本特利预料到了文化因素与全球因素的结合以及它们给世界历史带来的影响，并作出了回应。早在发表于《世界历史杂志》上的《公元 500—1500 年的半球一体化》（"Hemispheric Integration, 500—1500 C.E."）一文中，本特利就对某些关于欧洲中世纪时期旅行文学的后现代读物作出了回应。这些读物认为那时的旅行文学（通过把"东方"异域化和商品化）推动了欧洲后来的帝国主义和"东方主义"，本特利驳斥了这种犯有时代误植错误的读物，讽

刺它们过于以欧洲为中心。基于《旧世界的相遇》中的研究，他将
欧洲中世纪时期的交往置于世界历史视野之中："当焦点逐步扩大，
从对欧洲旅行者进行的孤芳自赏的、以欧洲为中心的研究，转移到
将跨文化互动视为历史进程的分析时，一些不同的模式便会进入眼
帘"（Bentley, 1998, 第 251 页；另请参见 Bentley, 2006, 2007）。在
历史上的跨文化互动这种更大的模式中，外地的欧洲人便不会显得
异乎寻常，相反，我们会发现，他们的行为与其他社会具有诸多可
比性。

　　历史进程模式是一个重要的世界历史概念，而本特利在《公元 　230
500—1500 年的半球一体化》中阐明了力图探究的两股主要文化脉
络。一是文化交往对变动中的种族认同的影响（这反映了正在进行
中的欧洲族群形成（European ethnogenesis）方面的研究工作），或
者人类群体如何懂得确定他们的起源，并讲述其来龙去脉（Gillett,
2006）。二是研究文化传统和宗教传统的传播，以及不同文化传统
和宗教传统之间的交流（Bentley, 1998, 第 253 页）。此文集中论述
了个体旅行者在宗教思想和手工艺品的传播过程中发挥的作用，但
文末也提及一个更广阔、更困难的研究领域，即考查不同个体在
文化交往时对他们施加影响的相互交织的宗教、经济和政治等方
面的因素。

　　关于跨学科全球化研究，本特利在 2004 年指明了将历史学全
球化和将全球化历史化这项"未竟的智识工程"（Bentley, 2004, 第
69 页）。将全球化历史化的工作一直为那些只关注当前的社会科学
家们所忽视，他们没有认识到现代之前的人类历史上发生的大规模
全球交流。本特利尤其批判了 19 世纪的民族国家概念，政治科学
家们认为这一概念放之四海而皆准，但用它研究历史上的其他文明
时，其实犯了年代误植的错误；用它研究全球政治也具有潜在的危

险。在第一次世界大战之后分割东欧的过程中，以及在 20 世纪后殖民时期"新"国家（countries）的发现过程中，基于种族的民族国家模式都起到了隔离作用。这些国家（nations）看似建立于在殖民主义之前就出现的某种历史性的种族认同之上，但这些实体及其疆界其实更多是按照西方的种族民族主义概念想象出来的，而非遵照它们重组的土著群体的意愿（Geary, 2002；Davis, 2008）。

那些力图采用全球比较方法来避免欧洲中心主义的世界历史学者面临着几个挑战。一是文化研究和全球化研究的跨学科特征似乎会让世界历史学术研究愈发困难：世界历史学家怎能既紧跟用于比较分析的区域性研究，又熟稔文学研究和社会科学领域的学术情况？二是历史学职业尤为重视对原始语言资料的研究，很多领域（诸如我自身的研究）需要三至四门外语。世界历史学者要对两到三个独创领域展开研究的话，就要掌握多种语言。不过，其中的部分困难源于从事历史研究时的孤寂，这种孤寂往往见诸那些在文山书海中埋首档案之间的孤独学者身上。相比之下，世界历史中的合作是其方法论的必要成分，也是各种历史研究都包含的持续跨文化对话的一部分。

体现上述合作的一个颇具启发性的事例，就是本特利与太平洋航海史学家本·芬尼（Ben Finney）在《宇航学报》（*Acta Astronautica*）上合作发表了一篇论文。他俩一起揭穿了非历史学者们所持有的一个错误前提（或曰对历史的滥用）：那些猜测地球人与外星人进行对话的人，往往指向地球上希腊语、阿拉伯语和拉丁语之间相互转译的思想的历史。但一个更好的类比就是欧洲人与玛雅人的相遇，以及随后发生在这两个毫不相干的语族间的交流困难（Finney and Bentley, 1998）。本特利的家位于太平洋中部，受此海洋视角的影响，他还冲击了历史学者甚至地理学者也持有的基于陆地的全球划分方法，认为水域也是理解全球人类互动的一种途径（Bentley, 1999；另请参见 Finney, 1994；Hau'ofa）。在这一方法的指引下，对印度洋海盆、大西洋世界和大洋洲进行的文化研究结出了累累硕果（Buschmann, 2006；Matsuda, 2006）。

紧跟跨文化全球史研究的一种方式就是对书评和评论文章的关注，这也是《世界历史杂志》的着力点。某一领域的学者能够借助书评机制获悉其他领域的进展，诸如杰里·本特利这样具有全球意识的学者们正是通过这种途径，将他们从不同研究领域中习得的知识反馈给同仁。在发表于《16 世纪杂志》（*Sixteenth Century Journal*）的一篇评论文章中，本特利评论了 8 本汇编而成的论文集，尽管他强调这些书为将来的比较研究提供了可能，但他仍委婉地批评它们对欧洲扩张的研究保留了欧洲中心主义的方法（Bentley, 1997）。在最近的一次跨学科对话中，本特利为《宗教》（*Religions*）杂志评论了约翰·迈尔斯·黑德利（John Miles Headley）的《世界的欧洲化：论人权和民主的起源》（*The Europeanization of the World: On the Origins of Human Rights and Democracy*, 2008），他认为黑德利所描述的欧洲化，建立在此前的欧洲的全球化基础之上，我们唯有以全球视野观察历史方能窥见个中奥秘（Bentley, 2012）。

世界历史学者与大趋势建立联系的另一途径是教育，教育为中学、大学和研究生等不同层次的世界历史教师提供了接近研究素材的机会。作为"世界历史学会"的会员，本特利工作在教育的最前线——修订亚洲和太平洋地区世界史课程体系；协助确立州世界历史课程标准；并直接与当地学校的老师们共事。他坚信将优秀的历史研究带入中学教育的最好方式，并非静候它们的浸入，而是直接参与到课程标准和体系的制订中。其间，教师和学生为世界历史学者从事的研究提出疑问和议题。本特利的工作的一大特色就是研究与教学之间的这种协同，他为整个历史学行业树立了楷模。

不过，本特利对教学最实用、最持久的贡献，或许是他与同事赫伯特·F. 齐格勒（Herbert F. Ziegler）合著的《传统与相遇》（*Traditions and Encounters*），该书初版于 2000 年，如今已至第 5 版（2011）。《传统与相遇》并非首本抛弃了欧洲中心主义式"西方外加其余"方法的名副其实的世界历史教材，但它至少从三个方面确立了一种新的教学模式。首先，它通过比较"复杂的都市社会"（"complex urban societies"）与其他形式的社会组织，摈弃了文明模式。该书作者们重视地方性种族群体对日渐膨胀的帝国扩张的回应，受这种转换影响，游牧社会或农耕社会边界上的互动吸引了更多的关注。其次，该教材确立的时间和空间分类摆脱了西方历史或政治疆界的束缚，诸如"跨文化互动的加速（1000—1500 年）"和"全球一体化的缘起（1500—1800 年）"，或西南亚（而非中东）以及跨洋互动中的大西洋世界。与大多数世界历史教科书对 1500 年之前世界的描述不同的一点是，《传统与相遇》的上卷用两章的篇幅描绘了"发生接触"之前的美洲和大洋洲。最后但并非不重要的一点是，该书的题目和结构彰显了一种按照主题研究比较历史的方式，这种方式将针对不同地区的各章节串联起来。"传统"关注各种文化，并为它们即将与世界发生的互动留出了空间；"相遇"关注贯穿历史、遍布全球的人类群体之间的持续运动和互动，从移民、帝国创建和宗教传播，到贸易网络、帝国主义和世界战争。总之，《传统与相遇》践行了本特利的信念——未受欧洲中心主义式的民族国家模式曲解的、真正具有世界性的比较历史。

这种新型教学模式也需要在研究生教育中推行。为了培养未来的历史学家和教师，无论研究生从事何种区域性的专门研究，他们都有必要知道如何跨文化地、比较地思考问题。本特利率先垂范，他在 1985 年与时任夏威夷大学历史系负责人的郭颖颐（Daniel W. Y. Kwok）教授联手在历史系创建了世界历史方向的博士点，这也是最早有此创举的专业之一。当美国的一些高校（如东北大学和华盛顿州立大学）的历史学专业也纷纷跟进时，本特利将这一理念带到国外，并同其他历史传统和学术传统建立了密切联系。其中最令人称道的成就，莫过于他作为杰出的兼职教授（2006—2011年）协助首都师范大学组建了一个世界历史专业，接着又鼓励他们筹办了"世界历史学会"的 2011 年年会。在此次会议上，本特利和首都师范大学校长、历史学家刘新成均荣获"世界历史先驱奖"（"pioneers in world history"）。

2008 年，本特利根据"世界历史学会"制定的将世界历史提升为一个研究领域的目标，回顾了往期的《世界历史杂志》（Bentley, 2008）。其中的关键问题，在于世界历史能否甚或如何应对历史研究的严苛标准。自 19 世纪以来，历史学科就固守那些标准，强调语言训练和档案爬梳，以便对有限的时间和空间作出研究。他将答案指向了《世界历史杂志》取得的成就，该杂志强调不同传统之间的交流、相互联接和比照，其中刊登的论文绝非彼此互不相关 234 的区域性研究成果。同时，本特利还提出要增进两个领域的工作：与后现代研究和后殖民研究形成呼应；从占主流的北美、西欧和澳洲学术圈之外引入多重视角。四年之后，这些目标不仅依然是《世界历史杂志》的努力方向，也是研究生训练和研究的努力方向。

循着这一思路，世界历史应当超越跨国框架和比较框架，形成一种包含多种历史视角的、全新的、多元文化的历史学：我们需要聆听其他声音，由他们按照他们的方式讲述他们的故事，或者我们也需学着按照他们的方式讲述我们的故事（Symes, 2011）。本特利对黑德利的《世界的欧洲化》的评论文章是生前发表的最后一篇作品，他在文末吁请"要认真对待更大的世界，要像史学家爬梳过去两个世纪的欧洲的档案那样刻苦地搜罗全球档案馆，并要像黑德利梳理欧洲人的贡献那样，尽可能清晰地追踪欧洲之外的人类群体为民主和人权的进展做出的贡献"（Bentley, 2012, 第 453 页）。

　　这些吁请的收效如何，尚有待观察，但土著研究（indigenous studies）这个新兴领域或许是一个起点。全球各地对土著群体的研究，以及土著群体自身的研究，共同致力于打破从西方殖民者角度书写他们的历史的情形。原有的历史书写模式往往缺乏对本土语言资料的应有关注，颇具讽刺意味的是，西方在 19 世纪创立的历史研究方法尤为强调对原始语言的研习（Smith, 1999；Nogelmeier, 2010）。以新视角审视历史能够丰富全球文化史，相关实例在夏威夷历史学中就能找到。历史（history）的关键字根是故事（story），即夏威夷语中的 "moʻolelo，但在现代的前瞻性概念（forward-looking conceptions）中出现了有趣的反转，比如夏威夷语中表示过去的短语 "ka wā ma mua" 意为 "前面的时间（the time in front）"，而表示未来的短语 "ka wā ma hope" 意为 "后面的时间（the time behind）"（Kameʻeleihiwa, 1992，第 22 页；Osorio, 2002，第 7 页）。从这个前提出发，全球文化史能够做得很好。

　　归根结底，本特利的世界历史的文化研究方法，仰赖于其自身经历——从接受单一文化教育，到对文艺复兴时期人文主义的批判推理，再到对多种文化理解路径的探寻——中清晰可见的一个道义框架。发表于 2005 年的《神话、赌注与世界历史的道义蕴涵》（"Myths, Wagers, and Some Moral Implications of World History"），是本特利发在《世界历史杂志》上的最后一篇文章，他在文中批评了右派人士（拥护民主和资本主义）和左派人士（马克思主义者以及对现代性的后殖民批评）将历史的政治化。他赞成一种"普世的世界历史"（"ecumenical world history"），这种世界历史"将历史的终结这一问题搁置下来"（Bentley, 2005, 第 78 页）。更为重要的是，他在文末问道，或许我们可以下赌注给某种历史，这种历史"将认真对待世界，尊重各类群体，阐明历史上世界发展的动力，甚至想象它能推动跨文化理解与全球和平这些宏伟目标？"（Bentley, 2005, 第 81—82 页）。

参考书目

Bentley, Jerry H. 1983. *Humanists and Holy Writ: New Testament Scholarship in the Renaissance.* Princeton, NJ: Princeton University Press.

Bentley, Jerry H. 1987. *Politics and Culture in Renaissance Naples.* Princeton, NJ: Princeton University Press.

Bentley, Jerry H. 1990. "A New Forum for Global History," *Journal of World History* 1/1: iii–v.

Bentley, Jerry H. 1993. *Old World Encounters: Cross-Cultural Contacts and Exchanges in Pre-Modern Europe.* New York: Oxford University Press.

Bentley, Jerry H. 1996a. "Cross-Cultural Interaction and Periodization in World History," *American Historical Review* 101: 749–770.

Bentley, Jerry H. 1996b. *Shapes of World History in Twentieth-Century Scholarship.* Washington, DC: American Historical Association.

Bentley, Jerry H. 1997. "Revisiting the Expansion of Europe: A Review Article," *Sixteenth Century Journal* 28: 503–510.

Bentley, Jerry H. 1998. "Hemispheric Integration, 500–1500 C.E.," *Journal of World History* 9: 237–254.

236　　Bentley, Jerry H. 1999. "Sea and Ocean Basins as Frameworks of Historical Analysis," *The Geographical Review* 89: 215–224.

Bentley, Jerry H. and Herbert F. Ziegler. 2000. T*raditions and Encounters: A Global Perspective on the Past,* 2nd edition 2003, 3rd edition 2006, 4th edition 2008, 5th edition 2011. Boston, MA: McGraw-Hill.

Bentley, Jerry H. 2001. "Shapes of World History in Twentieth-Century Scholarship," in Michael P. Adas, ed. *Agricultural and Pastoral Societies in Ancient and Classical History.* Philadelphia, PA: Temple University Press, pp. 3–35.

Bentley, Jerry H. 2002. "The New World History," in Lloyd Kramer and Sara Maza, eds *A Companion to Western Historical Thought.* Oxford: Blackwell, pp. 393–416.

Bentley, Jerry H. 2004. "Globalizing History and Historicizing Globalization," *Globalizations* 1/1: 69–81.

Bentley, Jerry H. 2005. "Myths, Wagers, and Some Moral Implications of World History," *Journal of World History* 16: 51–82.

Bentley, Jerry H. 2006. "Beyond Modernocentrism: Toward Fresh Visions of the Global Past," in Victor H. Mair, ed. *Contact and Exchange in the Ancient World.* Honolulu, HI: University of Hawaii Press, pp. 17–29.

Bentley, Jerry H. 2007. "Early Modern Europe and the Early Modern World," in Charles H. Parker and Jerry H. Bentley, eds *Between the Middle Ages and Modernity: Individual and Community in the Early Modern World.* Lanham, MD: Rowman and Littlefield, pp. 13–31.

Bentley, Jerry H. 2008. "The Journal of World History," in Patrick Manning, ed. *Global Practice in World History: Advances Worldwide.* Princeton, NJ: Markus Wiener, pp. 129–140.

Bentley, Jerry H. 2011. "The Task of World History," in Jerry H. Bentley, ed. *The Oxford Handbook of World History.* Oxford: Oxford University Press, 343–360.

Bentley, Jerry H. 2012. "Europeanization of the World or Globalization of Europe?" *Religions* 3: 441–454.

Buschmann, Rainer F. 2006. *Oceans in World History.* New York: McGraw-Hill.

Davis, Kathleen. 2008. *Periodization and Sovereignty: How Ideas of Feudalism and Secularization Govern the Politics of Time.* Philadelphia, PA: University of Pennsylvania Press.

Finney, Ben. 1994. "The Other One-Third of the Globe," *Journal of World History* 5: 273–297.

Finney, Ben and Jerry H. Bentley. 1998. "A Tale of Two Analogues: Learning at a Distance from the Ancient Greeks and Mayans and the Problem of Deciphering Extraterrestrial Radio Transmissions," *Acta Astronautica* 42: 691–696.   237

Geary, Patrick. 2002. *The Myth of Nations: The Medieval Origins of Europe.* Princeton, NJ: Princeton University Press.

Gillett, Andrew. 2006. "Ethnogenesis: A Contested Model of Early Medieval Europe," *History Compass* 4/2: 241–260.

Gulliver, Katrina. 2011. "Finding the Pacific World," *Journal of World History* 22: 83–100.

Hauʻofa, Epeli. 2008. *We Are the Ocean: Selected Works.* Honolulu, HI: University of Hawaii Press.

Holsinger, Bruce. 2005. *The Premodern Condition: Medievalism and the Making of Theory.* Chicago, IL: University of Chicago Press.

Kame ʻeleihiwa, Lilikalā 1992. *Native Land and Foreign Desires: Pehea LāE Pono Ai?.* Honolulu, HI: Bishop Museum.

Manning, Patrick. 1996. "The Problem of Interactions in World History," *American Historical Review* 101: 771–782.

Marr K. Matsuda 2006. "AHR Forum: Oceans of History," *American Historical Review* 111: 717–780.

Nogelmeier, M. Puakea. 2010. *Mai Paʻa I Ka Leo: Historical Voice in Hawaiian Primary Materials, Looking Forward and Listening Back.* Honolulu, HI: Bishop Museum Press.

Osorio, Jonathan Kay Kamakawiwoʻole. 2002. *Dismemebering Lāui: A History of the Hawaiian Nation to 1877.* Honolulu, HI: University of Hawaii Press.

Smith, LindaTuhiwai. 1999. *Decolonizing Methodologies: Research and Indigenous Peoples.* New York: St. Martin's Press.

Symes, Carol. 2011. "What new historical paradigms could we develop?" *American Historical Review* 116: 715–726.

索引

图书在版编目（CIP）数据

世界历史的设计师：探寻全球历史 /（美）肯尼思
· R. 柯蒂斯，（美）杰里 · H. 本特利编；李俊姝译
. —杭州：浙江大学出版社，2018.6
（史学前沿译丛）
书名原文：Architects of World History：
Researching the Global Past
ISBN 978-7-308-17810-5

Ⅰ.①世… Ⅱ.①肯… ②杰… ③李… Ⅲ.①世界史
—研究 Ⅳ.①K107

中国版本图书馆CIP数据核字（2018）第005021号

世界历史的设计师：探寻全球历史

[美] 肯尼思·R. 柯蒂斯，杰里·H. 本特利 编　李俊姝 译

责任编辑	王志毅
文字编辑	伏健强
营销编辑	杨　硕
装帧设计	周伟伟
出版发行	浙江大学出版社
	（杭州天目山路148号 邮政编码310007）
	（网址：http:// www.zjupress.com）
制　作	北京大观世纪文化传媒有限公司
印　刷	北京时捷印刷有限公司
开　本	635mm×965mm　1/16
印　张	17
字　数	198千
版 印 次	2018年6月第1版　2018年6月第1次印刷
书　号	ISBN 978-7-308-17810-5
定　价	52.00元